新型基础测绘系列·地理实体篇

基础地理实体数据组织与建库

武汉市测绘研究院　主编

编委会成员
主　编　肖建华　肖　辉　彭明军　谢树明　刘传逢　李海亭
副主编　严小平　王　祥　郭明武　刘　剑
编　辑　文　琳　曹文涛　王　闪　董　震　李博闻　王诗云
陈　凯　段梦梦　陈　涛　李鹏鹏　张春梅　姚　垚
李　琪　李　维　陈　莎　荆志强　刘顺昌

WUHAN UNIVERSITY PRESS
武汉大学出版社

图书在版编目(CIP)数据

基础地理实体数据组织与建库/武汉市测绘研究院主编.—武汉:武汉大学出版社,2022.4

新型基础测绘系列.地理实体篇

ISBN 978-7-307-22698-2

Ⅰ.基…　Ⅱ.武…　Ⅲ. 地理—实体—数据库—研究—中国　Ⅳ.K92-39

中国版本图书馆 CIP 数据核字(2021)第 229423 号

责任编辑:胡　艳　　　责任校对:汪欣怡　　　版式设计:马　佳

出版发行:**武汉大学出版社**　(430072　武昌　珞珈山)

(电子邮箱:cbs22@ whu.edu.cn 网址:www.wdp.com.cn)

印刷:武汉精一佳印刷有限公司

开本:787×1092　1/16　印张:19.25　字数:444 千字　插页:2

版次:2022 年 4 月第 1 版　2022 年 4 月第 1 次印刷

ISBN 978-7-307-22698-2　定价:99.00 元

序

基础测绘是实现经济社会可持续发展的基础条件和重要保障。历经几十年的发展，全国基础测绘成果已为我国经济社会可持续发展和国防建设提供了强有力的保障。随着我国经济社会发展进入新时期以及信息化进程的不断加快，现有的基础测绘成果在产品形式、服务方式等方面已难以适应信息化社会对基础测绘成果提出的多样化、精细化和个性化等需求。为适应万物互联数字孪生新时代的新要求，为推动新时期测绘地理信息工作“支撑经济社会发展，支撑自然资源管理，不断提升测绘地理信息工作的能力和水平”根本定位的落地，促进自然资源管理和城市治理能力现代化，服务经济社会各领域各行业的高质量发展，亟待构建新型基础测绘体系，创新基础测绘生产组织方式和产品服务模式，以大力推进我国的数字产业化和产业数字化。

为实现国家提出的“到 2030 年新型基础测绘体系全面建成”目标，目前，自然资源部已在上海、武汉、宁夏、西安、山东、北京批准设立了国家新型基础测绘试点，探索和构建国家新型基础测绘体系的序幕正在全国悄然拉开。

基础地理实体数据组织与建库是国家新型基础测绘体系建设试点探索的核心任务之一。由于基础地理实体具有复杂性、多样性等特点，行业对地理实体的定义、分类和编码缺乏统一的规范，对地理实体数据的组织、生产、管理等方面仍然缺乏系统的研究。本书系统阐述了基础地理实体的概念定义、基本特点、主要作用、研究现状、分类编码、组织结构、生产建库、质量检查以及管理更新等理论方法，提出并重点介绍了基础地理实体生产的两种途径：存量数据转换地理实体和全息数据生产地理实体。此外，在基础地理实体数据采集生产与管理更新方面，本书适度融合了卫星遥感、大飞机航测、无人机倾斜摄影、空地激光 LiDAR 和车载移动测量等新型测绘技术，以及云计算、大数据和人工智能等技术。本书内容充分顾及基础测绘“基础性、公益性以及技术普适性”等特点，同时也遵循了“继承与创新并举、实用与先进并重”的新型基础测绘体系建设的原则。

作为基础地理实体数据组织与建库的开山之作，我相信该书能为全国新型基础测绘体系建设提供宝贵的“武汉经验”，推动我国新型测绘体系快速健康发展。

李德仁　中国科学院院士
中国工程院院士

前　　言

新型基础测绘体系建设是基础测绘工作进入新发展阶段转型升级的必由之路。目前，探索国家新型基础测绘体系建设试点工作正在上海、武汉、宁夏、西安、山东、北京等地展开。根据 2021 年 3 月自然资源部发布的《新型基础测绘体系建设试点技术大纲》，基础地理实体数据是未来基础测绘主要的数据成果和产品服务形式。探索基础地理实体数据组织与建库的相关理论方法是目前国家新型基础测绘体系建设试点的重要任务之一。

国家新型基础测绘建设武汉试点专班（以下简称“武汉试点专班”）在试点探索实践中，围绕基础地理实体数据组织与建库开展了大量的研究工作，积累了一定的理论与实践经验，并完成了 100 平方公里试验区基础地理实体数据的生产建库。此外，武汉试点专班基于基础地理实体数据库开展了部分应用示范，验证了基础地理实体数据库的合理性与优越性。为落实《自然资源部关于同意武汉市作为新型基础测绘建设试点城市的函（自然资函〔2019〕41 号）》中对武汉试点专班提出的“为全国新型基础测绘建设提供可借鉴、可复制、可推广的经验和成果”的要求，武汉试点专班结合探索实践，抛砖引玉，梳理总结并撰写了《基础地理实体数据组织与建库》。撰写本书过程中，编写组既紧密结合武汉试点实践，又全面地梳理了与基础地理实体数据采集、加工、建库、管理、更新相关的国内外最新研究进展与成果。此外，还搜集了同行在这方面的困惑与知识需求，聚焦了行业关注的热点、难点，力求做到内容通俗易懂、具有参考借鉴价值。

全书分为 6 章。第 1 章介绍了基础地理实体的概念、特点、作用以及国内外研究现状等，由郭明武、陈凯编写。第 2 章介绍了基础地理实体数据组织的相关理论及方法，包含基础地理实体的分类、粒度、编码、数据组织结构以及元数据等，由曹文涛、王闪、王诗云编写。第 3 章介绍了存量数据转换基础地理实体的相关技术，包含总体转换流程、数据转换规则、后处理等，由郭明武、文琳、曹文涛、姚垚编写。第 4 章介绍了全息数据生产地理实体的相关理论及方法，包含倾斜模型数据采集与处理、激光点云数据采集与处理、典型地物要素智能提取、实体图元采集规则以及基础地理实体生产平台设计与实现等，由陈涛、董震、文琳、段梦梦、王诗云、李琪编写。第 5 章介绍了基础地理实体质量检查的相关理论，主要包含基础地理实体二维图元、三维图元质量检查的内容、指标及方法等，由郭明武、姚垚、李维编写。第 6 章介绍了基础地理实体数据更新及管理的相关理论及方法，由李博闻、王闪、郭明武编写。

本书由肖建华、肖辉、彭明军、谢树明、刘传逢、李海亭主编，负责总体策划、质量控制、技术指导、管理协调和统稿审稿等工作，严小平、王祥、郭明武、刘剑负责汇编工作，文琳、曹文涛、王闪、董震、李博闻、王诗云、陈凯、段梦梦、陈涛、李鹏鹏、张春梅、姚垚、李琪、李维参加了汇编工作，陈莎、荆志强、刘顺昌参加了数据和图表处理工作。

由于时间有限、水平有限，相关研究尚处于起步探究阶段，书中内容和观点难免有失偏颇之处，恳请各位专家、学者及同行不吝赐教，并将您的宝贵意见反馈至 16366531@qq.com（郭老师），作者在此深表感谢。

编写组

2021 年 9 月于武汉

目　　录

第1章　绪　　论

1.1　基础地理实体的概念

1.1.1　基础地理实体的概念

实体是指现实世界中不能再细分为同种类型的现象。而对于地理实体，国内外学者有多种定义和描述。通过对这些描述进行归纳，本书将地理实体定义为：现实世界中占据一定空间位置，具有同一独立的语义属性或功能的自然地物和人文设施。它是物理世界在计算机环境下的“抽象”，是具有社会意义和识别意义的最小地理单元，也是社会经济、自然资源信息与空间位置关联的基本单元。

地理实体分为地理单实体、地理组合实体和地理聚合实体三类。其中，地理单实体对现实世界单一现象的直接抽象。地理组合实体是由空间连续、类型相同的实体合并而成的地理实体。地理聚合实体是由若干具有一定空间关联性的实体聚合而成的地理实体。

基础地理实体通用性最强，共享需求最大，几乎为所有地理信息相关行业采用，它是作为统一空间定位框架和空间分析基础的地理实体，是体现各应用部门共性需求的“最大公约数”。根据现实世界中表达对象类型的不同，基础地理实体通常包括居民地及设施、交通、管线、水系、用地与院落、区域与界线、地貌和矿产等。基础地理实体数据的属性除包括空间身份编码、名称、时间等结构化属性外，还应包括视频、图像、音频、专业感知信息等非结构化大数据属性。

1.1.2　基础地理实体兴起的背景

当前，基础地理实体正伴随着基础测绘转型升级、创新发展而悄然兴起。基础测绘是指建立全国统一的测绘基准和测绘系统，进行基础航空摄影，获取基础地理信息的遥感资料，测制和更新国家基本比例尺地图、影像图和数字化产品，建立、更新基础地理信息系统。基础测绘是为经济社会发展和国防建设提供基础地理信息的基础性、公益性事业，是实现经济社会可持续发展的基础条件和重要保障。基础测绘所生产的基础地理信息资源是国家战略性资源，其数量和质量是国家信息化实力的标志。

历经几十年的发展，全国基础测绘成果虽然已为社会各领域提供了不可替代的基础性服务，为我国经济社会可持续发展和国防建设提供了强有力的保障，但随着经济社会发展步入新时代，以及云计算、物联网、大数据、人工智能等新型 IT 技术与测绘地理信息的深度融合，基础测绘成果不好用、生产组织管理模式不适应等问题日益凸显。主要表现在：成果以基本比例尺 4D 产品为主，品种单一，形式固化，难以满足多元化和个性化的应用需要；成果采集内容侧重于地形要素，且成果主要以面向地图制图和表达空间位置为主的地理信息要素呈现，缺乏对象化和语义化。此外，地理信息要素只有基本的自然属性，社会经济属性不足，无法关联大数据，难以满足空间分析决策及管理需要；生产组织上采用多尺度分级重复测绘，难以满足“一个对象只测一次”的低成本高效率的生产管理需要；不同尺度的数据成果割裂管理，无关联整合及联动更新，难以满足跨尺度综合应用需要。

为准确把握新时期测绘地理信息工作“支撑经济社会发展，支撑自然资源管理，不断提升测绘地理信息工作的能力和水平”的定位，适应新时代新要求，促进测绘事业发展，亟待构建新型基础测绘体系，创新基础测绘生产组织方式和产品服务模式。为此，《国务院关于全国基础测绘中长期规划纲要（2015—2030 年）的批复》（国函〔2015〕92 号）提出，“到 2030 年新型基础测绘体系全面建成”。2019 年 1 月，全国自然资源工作会议明确提出，“加快基础测绘转型升级，增强测绘地理信息公共服务能力，促进地理信息产业高质量发展”。新型基础测绘的提出，既是经济社会新常态发展的需求，也是测绘地理信息发展的必然。新型基础测绘体系的建设将是测绘地理信息的又一场变革，将实现基础测绘从产品体系、技术体系、标准体系和生产组织体系等方面产生系统性和跨越性的转变，必将推进基础测绘供给侧结构性改革。

2021 年，自然资源部发布的《新型基础测绘试点建设技术大纲》，将基础地理实体数据库建设作为新型基础测绘产品体系建设的核心内容。

1.2　基础地理实体的基本特点

作为一种典型和基础的地理空间数据，基础地理实体具备以下基本特点：

（1）时空性。基础地理实体包含空间位置、属性和时态等信息内容。其中，空间位置信息反映地理实体对应的空间坐标、几何形态，以及与相邻地理实体的拓扑关系等。属性信息描述地理实体的自然或人文属性的定性或定量信息；世界是变化发展的，因此，基础地理实体表达的空间位置特征和属性特征是有时效性的。时态信息反映的是地理实体数据采集或地理现象发生的时刻或时段。

（2）唯一性。基础地理实体所表达的地物或地理现象虽然复杂多样，但每个基础地理实体都是独一无二的。它们通过地理实体编码进行唯一标识。

（3）对象化。与传统基础测绘成果的离散化要素表达不同，基础地理实体结合信息化管理与分析应用需要，采用计算机软件工程中面向对象的管理思想，对各类地物进行“对象化”抽象表达与管理。通过对象化表达与管理，数据库管理系统和各类软件平台能识别和理解基础地理实体数据的含义及其相互间的空间关系。

（4）语义化。对象化让计算机知道一个具有管理识别意义的地理实体由哪些地理要素或空间范围构成。语义化让计算机知道该“对象”是什么，有哪些主要自然属性、社会经济特征等。

(5)时序化。结合地理实体编码，基础地理实体数据(库)改变传统地形图单一时间点的数据记录方式，实现了对实体变化过程的多时态、连续信息记录。它通过记录地理实体产生、消失的时间节点，以及各节点的变化信息，从而形成地理实体数据时间序列，以便对地物的时空演变过程进行跟踪。

除上述基本特点外，基础地理实体数据库还具备“一库多能”的特点。所谓“一库”，即一套基础地理实体数据库。所谓“多能”，即能满足多种应用需要，主要包括以下几方面：

①人眼能阅读，即能通过人眼读懂地理实体的数据内涵与空间关系，满足常规地图制图、出图及读图的应用需要。

②机器能理解，即基础地理实体不仅人眼可读，机器(电脑)也能识别理解。传统基础测绘成果只能满足人眼阅读而不满足机器理解。例如，传统基础测绘成果通过多条离散的道路边线来表达道路，虽然人能看懂，但机器不能理解，而道路地理实体通过构建对象化语义化的路段面，满足了人眼阅读的同时，还能让机器识别理解。

③数值能计算，即能对基础地理实体自身和关联的各类数据指标进行空间分析与统计计算。

④历史能追溯，即能通过地理实体编码和时间标识信息，追溯地理实体时空发展演化过程，揭示地理实体时空演变规律。

⑤关系能分析，即能分析展示出不同地理实体之间的从属、连接、关联、依存等关系，方便数据挖掘。

⑥信息能关联，即能通过地理实体编码，挂接来自不同业务部门的社会、经济、人文等专题信息。

⑦数据能派生，即能根据应用需要，由统一维护的大比例尺基础地理实体数据库自动派生出中小比例尺的数据库。

⑧应用能定制，即能根据应用需要，个性化地定制满足不同应用需求的数据或地图产品。

1.3 基础地理实体的主要作用

1.3.1 基础地理实体的主要作用

基础地理实体是具有统一空间基准框架的地理要素及其相关联的几何形态、空间位置、时间序列及通用社会经济属性特征的地理信息数据。它具有识别意义和地理空间特征，是地理信息整合和共享交换的“凝聚核”。基础地理实体数据(库)将在各部门各行业信息共享交换、关联展示及管理应用中发挥以下主要作用：

(1)时空基准的作用。基础地理实体数据(库)具备统一的时空基准，能完整表达时空语义关系。其时间基准中日期采用公历纪元，时间采用北京时间。大地基准统一为2000

国家大地坐标系，高程基准统一为 1985 国家高程基准。它能为各类社会经济时空大数据在时间和空间维度上提供基本参考或起算依据。

(2) 基础数据的作用。基础地理实体数据(库)能提供完整性好、现实性强、精准度高的时空数据，将是国民经济建设不可或缺的基础性信息资源。它将为自然资源管理和经济社会发展提供全方位、多层级、多维度的地理信息数据支撑服务，满足城市规划、建设与管理以及数字城市、智慧城市建设等领域对地理空间数据多元化、专业化的综合应用需要。

(3) 信息载体的作用。基础地理实体数据(库)是承载和整合各类行业专题信息的基础信息资源，也是其他信息交换共享与协同应用的载体。依托基础地理实体数据(库)，各行业信息可以实现空间化、可视化、集成化叠加展示与综合应用。各类行业数据可基于基础地理实体数据(库)这一信息载体进行流转汇聚，并产生数据聚集效应，实现数据综合利用效益的整体提升。

(4) 信息纽带的作用。基础地理实体数据(库)中的每个地理实体具有唯一的地理实体编码，即地理实体的“身份证号”。通过地理实体的“身份证号”，可以获取该实体在其他部门的各类信息。各业务部门也可以通过此编码，获取与该实体相关的时空信息与跨部门的信息。基于基础地理实体数据的桥梁纽带作用，可以全链条关联整合各方、多维度数据，实现各类行业数据跨层级、跨地域、跨系统、跨部门、跨业务的逻辑关联、协同管理和融合应用。

1.3.2　基础地理实体的典型应用

基础地理实体数据(库)将在自然资源管理和国民经济建设各领域发挥重要的基础数据支撑保障作用。它的典型应用场景包括：

1. 服务国家重大战略实施

在“两个一百年”奋斗目标的历史交汇期，党中央以总揽全局、着眼长远的战略眼光，部署了京津冀协同发展、长江经济带发展、粤港澳大湾区建设、长三角一体化、黄河流域生态保护和高质量发展等重大战略。这些国家重大战略是事关中华民族伟大复兴的千秋大计，对促进我国经济社会持续健康发展具有重要而深远的意义。

基础地理实体数据(库)与实景三维数据结合，可为国家重大战略的实施提供统一的空间基底，为国家重大战略中的重大工程的项目选址、发展规划、方案设计、成本预算、生态评价、建设施工、指挥决策和管理运维等提供完整性好、现实性强、精准度高的基础地理信息资源，为国家战略的实施和具体建设提质增效。

2. 服务自然资源管理

自然资源是重要的基础性资源，是人类赖以生存和发展的物质基础，作为经济社会发展的核心要素、能量源泉和空间载体。自然资源在现代化建设中具有全局性、战略性、基础性和不可替代性的地位。加强自然资源管理，是人与自然和谐共处的必然要求，对不断提高经济发展质量和效益都具有重要的战略意义。

基础地理实体数据(库)和实景三维等新型基础测绘产品成果能在自然资源陆海立体

监测、地籍管理、确权登记、国土空间开发利用、用途管制、生态修复以及所有者权益等工作中，通过业务联动和服务协同，提供自然资源现状底图、规划蓝图、管理动图建设与更新的底版支撑；在资源调查方面，基于基础地理实体数据(库)并借助强大的地理信息时空统计、动态建模等技术手段，可使自然资源管理部门清楚地掌握所在区域内自然资源的数量、类别、性质、空间分布情况等，为摸清家底、认知规律和科学管控提供支撑服务；在确权登记方面，基础地理实体数据(库)是确认自然资源界址、范围以及相互关系的重要依据。基于基础地理实体数据(库)和地理空间管理方法，可以提高确权登记效率，保证确权工作界址清楚、面积准确，明确自然资源的权责关系和监管主体，规避权属不清导致的管理责任混乱问题；在国土空间规划方面，基础地理实体数据(库)可以为国土空间规划编制提供宏观、中观、微观尺度以及低、中、高精度联动的数据底版。基于基础地理实体数据(库)，并综合人口分布、经济布局、国土利用、生态环境保护、交通网络等综合信息和各种分析评估模型，可处理空间冲突，优化空间规划，科学合理布局生产空间、生活空间、生态空间，提高国土空间规划的科学化与合理化水平；在自然资源监督管理方面，基础地理实体数据(库)可以为用途管制、执法监察、资产管理等提供基础地理数据支撑，结合土地变更调查、第三次国土调查、永久基本农田划定等最新成果，能为“定点、定位、定时、定量”发现及打击乱占耕地、批而未建、耕地“非农化”“非粮化”等自然资源违法违规行为提供数据与技术支撑。此外，以基础地理实体数据(库)为载体，可以关联自然资源监督监管各业务，通过信息共享、联动监管来综合提升自然资源管理能力和监管效能。

3. 服务生态文明建设

面对资源约束趋紧、环境污染严重、生态系统退化的严峻形势，2012 年 11 月，党的十八大从新的历史起点出发，做出“大力推进生态文明建设”的战略决策。生态文明是人类为保护和建设美好生态环境而取得的物质成果、精神成果和制度成果的总和。其目的在于保护好已有的自然生态空间、逐步修复遭到破坏的自然生态环境，对自然资源的开发利用状况进行监测。建设生态文明，是关系人民福祉、关乎民族未来的长远大计。习近平同志在十九大报告中指出，加快生态文明体制改革，建设美丽中国。

掌握自然生态空间形态，查清自然生态资源种类、数量、空间分布，监测各类自然生态空间变化，划定生态红线，是贯穿生态文明建设各项任务的主线，这些工作都离不开基础地理实体数据(库)的支撑。面向区域山、水、林、田、湖、草、沙一体化保护和修复等业务工作需要，基于基础地理实体数据(库)，集成融合土地利用、环境质量等专题数据和相关动态监测数据，能及时掌握区域生态环境的现状信息，结合专业模型和空间分析技术、空间统计技术等，可开展生态评价分析(如资源环境承载力、生态文明评价等)，并通过分析掌握生态环境发展变化趋势，为实现区域生态环境保护、优化国土空间布局与生态环境资源配置提供知识服务与科学依据。

4. 服务城市精细化治理

随着我国经济的快速增长、城市化进程的加快以及人民生活水平的快速改善提升，城市管理难度大幅度提高，不仅面临着人口流动加剧的压力，还面临着诸如交通、环境、失业以及治安等“城市病”的挑战。原有的城市管理方式已无法完全满足人民对城市服务日益增长的需求。2015 年，中央城市工作会议提出要对城市治理的方式进行创新，加强对城市精细化管理的探索和应用。城市管理应该像绣花一样精细。越是超大城市，管理越要精细，越要在精治、共治、法治上下功夫。要将精细化管理的要求贯穿城市规划、建设、管理、执法等城市工作各个环节，覆盖城市空间的各个区域，体现在时时刻刻。

城市生活及城市管理涉及的人、地、房、物、事等方方面面几乎都与地理空间位置有着天然的联系，如从市民出行、旅游、餐饮、住宿，到交通、停车、购物，再到城市更新、监察执法、设施运管、社区治理、环境整治、城市仿真、公共服务等，都离不开基础地理信息的支撑。基于基础地理实体数据(库)，可以将城市管理涉及的人、地、房、物、事等多元信息及物流、车流、人流、信息流等动态信息与空间地理信息进行融合，形成城市管理“一张图”，并通过大数据挖掘与 GIS 空间分析等技术手段，获取更有效的信息数据，为城市精细化动态管理提供全面、精准的数据支持。

5. 服务公共安全保障

随着城镇化进程的不断推进，城市人口密集度不断增大，涉及公共安全的因素也在不断增多。公共突发事件、自然灾害事件等紧急事故一旦发生，容易产生连锁反应，引起事故灾害规模扩大，造成灾难性后果。因此，做好高效的城市公共安全应急指挥预案显得尤为重要。

基于基础地理实体数据库和相关空间统计分析技术，可为公安、消防、公共卫生等部门开展预案演练、态势分析、模拟仿真、指挥救援、人员疏散等工作提供支撑保障服务，提高公共安全保障的效率和质量。此外，基于基础地理实体数据库，可使城市各类数据信息和二、三维空间信息融为一体，通过监控各种城市资源在空间的分布情况和实时运行情况，分析其内在联系，合理配置和调度资源，从而提高各部门的快速响应能力和协同处理能力。

1.4 与地理要素的主要区别

基础地理实体和传统基础测绘产品中的地理要素，都是对物理世界一种现象的抽象。但二者在数据分类标准、组织结构、语义丰度、表达方式、应用目标、生产组织、管理模式和服务方式等方面均存在较大区别。

在分类标准方面，传统地理要素分类标准与自然资源管理标准不一致，而地理实体能够与自然资源管理用地用海分类保持一致。

在组织结构方面，地理要素把物理世界的一种现象抽象成一种图元，如一个道路几何要素，它只包含道路中线或者道路边线；而基础地理实体则可以把物理世界的一种现象抽象成多种、多个图元，如一个道路实体，它包含道路中线、道路边线以及道路面等多个图元。

在语义丰度方面，地理要素通常只包含少量的自然属性，而基础地理实体则包含丰富的自然与社会经济属性信息。

在表达方式方面，地理要素主要以依比例尺、半依比例尺及不依比例尺的地图图式符号对地形地貌及地物进行离散抽象的二维表达，而基础地理实体则依据基础地理实体的粒度不同，采用点、线、面或体图元予以表达，且数据表达不再局限于二维地图表达，而是能够支撑全覆盖、逼真化的三维空间表达。

在应用目标方面，地理要素主要满足制图表达和纸质出图需要，虽然人眼能阅读，但机器不能理解；而基础地理实体则面向信息化管理和综合分析应用，不仅人眼能阅读，机器也可识别理解。

在生产组织方面，地理要素是分尺度分级重复测绘的；而基础地理实体则不再是依照比例尺进行测绘，而是基于管理范围和需求，对不同类别的地物指定不同的施测精度。

在管理模式方面，传统的基础地理信息数据按照分级建库的方式开展，不同尺度之间数据重复存储、数据相互分离，以致存在相互矛盾的情况；而基础地理实体数据库则能通过多尺度无级派生，定制出任意尺度的数据，且所派生的多层级数据之间相互联动、统一维护，能保证多尺度数据之间的一致性。

在服务方式方面，地理要素只能提供定式化服务；而基础地理实体则能通过“按需组装”提供定制化服务。所谓“按需组装”，主要是在制作面向公众的公共产品或面向部门的典型产品时，基于构建的地理实体数据库和预先建立的定制规则，根据用户需求，综合利用数据挖掘、联机分析、制图综合等技术，从多维地理实体数据库中自动提取、派生出包含特定信息，满足特定空间范围、比例尺、应用目的和应用环境的实体要素集，然后通过组合快速生成相关产品。例如，按照国家级、省级、市县级地理实体的分类，对部分地理实体如行政界线直接提取，对部分地理实体如交通、水系、居民地等自动综合，组装成任意范围、任意尺度、任意类型的地理信息产品。

1.5 国内外研究现状

“地理实体”的概念在20世纪90年代就已经被提出，国外早已开展了诸多针对地理实体的研究与应用，但限于数据采集和数据库管理技术的约束，地理实体直到近几年才引起业界重视。

根据原国家测绘地理信息局测绘发展研究中心编译的《欧美空间数据基础社会资料汇编》，2005年美国数字地理空间框架数据中，除了正射影像和高程数据外，其余的框架数据均将采用地理实体的组织方式表达，即要素通过赋予它唯一的、永久的标识码来识别，其位置特征由所链接的空间对象来描述，也可以用一组属性和关系来进一步描述。用户可以利用标识码将框架数据与自身的数据联系起来。标识码提供了一种跟踪机制，用于数据更新和将不同分辨率、不同范围内同一要素关联起来。永久的要素标识码一旦被赋予，就不可改变，除非要素本身发生了实质性的变化。

为推进欧洲空间信息的共享，欧洲议会2007年通过了建设欧盟空间信息基础设施的决议。目前，欧盟关于空间信息基础设施已经推出了一系列数据规范，为成员国空间数据共享提供了标准转换模型，包括坐标系、格网、地名、管理单元、地址、地籍、交通、水系等，这些数据也尽可能地采用面向实体的数据模型。

2009 年，国家基础地理信息中心围绕国家地理信息公共服务平台在线地理信息服务的需求，提出了面向实体的数据建模思路，设计了基于图元的地理实体数据模型。

2012 年，浙江省基础地理信息中心提出了利用地理实体编码实现多尺度表达空间数据的联动更新。

2015 年 6 月，在国务院批复同意的《全国基础测绘中长期规划纲要(2015—2030 年)》中提出，“到 2030 年新型基础测绘体系全面建成”，要求以现代测绘基准体系和数字地理空间框架数据库为主要成果形式，实现基础地理信息的多尺度融合和联动更新，不再局限于按计划生产纸质地形图，其中地理实体是新型测绘体系中成果形式的重要组成部分。

2016 年，原国家测绘地理信息局印发《测绘地理信息事业“十三五”规划》，重点任务之一就是推进新型基础测绘建设，要求开展新型基础地理信息数据库建设。同年，江苏省南京市规划局出台《南京市政务版电子地图 GIS 数据标准》(征求意见稿)，对所有地理实体和兴趣点信息进行了统一的分类编码，探索以地理实体概念来描述和表达基础地理信息。

2017 年 8 月，原国家测绘地理信息局出台《智慧城市时空大数据与云平台建设技术大纲(2017 版)》，明确要求建设地理实体数据。利用规范的地理实体及唯一编码进行地理空间数据的交换，实现空间上的属性信息和图形信息的共享，避免多尺度、多投影、多格式 GIS 数据整合带来的烦琐工作。通过批量化、流程化和标准化的作业方式，将生产符合地理实体化建库标准的数据作为为智慧城市建设提供数据和服务共享的基础。同年，嘉兴市规划管理局开展时空信息大数据建设，以地理实体数据作为地理空间信息与专业数据的桥梁纽带，建设城市地理实体模型，探索“1+1+N”的智慧应用模式。南京师范大学从地理视角描述地理实体，把地理实体分为现状地理实体、规划地理实体、建设地理实体和管理地理实体，提出了从部门应用的角度对地理实体进行粒度分割。

2019 年 1 月，自然资源部出台《智慧城市时空大数据平台建设技术大纲(2019 版)》，强调了地理实体作为与其他行业和专题数据进行关联的基础作用。同年，自然资源部下发《新型基础测绘体系数据库建设试点技术指南》(征求意见稿)，要求根据生产实际和应用需求，进一步完善地理实体概念模型，重点解决地理实体的概念与定义、分类与分级、粒度与编码、精度与技术、数据库设计与集成、产品组装等问题，希望用 2 至 3 年时间，取得一批探索试验成果，经总结凝练，为全国基础测绘转型升级提供可借鉴、可复制、可推广的经验和示范。

2020 年 9 月，自然资源部国土测绘司组织专家在上海召开“上海市新型基础测绘试点项目”成果验收会。该项目构建了类型丰富的地理实体，建立了基于地理实体的无尺度全息数据库，形成了基于地理实体的全要素三维 DLG、全要素实景模型、静态高清地图、高精度城市 DEM、可量测实景等实体化“1+5+N”的新型基础测绘产品。“上海市新型基础测绘试点项目”突破了面向智能化全息测绘和全息地理实体库构建的一系列关键技术，取得了丰硕的创新成果。

2021 年 5 月，国家新型基础测绘建设武汉试点项目完成构建了新型基础测绘产品体系，探索和形成了在空间域和信息域上 6 个一体化的基础地理实体数据库建设思路，研发了实体化改造和建库工具，实现了实体化、语义化和结构化的地理实体自动化入库，验证了地理实体的分类、分级、粒度、编码、数据组织结构等设计和技术方案，研究细化了地理实体在几何、时间、纹理、类别、属性5个精度指标，将国家新型基础测绘产品体系建设带到了新阶段、新高度，并取得了良好的社会经济效益。

综上，随着社会信息化发展和各行业对地理信息产品多元化、精细化和个性化需求的增加，基础测绘成果亟待转型升级，在此背景下，行业对地理实体的相关研究越来越广泛。但由于地理实体具有复杂性、多样性等特点，行业对地理实体的定义、分类和编码仍然缺乏统一的规范，对地理实体数据的组织、生产、管理等方面仍然没有全面系统的研究。本书将结合国家新型基础测绘武汉试点项目实践，从基础地理实体数据组织、存量数据转换地理实体、全息采集生产地理实体、基础地理实体数据质检、基础地理实体数据管理及更新等方面，阐述基础地理实体生产建库及管理的有关理论方法，以期为全国新型基础测绘建设提供可借鉴、可复制、可推广的“武汉经验”。

第2章 基础地理实体数据组织

为满足基础地理实体生产建库需求，需要对基础地理实体的分类、编码、分层、图元、精度、数据库结构等进行详细设计，将其空间形态、语义属性和关联关系等内容进行有机整合，使得基础地理实体数据好用、易用，更好地服务于自然资源管理和社会经济发展。

2.1 基础地理实体分类

为了提升测绘地理信息成果精细化、定制化服务能力和水平，满足各行业和生态文明建设需求，支撑自然资源管理和经济社会发展，应结合基础地理实体的自然和人文属性以及管理意义等内容，建立科学合理的基础地理实体分类体系。基础地理实体分类应在传统基础地理要素分类的基础上，充分参考第三次全国国土调查、地理国情普查、不动产登记、国土空间用地用海分类指南等相关标准，形成涵盖山、水、林、田、湖、草、矿、沙等自然资源的基础地理实体分类体系。

2.1.1 分类原则

基础地理实体的分类设计应遵循以下原则：

(1)科学性。基础地理实体分类应符合现实世界地理信息的基本组织规则，充分兼顾传统基础测绘成果和各自然资源要素等的分类体系，内容应涵盖基础测绘范畴内的各层次、各领域的地理信息，原则上应做到无遗漏、不重复。

(2)系统性。分类体系结构应正确反映基础地理实体的相互关系与层次结构，分类或分级的层次应清晰合理，对于分类对象的同级分类，应采用相同的视角，确保各层级基础地理实体的关系明确，整体性与逻辑性强。

(3)兼容性。基础地理实体分类应最大限度兼容传统基础测绘相关的分类体系，实体类别名称尽量沿用习惯名称，有利于进行传统基础测绘成果的升级和改造。

(4)稳定性。分类体系应选择最稳定的特征和属性为分类依据，保证整个体系架构在较长的使用周期内不发生重大改变。

(5)可扩展性。分类体系应留有充足的扩展余地，在保证整个体系架构不变的前提下，为其完善与更新提供足够的操作空间。

2.1.2 分类要求

基础地理实体分类有以下几项具体要求：

(1)由某一上位类划分出的下位类的总范围应与该上位类的范围相同；

(2)某一个上位类划分成若干个下位类时，应选择同一种划分视角；

(3)同位类类目之间不交叉、不重复，并只对应于一个上位类；

(4)分类应从高位向低位依次进行，不应有跳跃。

基础地理实体分类在宏观层面，应立足服务于国土空间管控需要，区分出生态、生产和生活空间；在中观层面，应立足服务于自然资源的调查、监测需要，区分出山、水、林、田、湖、草、矿、沙等；在细观层面，应立足服务于国土空间的用途布局和确权需要，区分出地块和单位院落以及河流段、道路段等；在微观层面，应立足服务于城乡建设和城市精细化治理需要，区分出地物细类。

2.1.3 实体分类组织

采用线分类法将基础地理实体类型分为门类、大类、中类和小类 4 个层次，共有 8 个门类，细分为 69 个大类、341 个中类和 280 个小类，分类规则见附录 A。

在参照基础地理信息要素分类与代码、自然资源部用地用海分类等相关规范的基础上，结合实际应用需要，将基础地理实体分为居民地及设施、交通、管线、水系、用地与院落、区域与界线、地貌和矿产等 8 个门类。

在门类的基础上，可以进一步细分为以下若干大类：

居民地及设施门类，包括建筑物、构筑物、绿化设施和硬化地表等大类。

交通门类，包括铁路、铁路附属设施、公路、城市道路、乡村道路、交通场站、桥梁与隧道、道路附属构筑物与设施、水运、空运、其他等大类。

管线门类，包括给水管、排水管、燃气管、电力管、通信管、热力管、工业管、不明管、综合管廊等大类。

水系门类，包括流域、河流、湖、水库及设施、沟渠及设施、河、湖中的岛、其他水系、水利及附属设施、海洋等大类。

用地与院落门类，包括耕地、园地、林地、草地、湿地、农业设施建设用地、居住用地、公共管理与公共服务用地、商业服务用地、工矿用地、仓储用地、交通运输用地、公共设施用地、绿地与开敞空间用地、特殊用地、留白用地、其他用地等大类。

区域与界线门类，包括领海区域、行政区域、其他区域、界桩、界碑、界标、开发区、自然保护地、规划控制线、界线与权籍、城镇(乡)体系、产业空间布局、国土空间规划分区等大类。

地貌门类，包括自然地貌和人工地貌等大类。

矿产门类，包括能源矿产、金属矿产、非金属矿产、水气矿产等大类。

在门类和大类的基础上，进一步划分出中类和小类。例如，居民地及设施门类的建筑物大类中，包含房屋、楼层、房屋附属设施、地下建筑等中类，其中，房屋附属设施中类又包含门顶、柱廊、悬空通廊、室外楼梯、室外自动扶梯、室外电梯等小类。具体见附录 A。

2.2　基础地理实体粒度

基础地理实体粒度可以理解为基础地理实体分类的详细程度。粒度应以是否具有识别意义和地理空间特征为判断条件，在综合评估基础地理实体的重要性、权属管理关系、语义属性、生产成本以及实际应用需求等因素的基础上，进行科学合理的划分。

2.2.1　划分原则

基础地理实体的粒度划分应遵循以下原则：

(1)依属性差异划分原则。对于同一细分类型的基础地理实体，应根据实体自身属性(如实体名称、实体数据内容等)的差异性进行分割。

(2)依空间结构划分原则。对于属性相同的基础地理实体，应根据实体空间形态结构的独立性进行分割。

(3)依属地管理划分原则。对于属性和空间形态结构独立性相同的基础地理实体，应根据实体所在行政区划管理的差异性进行分割。

(4)依计算分析划分原则。对于依据以上原则划分后的基础地理实体，应根据空间计算和分析需求(如拓扑连通性分析等)进行分割。

除了遵循以上原则，国家新型基础测绘建设武汉试点项目生产实践中，基础地理实体的粒度基本与国家 1∶500 数字地形图地理要素的采集粒度保持一致。

2.2.2　划分要求

基础地理实体的粒度应按照以下要求进行划分：

1. 居民地及设施门类

(1)对于建筑物，以固定封闭、功能完整且具有独立使用价值的独立房屋的轮廓范围面进行实体构建。

(2)对于建筑附属设施、构筑物，以可区分的范围面、中心线、点位进行实体构建。

(3)对于人工绿地和花圃花坛，以可区分的人工绿地和花圃花坛范围面进行实体构建。

(4)对于行树，以可区分的行树线进行实体构建。

(5)对于独立树，以独立树的树冠或树根等内点点位进行实体构建。

2. 交通门类

(1)以名称属性划定的独立道路进行实体构建；若无名称，则以可区分的道路范围面进行实体构建。

(2)同一名称的道路，若同一平面投影空间上被其他实体进行了分割，但实际道路保持连续状态，则不对道路进行分割，将道路和其他实体分别进行实体构建(如道路和桥同时构建实体)。

(3)道路与其他道路平面或立体连接处，应单独对匝道或引道进行实体构建；多条道路平行相交，在交叉口处进行打断，分别构建实体，并提取道路连通交叉口；多条道路立体相交，分别独立构建实体。

(4)道路实体应同时构建中心线。

3. 管线门类

(1)各类管线线路以各类管线附属设施与各类管线特征点之间的管段中心线进行实体构建。

(2)各类管线附属设施以独立设施范围面、点位进行实体构建。

4. 水系门类

(1)以名称划定的水系进行实体构建；若无名称，则以可区分的水系范围面进行实体构建。

(2)同一名称的水系，若平面投影空间上被其他实体进行了分割，但实际水系仍保持连续状态，则不对水系进行分割，将水系地理实体和其他实体分别进行实体构建(如河流和桥同时构建实体)。

(3)同一名称且空间连续的水系，若跨多个行政区划时，依据行政区划对其打断后分别构建实体。

(4)河流、沟渠等实体应同时构建中心线。

5. 用地与院落门类

按国土空间调查、规划、用途管制用地用海分类要求，并结合区分院落范围的现状阻隔地物(如围墙、栅栏、建筑物自身间隔等)范围面进行实体构建。

6. 区域与界线门类

以行政区划管理、国土空间规划管理、不动产登记管理、生态保护管理等部门的管理区域进行实体构建。

7. 地貌门类

(1)对于自然地貌，以自然科学定义或认知的自然地貌区域范围面、中心线或点位进行实体构建。

(2)对于人工地貌，以人工地貌范围面、中心线或点位进行实体构建。

8. 矿产门类

以不同利用价值且呈不同形态的探明储量矿产资源区域进行实体构建。

2.3 基础地理实体编码

基础地理实体具有实体特征，为满足对基础地理实体的全生命周期管理、历史追溯、查询检索以及与各种社会经济人文信息关联等需求，需要对基础地理实体进行全球唯一编码。基础地理实体唯一编码由分类码、位置码、时间码和顺序码构成，如图 2.1 所示。

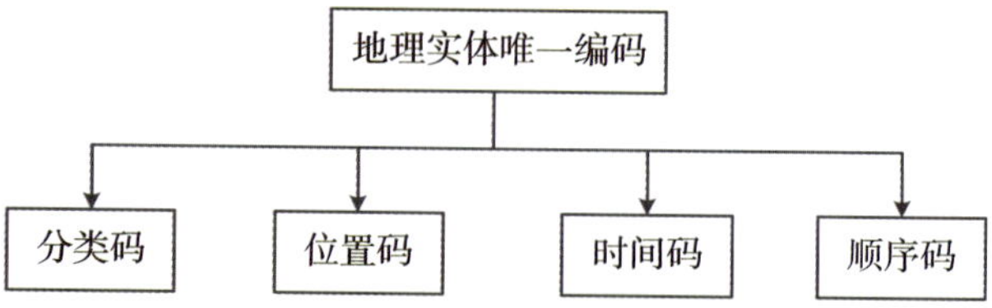

图 2.1　基础地理实体唯一编码示意图

基础地理实体唯一编码采用 34 位定长数字或英文字母码，不足 34 位，用“0”补齐。代码结构如表 2-1 所示，分类码 8 位，位置码 14 位，时间码 8 位，顺序码 4 位。基础地理实体编码结构如表 2-1 所示。

表 2-1　**基础地理实体编码结构**

分类码	位置码	时间码	顺序码
第 1~8 位	第 9~22 位	第 23~30 位	第 31~34 位

注：每项编码以从左至右的顺序排列，编码不足相应位数则补“0”。

2.3.1　分类码

1. 编码原则

基础地理实体的分类码设计应遵循以下原则：

(1)简洁性。编码组成应遵循简单、快捷的原则，既要能快速生成，又要易于解析，不应给应用造成过大负载。

(2)层次性。编码应具有层次性，能对不同类别层次下的基础地理实体进行清晰而明确的描述和表达。

(3)一致性。编码规则设计应与相关领域的国家、行业或地方标准保持一致，在编码增删改时，应保持基础地理实体与原有属性间对应关系的稳定性，以及与原有信息概念和语义的一致性。

(4)可扩展性。分类编码应强调高位统一，低位留有充足扩充余地。

2. 编码结构

基础地理实体的分类码是由门类码、大类码、中类码和小类码组成的，前三类码为分类高位编码，小类码为低位编码，采用 8 位数字编码，具体编码结构如图 2.2 所示。

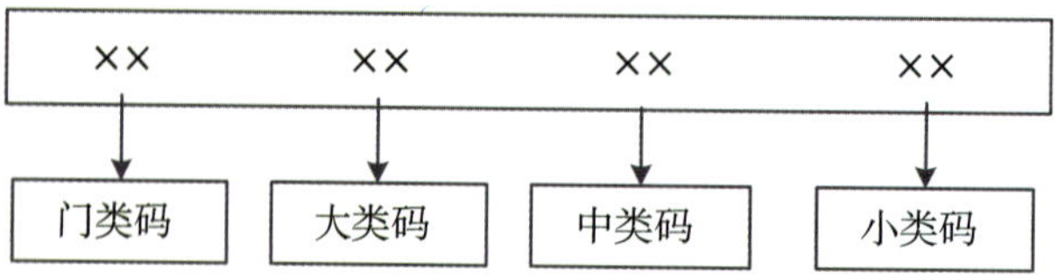

图 2.2　基础地理实体分类码结构示意图

(1)左起第一、二位为门类码，根据基础地理实体的门类划分，门类码为“01”～“08”；

(2)左起第三、四位为大类码，在门类基础上细分形成的实体类，是已有各分类编码体系的一级类编码；

(3)左起第五、六位为中类码，在大类基础上细分形成的实体类，是已有各分类编码体系的二级类编码，无此级别的，则中类码补“0”；

(4)左起第七、八位为小类码，在中类基础上细分形成的实体类，是已有各分类编码体系的三级类编码，如有四级类编码的情况，则将其并入三级类编码中，无此级别的，则小类码补“0”。

基础地理实体具体的分类编码见附录 A。

2.3.2　位置码

位置码是能够完全包含某一基础地理实体的最小数学单元的编码，主要分为层级码和格网编码两部分，共 14 位。其中，层级码为某一基础地理实体所在的最小数学单元对应的层级，为 2 位数字编码，范围为 00～22；格网编码则是层级码对应的最小数学格网单元的编码，为 12 位数字、字母混合编码。

1. 数学格网剖分

进行格网编码设计，首先需要进行数学格网剖分。设计采用如下格网剖分方式：

(1)0 级格网。采用经纬度等间距直投的投影方式，对全球球面进行平面投影，将经度(−180°～180°)，纬度(−90°～90°)区域作为 0 级格网，并定义为起算格网。

(2)1 级子格网。以本初子午线与赤道交点为原点，将 0 级格网进行以本初子午线(0°经线)为准的对称剖分，作为第 1 级子格网。

(3)2～22 级子格网。对上一级格网采用四叉树逐级递归方式进行格网剖分，得到第 2～22 级子格网。

2. 格网编码规则

(1)各级网格范围。数学单元各级网格覆盖范围如表 2-2 所示。

表 2-2　　**数学单元各级网格覆盖范围**

层级	网格大小	近似覆盖范围(赤道附近)
0	360°×180°	全球
1	180°×180°	20000km×20000km
2	90°×90°	10000km×10000km
3	45°×45°	5000km×5000km
4	22°30′×22°30′	2500km×2500km
5	11°15′×11°15′	1250km×1250km
6	5°37′30″×5°37′30″	625km×625km

续表

层级	网格大小	近似覆盖范围(赤道附近)
7	2°48′45″×2°48′45″	312km×312km
8	1°24′45/2″×1°24′45/2″	156km×156km
9	$42'45/2^{2}{''}\times42'45/2^{2}{''}$	78km×78km
10	$21'45/2^{3}{''}\times21'45/2^{3}{''}$	39km×39km
11	$10'525/2^{4}{''}\times10'525/2^{4}{''}$	20km×20km
12	$5'525/2^{5}{''}\times5'525/2^{5}{''}$	10km×10km
13	$2'2445/2^{6}{''}\times2'2445/2^{6}{''}$	5km×5km
14	$1'2445/2^{7}{''}\times1'2445/2^{7}{''}$	2. 5km×2. 5km
15	$10125/2^{8}{''}\times10125/2^{8}{''}$	1250m×1250m
16	$10125/2^{9}{''}\times10125/2^{9}{''}$	625m×625m
17	$10125/2^{10}{''}\times10125/2^{10}{''}$	312m×312m
18	$10125/2^{11}{''}\times10125/2^{11}{''}$	156m×156m
19	$10125/2^{12}{''}\times10125/2^{12}{''}$	78m×78m
20	$10125/2^{13}{''}\times10125/2^{13}{''}$	39m×39m
21	$10125/2^{14}{''}\times10125/2^{14}{''}$	20m×20m
22	$10125/2^{15}{''}\times10125/2^{15}{''}$	10m×10m

(2)各级网格编码规则如下：

第 0 级：第 0 级标识全球范围，采用 12 位占位符“#”表示。

第 1 级：对全球范围进行以本初子午线(0°经线)为准的剖分，得到东西 2 个半球的网格，其中东半球网格赋值 E，西半球网格赋值 W，如图 2. 3 所示。

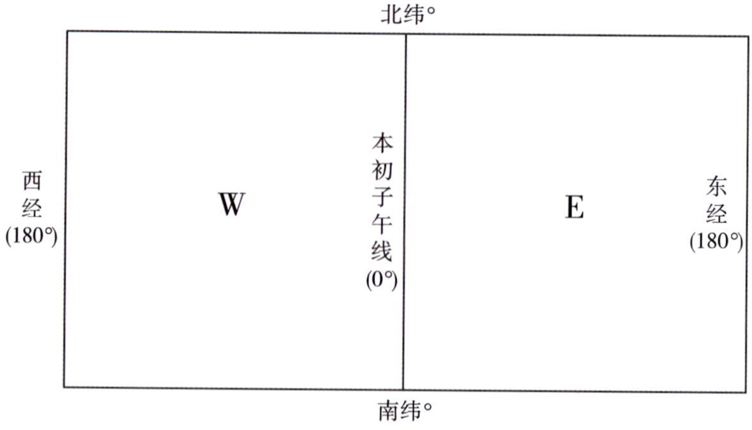

图 2. 3　第 1 级网格编码规则

第 2~22 级：每一级网格为上一级格网的四叉树均分，得到的格网利用 Z 曲线编码方法分别赋值 0，1，2，3，并分别转换为二进制码为 00，01，10，11。如图 2.4 所示。

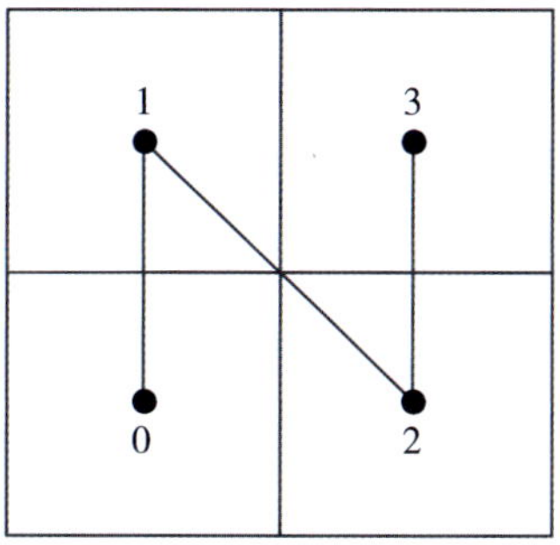

图 2.4　第 2~22 级网格编码规则示意

（3）多级网格编码示例。以某一院落实体为例，对网格编码进行说明。计算该院落实体的最小外包矩形的左上角及右下角坐标分别为（39°54′8.0″N，116°18′10.1″E）、（39°54′6.0″N，116°18′13.122″E），包含该院落实体的最小数学格网单元的计算步骤如下：

步骤 1：计算最小外包矩形左上点在第 22 级格网的多级格网编码，过程如下：

第 1 级：位于第一级东半球格网，编码为 E；

第 2 级：根据表 2-3 的坐标范围计算对应的区域编号，可得左上点的编号为 3，二进制为 11；（其中，对于南半球的纬度折算为负值计算），并计算 90°格网下坐标点与格网大小相除得到的余数，为 39°54′/90°=0 余 39°54′，116°18′/90°=1 余 26°18′；第二级编码结果对照关系如表 2-3 所示。

表 2-3　**第 2 级编码结果对照关系**

经度范围(°)	纬度范围(°)	对应区域编号	对应二进制
0~90	-90~0	0	00
0~90	0~90	1	01
90~180	-90~0	2	10
90~180	0~90	3	11

第 3 级：计算 45°网格下，对上一级计算得到的纬度、经度余数与格网大小相除，分别为 39°54′/45°=0 余 39°54′，26°18′/45°=0 余 26°18′，并根据所得到的整数结果对应其所在的编号区域，得到其二进制编码，其中对应方式如表 2-4 所示。如上述得到的纬度为 0、经度为 0，则对应区域编号为 0，二进制为 00。

表 2-4　　　　　　　　　　**第 3~22 级编码结果对照关系**

经度整数结果	纬度整数结果	对应区域编号	对应二进制
0	0	0	00
0	1	1	01
1	0	2	10
1	1	3	11

第 4~22 级：计算方法与第 3 级相同，即将上一级计算得到的纬度、经度的余数分别除以该级别所对应的网格大小，并根据所得到的整数结果对应其所在的区域编号，得到其二进制编码。

计算得到第 4~22 级编码为：11，01，01，10，00，10，01，10，11，01，11，01，01，01，11，01，01，01，10。

得到其网格编码为：E110011010110001001101101110101011101010110。

为了为便于标识，将上述 42 位编码进行 2 位 00 补位，得到 44 位编码并进行 16 进制转换，上述代码转换结果为：ECD626DD5D58。

步骤 2：同理，计算最小外包矩形右下角点在第 22 级格网的编码为：E11001101011000100110110111010101111100101000，转换 16 进制后为：ECD626DD5F28。

步骤 3：对比两个编码，可得其在前 18 级的编码均相同，因此能包含该院落实体的最小空间格网为第 18 级、编码为：ECD626DD5D 的格网。因此，该院落实体对应的多级格网编码为 ECD626DD5D00。

2.3.3　时间码

时间码采用 8 位数字定长编码，以基础地理实体首次采集、调查或建库等的公元纪年时间为内容，如 2019 年 2 月 8 日，则时间码为 20190208。

2.3.4　顺序码

顺序码采用 4 位定长数字或字母编码，当基础地理实体分类码、位置码和时间码完全一致时，以 0~9，a~z 的流水号顺序，从右至左依次编码，即每一位可取值有 36 个，顺序码不足 4 位，则补“0”。

2.3.5　表现形式

基础地理实体编码可采用二维码的表现形式，如图 2.5 所示。

图 2.5　二维码示意图

2.4 基础地理实体精度

为满足新型基础测绘产品“看得清、看得对、看得准、看得及时”和“更新时间越短越好，精度合理就好”的基本要求，为避免新型基础测绘建设中出现过度测绘和质量浪费，根据产品级别、类别、应用需求、表现形式及数据结构、数据组织等各方面特点，结合新型基础测绘建设产品设计和生产成果经验，需要对基础地理实体的精度从几何、时间、纹理、类别和属性等5个维度进行描述。

2.4.1 几何精度

几何精度是人机对基础地理实体能够识别和获取的最小单元的尺寸大小。几何精度分为平面精度和高程精度两个部分，具体精度等级划分如表2-5和表2-6所示。

表2-5 **平面精度示例**

精度等级	精度	示例
P0	(0，1dm]	房屋角点等
P1	(1dm，5dm]	城市主干路等
P2	(5dm，1m]	坡脚线等
P3	1m以上	河流边线等

表2-6 **高程精度示例**

精度等级	精度	示例
H0	(0，1dm]	管线设施等
H1	(1dm，2.5dm]	房屋女儿墙、交通部件等
H2	(2.5dm，5dm]	硬化地表等
H3	5dm以上	旱地、盐碱地等

传统基础测绘产品中的精度指标，可以通过数值运算，转换为上述基础地理实体几何精度指标，从而实现利用基础地理实体精度指标评价传统基础测绘产品的精度等级。如原1∶500比例尺地形图中房屋角点精度是图上0.1mm，即实际距离为0.05m，则该界址点满足P0精度等级要求。

2.4.2 时间精度

时间精度是对产品生产更新的时间间隔进行精度评定的指标。时间精度的设计主要从产品的选型、生产更新技术路线选取、应用服务需求等多方面考量，对产品的实效性、更新频率进行针对性设计。例如，实景三维产品按表达颗粒度，通常分为地形级、框架级(城市级)和单体级(部件级)，原则上单体级重点区域(重点监测、中心城区建设区域等)以周为周期进行生产更新，框架级城市区域更新以月为周期进行生产更新，地形级宏观区域更新则以年为周期进行生产更新。

2.4.3　纹理精度

纹理精度是对新型基础测绘产品外观沟纹、图案、形态等结构特征表现能力的尺度描述。对新型基础测绘产品纹理精度进行设计时，首先要明确的是，纹理精度是针对具备纹理表示条件的二维或三维产品进行的描述或评价，一维数据或二维线划数据不具备纹理表示条件，故不讨论。具备纹理的二维产品是卫星影像、航空影像或低空无人机影像，三维产品即是地形级、框架级和单体级的实景三维数据。

三维产品(实景三维)的纹理精度主要通过纹理色彩的亮度、色调、饱和度等指标来综合评价，并参考了《三维地理信息模型数据产品规范》(CH/T 9015—2012)中纹理精细度要求，作等级划分，如表 2-7 所示。

表 2-7　　纹 理 精 度

类型		Ⅰ级	Ⅱ级	Ⅲ级	Ⅳ级
纹理描述		修饰真实纹理	不修饰真实纹理	通用纹理	示意纹理
纹理内容	纹理来源	现状照片	现状照片	现状照片	纹理库
	遮挡物	处理遮挡	处理遮挡	适当处理	不处理
	透视变形	需要处理	适当处理	适当处理	不处理
	纹理接缝	需要处理	适当处理	适当处理	不处理
	纹理眩光	需要处理	适当处理	适当处理	不处理

2.4.4　类别精度

类别精度是对基础地理实体间本质差异的一种定性语义描述。基础地理实体类别精度指标的设计是根据地理信息的来源，即自然地理信息和人文地理信息，将基础地理实体的分类，从门类、大类、中类、小类四个层级进行定性的划分和描述，用以评价分类的正确性。

2.4.5　属性精度

属性精度是对基础地理实体性质和关系描述表达详细程度的衡量。属性精度的高低很大程度上影响了基于基础地理实体的查询、统计、分析和应用。因此，在基础地理实体数据生产过程中，合理与准确的属性赋值，才能保证基础地理实体具有较高的属性精度。

2.5 基础地理实体图元

图元是根据基础地理实体自身的表达维度、形态特征以及实际应用需求设计的基础地理实体的空间形态表达。根据数据空间维度的不同，基础地理实体图元分为二维图元和三维图元，如图 2.6 所示。

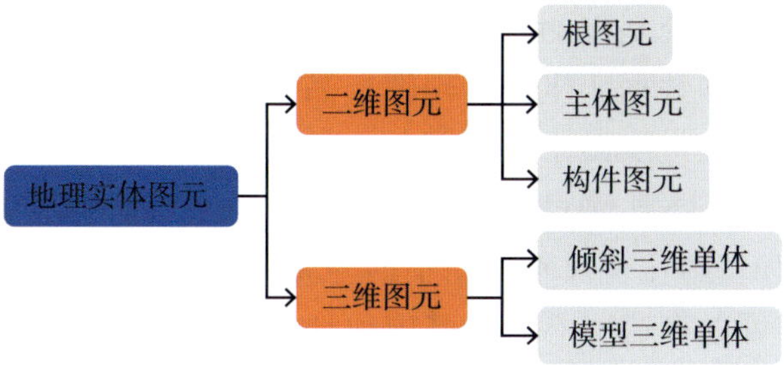

图 2.6　基础地理实体图元结构

2.5.1 二维图元

一个二维形式表达的基础地理实体可能由一个或多个图元构成，如房屋实体由房屋(基底面)图元和多个(或一个)第五立面(屋顶面)图元构成，道路实体由道路中心线图元和道路面图元构成。为了便于区别与管理，同时为了避免相同属性信息的重复存储导致信息冗余，根据空间表达完整性、属性信息存储及应用特征的不同，将二维图元分为根图元、主体图元和构件图元三类。

根图元是指在空间位置、权属管理等方面，能够从某一角度完整表达基础地理实体空间特征的几何图形。根图元存储基础地理实体的基本属性、图元的基本属性和专有属性，与基础地理实体一一对应。

主体图元是指除根图元以外，其他能够完整表达基础地理实体空间特征的几何图形。主体图元只存储基础地理实体图元的基本属性和专有属性。

构件图元是指仅能够部分表达基础地理实体空间特征的几何图形。构件图元只存储基础地理实体图元的基本属性和专有属性。

根据基础地理实体不同的二维空间表达形式，以上三类图元空间表达的几何类型为点、线或面。

根图元、主体图元和构件图元均用于构建基础地理实体，每个基础地理实体必有一个根图元，但不一定有主体图元和构件图元，主体图元和构件图元是根图元的补充表达。例如，道路实体包括道路中心线和道路面图元，两者都能完整地表达基础地理实体的几何特征，为避免基础地理实体基本属性存储冗余，需从中挑选一个图元作为根图元，如选择道路面作为根图元存储道路实体的基本属性(如道路名称、道路等级),道路中心线则作为主体图元,不存储道路名称、道路等级等基本属性;又如,房屋基础地理实体包括房屋(基底面)、第五立面(屋顶面)等图元,房屋(基底面)能完整表达房屋基础地理实体的空间特征,可作为根图元存储房屋实体的基本属性(如建筑类型、建筑用途),而第五立面(屋顶面)则仅能部分表达房屋基础地理实体,作为构件图元,不存储建筑类型、建筑用途等基本属性。

基础地理实体数据是新型基础测绘建设的重要内容,但全国新型基础测绘尚处于试点阶段,社会各行业对传统基础测绘的地图产品仍有较大需求,因此,在试点阶段就需要进行从基础地理实体数据派生传统地图产品技术路线和生产工艺的探索。在国家新型基础测绘武汉试点生产实践中,根图元、主体图元和构件图元不能完全满足基于基础地理实体派生传统基本比例尺地形图的要求,还需要从其他传统基础测绘成果中提取相关数据内容(如基本比例尺地形图中的等高线、高程点和注记等)参与传统制图产品的派生与组装,可以将这些不参与基础地理实体构建但参与地图产品组装派生的数据统称为制图要素。

基础地理实体、二维图元与制图要素的关系如图 2.7 所示。

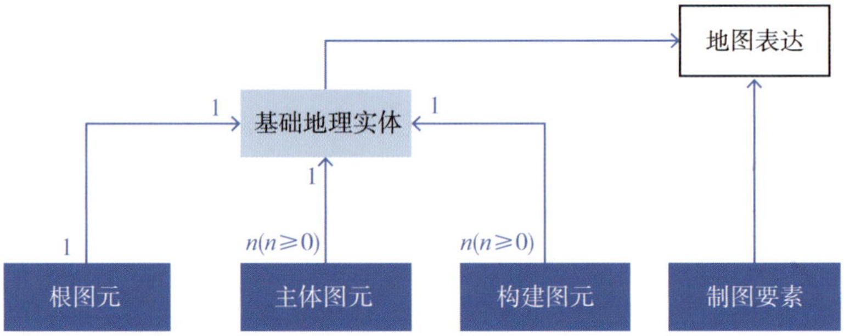

图 2.7　基础地理实体、二维图元与制图要素关系图

2.5.2　三维图元

三维图元中的模型三维单体可根据空间表达详细程度、纹理图案分辨率等不同特性,并参照 OGC 相关标准,分为 LOD1、LOD2、LOD3 和 LOD4 级别(LOD, Levels of Detail),其中,LOD1 指表达现实世界地物大致空间轮廓特征的“体块”模型,LOD2 指由不同组成模块叠加简单贴图的基础模型,LOD3 指具有地物顶部、侧面等更多空间表达细节特征且纹理精细程度高的精细模型,LOD4 指在 LOD3 基础上增加了地物内部空间表达的三维模型。图 2.8 以房屋地理实体为例,表示其 LOD1、LOD2、LOD3 级别的模型三维单体图元。

三维图元中的倾斜三维单体是倾斜摄影 Mesh 模型经过单体化处理后的三维单体图元,如图 2.9 中高亮建筑所示。

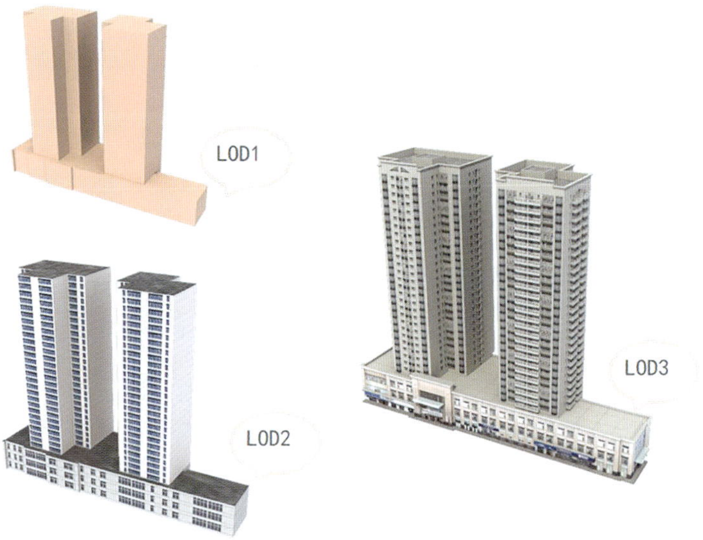

图 2.8 模型三维单体图元示意图

图 2.9 倾斜三维单体图元示意图

2.6 基础地理实体数据库设计

2.6.1 数据库设计原则

基础地理实体数据建库的目的一方面是为了实现成果数据的集成管理，另一方面为政府机构、专业部门和社会公众提供相应的服务。整个建库采用统一规范、分级实施、严控质量且已广泛应用的成熟数据库，结合地理信息系统、互联网等技术，加强技术和方法创新，建成功能和性能上都满足应用要求的数据库。数据库设计应遵循以下基本原则：

(1)一体化原则。在空间分布方面，将地上与地下的、水域与陆地的、室外和室内的基础地理实体数据全部纳入建库范畴，实现地上地下一体化、陆地水域一体化和室外室内一体化；在信息融合方面，将基础地理实体数据的时间信息与空间信息、空间信息与属性信息、二维信息与三维信息全部进行建库，实现时间空间一体化、空间属性一体化和二三维一体化。基于 6 个“一体化”原则，建成空间立体、形态多样、语义丰富的基础地理实体时空数据库。

(2)实用性原则。数据库设计要充分考虑各部门应用的实际情况，实用性是数据建库的最基本和最重要原则。数据库内容确定、数据模型设计、数据组织以及数据库管理和应用服务系统、运行环境设计等，都需要尽可能地满足当前的应用需求，使数据库建成后能够很快发挥作用，服务自然资源管理和城市精细化治理等。针对统计分析和服务应用的高要求，设计先进、易扩展的系统架构和系统运行环境，确保数据库及数据库管理和应用服务系统具有很强的实用性，能够充分实现信息资源共享，方便人们获得自己所需要的信息。

(3)先进性原则。数据库设计要在吸取国内外基础数据库建设的经验和教训的基础上，研究和分析技术及其相关技术的发展趋势，在确保数据库系统实用性的同时，要尽量考虑数据库系统的先进性，采用成熟可靠的技术。采用先进的时空数据建库技术、数据存储方案、数据管理方案，统一规范基础地理实体数据的内容，合理组织数据库的结构，支持数据库内容的扩展以及多源、多尺度数据的融合管理，实现基础地理实体关联的图像、音频、视频等多媒体数据和档案资料的集成管理，以及时态数据管理、统计分析的需要，满足大数据快速查询和统计分析的要求，确保数据库的科学性和前瞻性，方便进行更新维护，使数据库能够适应未来技术发展的变化。

(4)扩展性原则。数据库的更新维护是一个长期而重要的过程。数据库设计在数据组织、存储空间、硬件设备和管理软件等方面都应具备对需求变化的适应能力，以适应数据库系统集成后调查与更新数据的不断扩展加入、更多数据存储和管理以及统计分析的能力扩展，以确保数据库系统具备可持续发展的空间。数据库管理和应用服务系统采用面向服务的设计与云计算应用架构，方便新统计分析模型扩充加入、调用，使系统具备良好的可扩展性和运行效率，便于促进信息资源共建共享。

(5)安全性原则。随着计算机网络技术的不断发展，数据共享越来越紧密，数据的安全性显得越来越重要，一旦出现数据泄密，将构成严重的威胁。因此，在设计数据库时，应设计一套行之有效的安全机制，以保证数据在网络中的安全。

2.6.2　数据库分层设计

为科学合理地组织、管理和存储基础地理实体，在基础地理实体分类、图元设计的基础上，完成了基础地理实体数据库分层设计，包含 8 个基础地理实体基本层(表)和 272

个图元层(表)，如图 2.10 所示。

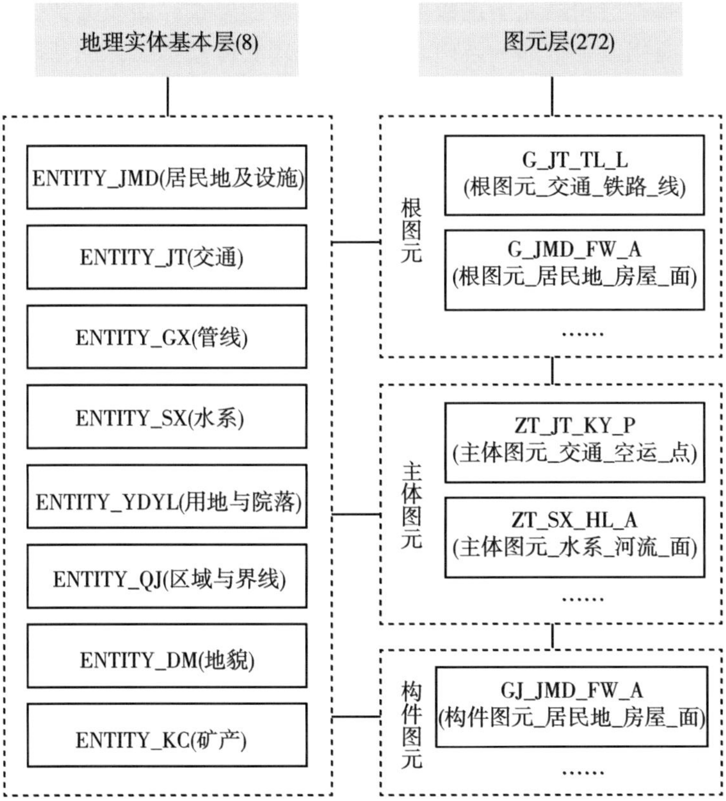

图 2.10　数据库分层设计图

8 个基础地理实体基本层分别对应 8 个基础地理实体门类，用于存储基础地理实体分类码、基础地理实体标识码、基础地理实体名称等基础地理实体的基本信息，以“ENTITY_基础地理实体所在门类简拼”命名，如“ENTITY_JT”表示交通门类的基础地理实体。

272 个图元层存储基础地理实体图元的基本属性与专有属性。图元层名包含图元类型、基础地理实体所在门类、基础地理实体所在大类或中类以及图元几何类型代码信息。其中，图元类型以“G_”“ZT_”“GJ_”来区分标识，分别表示根图元、主体图元和构件图元所在图层。每个基础地理实体有且仅有 1 个根图元层，主体图元层和构件图元层不一定存在，如“G_JMD_FW_A”表示居民地及设施门类下的房屋基础地理实体根图元，为面图元，而“ZT_SX_HL_A”表示水系门类下的一般河流基础地理实体主体图元，为面图元。基础地理实体通过基础地理实体标识码与根图元一一对应来实现与其他图元的关联，具体分层设计内容应符合附录 B 中的规定。

2.6.3　数据库结构设计

基础地理实体基本层和图元层在数据库中均以表的形式存储相关数据信息，每个基础地理实体或图元对应相应表中的一条记录。基础地理实体基本层存储基础地理实体基本属性；图元层存储图元的基本属性、专有属性和几何信息。

为了实现基础地理实体建库 6 个“一体化”，采用具有空间数据拓展管理能力的关系数据库存储基础地理实体数据，基础地理实体数据库结构设计如图 2.11 所示。数据库中基础地理实体主要包括语义信息，二、三维图元信息，以及关联关系信息等。为了避免信息冗余，这些信息被分别存储到“基础地理实体基本表”“图元表”(一个或多个)“关系表”等多个逻辑关联的结构化数据库表中，其中，关系表在下一小节中详细阐述。

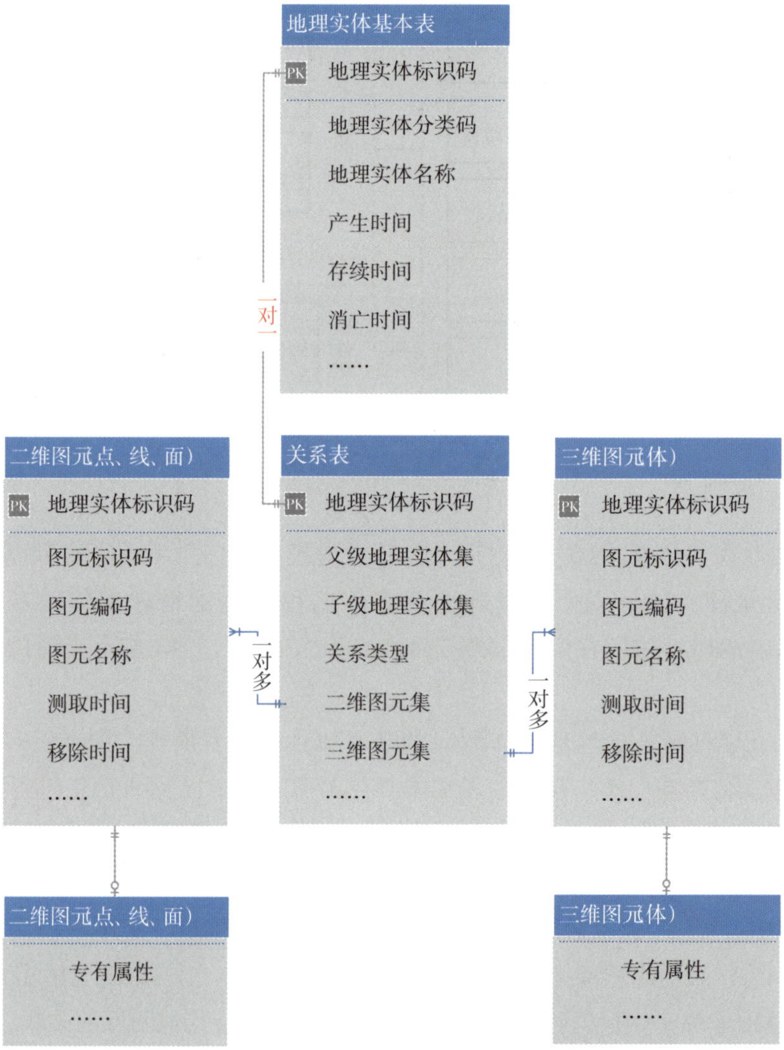

图 2.11　基础地理实体数据库结构设计图

1. 基础地理实体基本表

基础地理实体基本表即图 2.10 中的 8 个基础地理实体基本层(表)，用于存储基础地理实体最基本的属性信息，包含“基础地理实体标识码”等 8 个字段信息，它是所有基础地理实体属性内容的最大公约数，在生产阶段存储于根图元中，但在建库阶段则从根图元中剥离并存放于基础地理实体表中，如表 2-8 所示。

表 2-8 **基础地理实体基本表**

序号	属性项名称	英文简称	字段类型	约束条件	属性值域
1	基础地理实体分类码	DLSTFLM	Char(8)	M	
2	基础地理实体标识码	DLSTBSM	Char(34)	M	
3	基础地理实体名称	DLSTMC	Char(100)	O	
4	产生(测取)时间	CSSJ	Date	M	
5	存续时间	CXSJ	Date	M	
6	消亡时间	XWSJ	Date	O	
7	所有(管理)者	SYZ	Char(100)	O	
8	备注	BZ	Char(255)	O	

说明：约束条件中“M”“C”“O”分别代表“必填”(mandatory)、“符合条件时必填”(conditional)和“选填”(optional)。

表 2-8 中的“基础地理实体标识码”字段存储实体的基础地理实体编码，通过该字段与图元表、关联关系表进行关联。

为了便于历史回溯和“时间空间一体化”管理，当基础地理实体的属性每次发生变更时，往该表中添加一条记录，以保存该实体的历史属性，该表以“产生时间”“存续时间”“消亡时间”等字段记录历史属性的生命周期。

2. 图元表

基础地理实体由图元构成，每一个基础地理实体对应一个或多个点、线、面或体图元，因此，图元表由一个或多个点、线、面或体图元表构成。图元表即图 2.10 中的图元层(表)，用于存储图元的属性信息，包括基本属性信息和专有属性信息。

图元基本属性信息中，共包含 12 个属性字段，如表 2-9 所示。其中，“基础地理实体标识码”存储该图元所表达的基础地理实体编码；“图元标识码”存储图元的唯一标识码；“图元编码”存储图元的类别编码，它是在基础地理实体分类码的基础上，结合图元的几何类型进行流水号编码，如一般河流基础地理实体包括 1 个线图元和 3 个面图元，基础地理实体分类码为 04020200，则对应的图元编码为 04020200L01、04020200A01、04020200A02 和 04020200A03；“测取时间”和“移除时间”用于记录图元的生命周期。每当图元的属性发生变更时，添加一条记录，以保存其历史属性。

表 2-9　**图元基本属性表**

序号	属性项名称	英文简称	字段类型	约束条件	属性值域
1	基础地理实体标识码	DLSTBSM	Char(34)	M	
2	图元标识码	TYBSM	Char(36)	M	
3	图元编码	TYBM	Char(11)	M	
4	图元名称	TYMC	Char(100)	M	
5	要素名称	YSMC	Char(100)	O	
6	要素编码	YSBM	Char(8)	O	
7	测取时间	CQSJ	Date	M	
8	移除时间	YCSJ	Date	O	
9	测取人	CQR	Char(100)	M	
10	修除人	XCR	Char(100)	O	
11	备注	BZ	Char(255)	O	

说明：约束条件中“M”“C”“O”分别代表“必填”(mandatory)、“符合条件时必填”(conditional)和“选填”(optional)。

图元专有属性信息根据不同图元的表达内容和特征，包含不同的专有属性字段，基础地理实体的根图元、主体图元和构件图元均可能有各自的专有属性字段。例如，城市道路(面)根图元的专有属性表中含有道路面积字段；城市道路(线)主体图元的专有属性表中包括道路名称、类型、路面材料、长度、平均宽度、是否单行等字段。具体的基础地理实体数据库结构设计见附录 C 中的规定。

此外，对于大型公共建筑的基础地理实体，具有一个或多个记录实体室内地图信息的图元表，存储大厅、走廊、门、窗、楼梯、电梯等功能单元的结构及布局信息，以满足大型公共建筑的室内室外一体化管理。

2.6.4　关联关系设计

数据库的关联关系设计包括基础地理实体与图元关联设计、基础地理实体与基础地理实体关联设计，具体表现形式为关系表。在数据库中，关系表用于存储基础地理实体的二、三维图元集合以及父子基础地理实体间的组合、聚合关系，如表 2-10 所示。

表 2-10　**关系表结构设计**

序号	属性项名称	拼音简称	字段类型	约束条件	属性值域
1	基础地理实体标识码	DLSTBSM	Char(34)	M	
2	父级基础地理实体集	FJDLSTJ	JSON	O	
3	子级基础地理实体集	ZJDLSTJ	JSON	O	
4	关系类型	GXLX	Char(10)	M	01 组合/02 聚合/03 单实体
5	二维图元集	EWTYJ	JSON	O	
6	三维图元集	SWTYJ	JSON	O	
7	备注	BZ	Char(255)	O	

说明：当基础地理实体为单实体时，父级基础地理实体集、子级基础地理实体集均为空；当基础地理实体为组合实体或聚合实体、且无其他图元参与当前基础地理实体的构建时，所有图元集均为空。

表 2-10 中包含唯一的基础地理实体标识码，基础地理实体通过标识码将其二维图元集、三维图元集、父级基础地理实体集和子级基础地理实体集相关联，并记录与父子基础地理实体的关系类型。例如，某房屋基础地理实体关系表中存储了房屋基础地理实体标识码、房屋基础地理实体的二维图元集和三维图元集，同时还存储了房屋基础地理实体的父级院落基础地理实体信息以及聚合关系类型。具体关系表结构设计应符合附录 D 中的规定。

关系表是关联基础地理实体与图元的桥梁，每一个基础地理实体的关系表中“二维图元集”“三维图元集”用于记录构成基础地理实体的二维点、线、面图元和三维体图元。

关系表是基础地理实体之间关联的纽带，每一个基础地理实体的关系表中“父/子级基础地理实体集”用于记录该基础地理实体作为组成成分构成的所有父级基础地理实体(上一级基础地理实体集合)、构成该基础地理实体的所有子级基础地理实体(下一级基础地理实体集合)；“关系类型”用于记录构成父子级基础地理实体间的关联类型，有“单实体”“组合”和“聚合”三种类型。“单实体”类型是指基础地理实体不存在与其他基础地理实体的关联关系，如路灯基础地理实体；“组合”类型是指该基础地理实体与同类的基础地理实体间存在关联关系，如房屋与楼层基础地理实体；“聚合”类型是指该基础地理实体与不同类的基础地理实体间存在关联关系，如房屋与院落基础地理实体。

2.6.5 全生命周期管理设计

通过“产生时间”和“消亡时间”等时间字段属性来管理维护基础地理实体的时序变更信息，以达到全生命周期管理的目的。

(1)所有基础地理实体均应明确填写其“产生时间”。

(2)基础地理实体进行更新且未消亡时，应将当前更新的日期填写至“存续时间”。

(3)基础地理实体“产生时间”和“消亡时间”应采用其自然产生和消亡的时间，以其管辖部门业务规则为依据，不以测绘数据生产、更新时间为依据。

(4)基础地理实体消亡后，应填写其“消亡时间”。其数据记录应作为历史信息在数据库中继续保留，不执行物理删除操作。

2.7 基础地理实体元数据

基础地理实体数据是新型基础测绘产品体系的重要组成部分，也是新型基础测绘体系建设的重要内容之一。其作为各应用部门信息共享交换的关联纽带，是各部门信息资源汇聚共享的统一空间基准，具有很高的共享和重复利用价值。

基础地理实体元数据是关于地理实体数据的描述性信息，用于描述和标识基础地理实体元数据的内容、属性和质量等特征。随着信息技术的发展，元数据在数据描述、数据索引、数据发现、数据转换、数据管理和数据使用等方面得到了越来越广泛的应用。其主要作用包括：

(1)数据描述：对基础地理实体数据的内容、属性等的描述，为信息检索奠定基础。

(2)数据检索：支持用户发现所需基础地理实体数据的能力，即利用元数据来更好地组织基础地理实体数据对象，建立它们之间的关系，为用户提供多层次、多途径的检索体系，从而有利于用户便捷快速地发现其真正需要的基础地理实体数据资源。

(3)数据选择：支持用户在不必浏览基础地理实体数据本身的情况下，能够对数据有基本的了解和认识，从而决定对检出数据的取舍。

(4)数据管理：保存基础地理实体数据的加工存档结构、使用管理等方面的相关信息，以及权限管理、版权所有权、使用权、防伪措施、电子水印、电子签名等。

(5)数据评估：保存基础地理实体数据被使用和被评价的相关信息，通过对这些信息的统计分析，方便管理者更好地组织数据，并在一定程度上帮助用户确定该数据在同类数据中的重要性。

因此，建立基础地理实体元数据能够帮助和促进人们有效地理解、定位、评价、比较、获取、使用和维护地理实体数据，有利于促进基础地理实体的利用与共享。

基础地理实体元数据内容应包含成果的标识信息、空间参考信息、生产信息、质量信息和分发信息等，这些信息能够客观、真实地反映数据的基本情况。

标识信息：数据集的基本信息，以及说明其空间范围、密级等信息。

空间参考信息：数据集表示空间信息所用方法的有关信息。

生产信息：数据集的数据源、生产者、生产时间以及所用工艺方法等信息。

质量信息：数据集的精度、完整性情况等质量评价信息。

分发信息：数据集提供者的有关信息。

由于基础地理实体数据主要由二维图元、三维图元(实景三维、模型三维)构成，因此，基础地理实体数据的元数据也由二维图元元数据、实景三维模型元数据、模型三维元数据三部分组成。下面将分别针对这三类元数据来详细说明所包含的标识信息、空间参考信息、生产信息、质量信息和分发信息内容。具体的地理实体图元元数据表参见附录 E

“基础地理实体元数据库结构设计”。

2.7.1 二维图元元数据

二维图元元数据的标识信息包括：产品名称、产品生产日期、产品的版本、数据格式、产品范围、数据面积、密级。其中，产品的版本是指数据成果的版本号，通常包含生产年份信息；数据面积是指数据所覆盖的面积，单位为平方米，精确到小数点后两位；密级是指成果保密程度的等级。

二维图元元数据的空间参考信息包括：所采用的大地基准、地图投影名称、中央子午线、分带方式、高斯-克吕格投影带号、坐标单位、高程系统名、高程基准。其中，所采用的大地基准是指成果采用的坐标系统，例如2000国家大地坐标系；中央子午线是指成果所采用的地图投影中央子午线，例如114°20′；高程系统名是指成果所采用的高程体系，分为正高、正常高和大地高程等系统。

二维图元元数据的生产信息包括：主要数据源、数据采集方法及仪器、产品更新日期、更新资料源、更新的作业单位、更新的航摄日期或卫星时态、更新日期、作业人员、检查人员、更新人员、技术负责人。其中，主要数据源是指生产使用的主要数据源类型名称，有多项数据来源时，按照数据的主次顺序排列，并用“/”隔开；数据采集方法及仪器是指数据生产(或更新)使用的主要方法以及所使用的设备，方法和仪器之间使用采用“,”隔开。

二维图元元数据的质量信息包括：平面位置中误差、高程中误差、属性精度、逻辑一致性、完整性、结论总分、数据质量检验评价单位、数据质量评检日期、数据质量总评价。其中，平面位置中误差是指成果经检测得出的平面位置中误差值，单位为米，精确到小数点后两位；高程中误差是指成果经检测得出的高程中误差值，单位为米，精确到小数点后两位；逻辑一致性是指对数据结构、属性及关系的逻辑规则的遵循程度。

二维图元元数据的分发信息包括：产品所有权单位名称、产品生产单位名称、产品出版单位名称。

2.7.2 实景三维模型元数据

实景三维模型元数据的标识信息包括：产品名称、产品生产日期、产品的版本、数据格式、产品范围、数据面积、数据量、平均航高、平均速度、地面分辨率、密级。其中，数据量是指成果数据的存储容量，单位为GB；平均航高是指本次航摄所采用的平均航高，单位为米；平均速度是指本次航摄时的平均航速，单位为米/秒；地面分辨率是指成果数据的影像成果每个像素点所对应地面尺寸，单位为米，精确到小数点后两位。

实景三维模型元数据的空间参考信息包括：所采用的大地基准、地图投影名称、中央子午线、分带方式、高斯-克吕格投影带号、坐标单位、高程系统名、高程基准。

实景三维模型元数据的生产信息包括：主要数据源、数据采集方法及仪器、产品更新日期、更新资料源、更新的作业单位、更新的航摄日期或卫星时态、更新日期、外业人员、内业人员、检查人员、更新人员、技术负责人。

实景三维模型元数据的质量信息包括：像控点个数、检查点个数、实景三维模型平面精度、实景三维模型高程精度、西边接边状况、北边接边状况、东边接边状况、南边接边状况、平面位置中误差、高程中误差、属性精度、逻辑一致性、完整性、接边质量评价、结论总分、数据质量检验评价单位、数据质量评检日期、数据质量总评价。其中，像控点个数是指成果所使用的像控点密度信息，单位为个/平方公里；检查点个数是指成果所使用的检查点密度信息，单位为个/平方公里；实景三维模型平面精度是指成果经检测得出的平面精度，单位为米；实景三维模型高程精度是指成果经检测得出的高程精度，单位为米。

实景三维模型元数据的分发信息包括：产品所有权单位名称、产品生产单位名称、产品出版单位名称。

2.7.3　模型三维元数据

模型三维元数据的标识信息包括：产品名称、产品生产日期、产品的版本、数据格式、产品范围、数据面积、数据量、密级。

模型三维元数据的空间参考信息包括：所采用的大地基准、地图投影名称、中央子午线、分带方式、高斯-克吕格投影带号、坐标单位、高程系统名、高程基准。

模型三维元数据的生产信息包括：主要数据源、产品更新日期、更新资料源、更新的作业单位、更新的航摄日期或卫星时态、更新日期、影像采集人员、模型制作人员、检查人员、更新人员、技术负责人。

模型三维元数据的质量信息包括：模型三维平面精度、模型三维高程精度、西边接边状况、北边接边状况、东边接边状况、南边接边状况、逻辑一致性、完整性、接边质量评价、结论总分、数据质量检验评价单位、数据质量评检日期、数据质量总评价。

模型三维元数据的分发信息包括：产品所有权单位名称、产品生产单位名称、产品出版单位名称。

第 3 章　存量数据转换基础地理实体数据

基础地理实体生产主要有两条技术路线，一种是通过存量数据转换基础地理实体方式，实现传统基础测绘数据的实体化改造升级；另一种是利用倾斜摄影模型、激光点云等数据，通过人工交互采集图元方式，直接生产基础地理实体。本章结合国家新型基础测绘建设武汉试点生产实践，主要介绍利用存量数据转换基础地理实体的生产流程。

3.1　数据生产流程

存量数据转换基础地理实体是以基本比例尺 DLG① 数据为主要数据源转换生产基础地理实体数据，具体生产作业流程包括源数据收集分析、源数据预处理和数据转换编辑三个环节：

(1)源数据收集分析环节包括收集、整理用于转换基础地理实体的 DLG 数据及各类辅助参考数据集，并综合分析各类数据集的特性，规划每一类数据的最适宜用途。

(2)源数据预处理环节是对数据源进行规范化、标准化处理。

(3)数据转换编辑环节是 DLG 转换基础地理实体作业流程的核心，首先配置基础地理实体数据库结构，然后制作 DLG 要素与基础地理实体图元映射表，再对源数据进行转换编辑，生产出符合要求的基础地理实体数据。

生产流程如图 3.1 所示。

---

① 根据当地实际情况，通常采用 1：500~1：2000 比例尺 DLG，以下简称为 DLG。

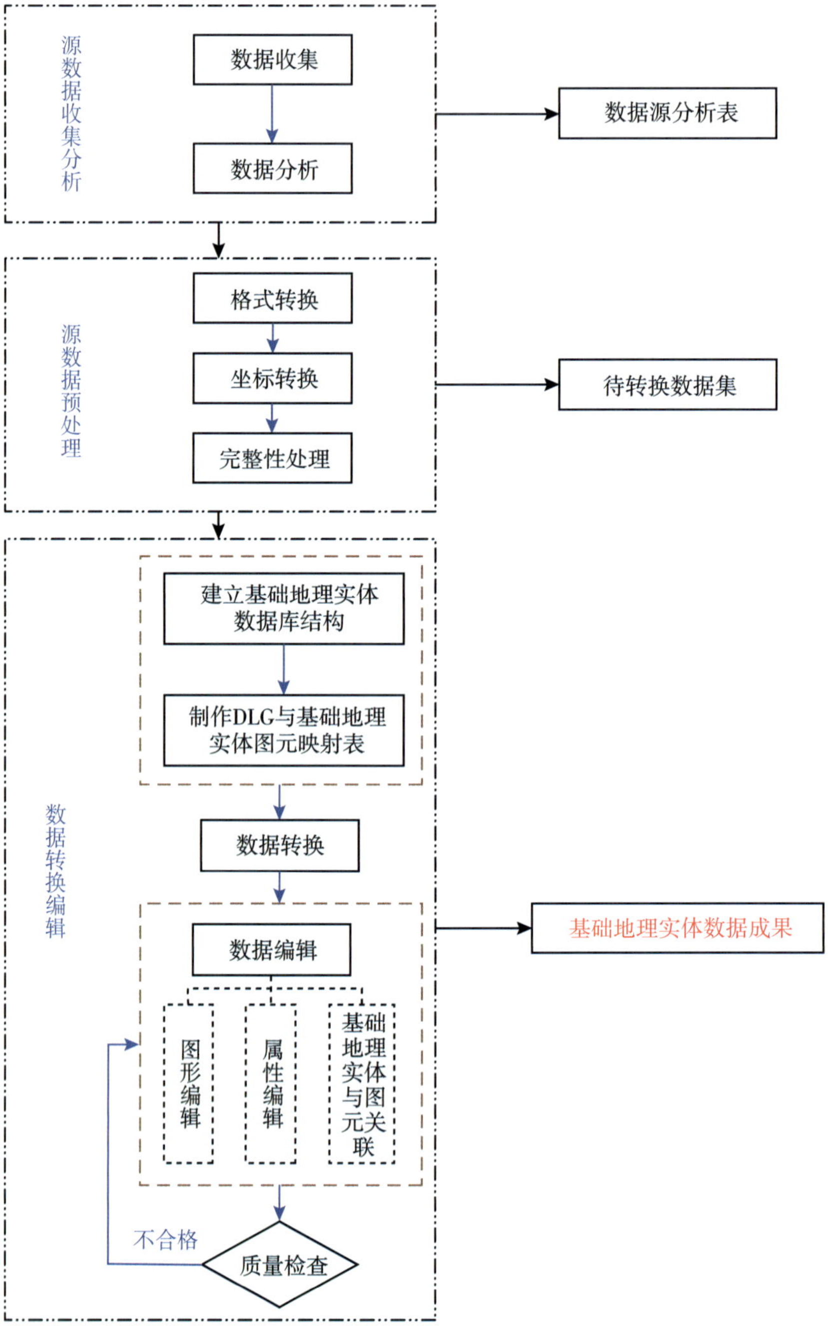

图 3.1　存量数据转换基础地理实体数据作业流程图

3.2 源数据收集分析

源数据分析，主要是按基础地理实体的类别特征和质量要求对源数据的类型、执行标准、来源、法定性、特性和用途等进行综合考量，形成数据源分析表。

由于 DLG 数据无法完全覆盖所有类型的基础地理实体，且对于部分基础地理实体而言，其权威性与时效性有所欠缺，因此，除 DLG 数据外，还需要获取国土调查、国土空间规划、不动产登记、地下空间、地下管线、地理国情等数据集，作为基础地理实体数据生产的辅助参考数据。以国家新型基础测绘建设武汉试点实践为例，搜集表 3-1 中数据。

表 3-1　**数据源分析表**

序号	数据	数据源种类	数据主要特点
1	1∶500 比例尺 DLG	主要数据源	图面表达准确，地类分类详细，编码有序，便于提取，可作为各类基础地理实体生产的主要数据源
2	土地利用现状数据（第三次国土调查成果）	辅助参考数据	法定数据，分类齐全，数据现势性高，可作为湿地、院落基础地理实体用地类型属性来源等
3	地下空间数据（地下空间调查成果）		地下空间数据属性详细，数据要素齐全，可作为地下建筑物基础地理实体生产的主要数据源
4	地下管线数据（城市地下管线探测成果）		地下管线数据属性信息全面，可作为管线特征点、附属物等基础地理实体生产的数据源
5	城市用地现状调查数据（规划调查成果）		法定数据，数据地表全覆盖，可作为院落基础地理实体用地性质的属性来源
6	道路全息采集数据（道路全息采集成果）		精度高，采集道路要素丰富，可作为道路及道路相关基础地理实体生产的补充数据源
7	室内模型数据（室内建模成果）		数据准确性高，可作为楼栋出入口图元生产的数据源，院门基础地理实体生产的参考数据
8	地理国情数据（地理国情监测成果）		数据内容全面，其流域数据可作为流域地理实体生产的数据源，其植被分类数据可作为耕地、园地、林地等地理实体生产时的范围参考
9	不动产宗地数据（不动产登记成果）		法定数据，其宗地面数据可作为院落地理实体生产时的范围参考
10	不动产调查自然幢数据（不动产登记成果）		法定数据，可作为房屋地理实体合并为同一幢的主要依据
11	建筑调查数据（建筑基础调查成果）		专题调查数据，可作为房屋地理实体合并为同一幢的次要依据
12	遥感影像数据		可作为地理实体划分判断的直观依据，主要作为房屋、交通、管线、耕地、林地、园地、地貌等地理实体生产的参考数据

3.3　源数据预处理

源数据预处理包括源数据检查，统一源数据数学基础，完整性处理等工作。

源数据检查，主要是对源数据进行几何检查、拓扑检查、属性检查等，如同层数据重叠、悬挂点、线自相交、必填字段完整性、属性字典值合理性等，对检查出的错误进行自动化批量修改和半自动化人工交互修改，从而保证源数据的质量。

统一源数据数学基础主要包括格式统一和坐标系统一。前者是将 DLG 以及其他辅助参考数据源进行格式的统一，可选择 dwg、shp、mdb、gdb 等常见的矢量数据格式作为统一后的数据格式；后者主要是将各种数据源的空间参考基准进行统一，如下所示：

(1)大地基准采用 2000 国家大地坐标系；

(2)平面坐标系采用高斯-克吕格投影，按经差 3°或 6°分带；确有必要时，可采用依法批准的独立坐标系或自定义中央投影经线，投影面可采用当地平均高程面或黄海平均海水面。投影长度变形值不应大于 25mm/km；

(3)高程基准采用 1985 国家高程基准；

(4)深度基准在沿海区域采用理论最低潮位面，在内陆水域采用设计水位。

完整性处理是将由于分幅整饰等因素被分割为若干部分的地形图要素，按照实际地物表达重新合并为完整要素的过程。在新型基础测绘建设武汉试点生产实践中，完整性处理一方面是将标准格网分幅的 DLG 接边位置处的线和面要素依据空间位置和属性信息进行连接、合并等处理；另一方面是将 DLG 图幅内的围墙、栅栏、花坛等分段表达的离散要素按照实际地物的空间表达连接成完整的要素。

3.4　数据转换编辑

对存量源数据进行收集、分析和预处理后，即可获得满足转换基础地理实体要求的源数据，然后通过转换规则制定、数据转换和转换后处理等环节，可得到最终的基础地理实体数据。本节主要围绕转换规则制定、数据转换和转换后处理进行具体阐述。

3.4.1　转换规则制定

数据转换规则制定主要包括建立基础地理实体数据库结构，以及制作 DLG 与基础地理实体图元映射表。建立基础地理实体数据库结构是依据国家新型基础测绘建设武汉试点地理实体数据规范(以下简称“地理实体数据规范”，见附录 A)的内容与要求，创建基础地理实体所有数据图层与数据库结构，以便转换后的数据能够规范存储；制作 DLG 与基础地理实体图元映射表，是规范数据转换过程中 DLG 要素的图形、属性信息与基础地理实体图元的对应关系(其中，图形的对应关系规定为图层映射规则，属性信息的对应关系规定为语义映射规则)，方便利用程序进行批量化、自动化的转换处理。

图层映射规则用于明确源图层与目标图层之间的对应关系，以及源图层转换至目标图层的过滤条件。通过图层映射规则，依据过滤条件，将 DLG 源图层数据转换至基础地理实体目标图层中。以国家新型基础测绘建设武汉试点实践为例，DLG 中依比例尺和不依比例尺的围墙、栏杆等要素，图层为 RFCL，对应的要素编码分别为“373070”“373080”“374010”等，它们与房屋地理实体中的围墙、栏杆地理实体对应，目标图层为 G_JMD_YSGZW_L，图层映射规则如表 3-2 所示。

表 3-2　**图层映射规则示例**

源图层	过滤条件	目标图层	基础地理实体图元名称	图元编码
RFCL	“要素编码” = ‘373070’ OR “要素编码” = ‘373080’	G_JMD_YSGZW_L	围墙	01020101L01
	“要素编码” = ‘374010’		栅栏、栏杆	01020102L01

语义映射规则用于规范源数据与目标数据之间属性字段及其值的映射关系，该规则主要分为通用字段映射规则和专有字段映射规则。通用字段映射规则适用于所有目标图层，专有字段映射规则适用于某一具体的目标图层。字段映射取值有三种形式：一是源字段映射，从源数据的属性字段直接取值，并映射到目标数据的相应字段中；二是固定值填写，直接在目标数据字段中填写固定的取值，如图元编码；三是属性字典映射，根据属性字段映射关系涉及的属性字典取值，并映射到目标数据的相应字段中。

在语义映射规则中，目标图层记录地理实体图元的图层名，目标字段记录地理实体图元的属性字段，取值方式记录字段映射取值的具体方式。以国家新型基础测绘建设武汉试点实践为例，DLG 中“一般房屋”要素的图层为 RESA，按语义对应规则，它对应的“房屋”地理实体构件图元图层为 GJ_JMD_FW_A，其要素编码字段值可从“一般房屋”的要素编码直接映射到“房屋”地理实体构件图元的要素编码字段，这是字段映射取值方式中的“源字段映射”；“房屋”地理实体构件图元的图元编码字段值依据地理实体数据规范统一填写为“01010100A02”，这是字段映射取值方式中的“固定值填写”；“房屋”地理实体构件图元的类型字段值根据源数据“一般房屋”要素，并参考地理实体数据规范中的字典值填写为“01”，这是字段映射取值方式中的“属性字典映射”。具体如表 3-3 所示。

表 3-3　**语义映射规则示例**

源图层	DLG 要素名称	源字段	取值方式	目标字段	目标图层	地理实体图元名称	字段值
RESA	一般房屋	要素编码	源字段映射	要素编码	GJ_JMD_FW_A	房屋	如 302030
		测取人	固定值填写	测取人			如武汉市测绘研究院
		—	属性字典映射	类型			如 01(参见最下方属性字典)
		—	固定值填写	图元编码			01010100A02
“类型”属性字典：01 一般房屋/02 突出房屋/03 简易房屋//04 建筑中的房屋/05 四面有墙的棚房/06 无墙的棚房/07 破坏房屋/08 架空房、吊脚楼/09 裙楼/10 艺术建筑							

3.4.2　数据转换

依据 DLG 要素与基础地理实体图元的图层和语义映射表，以及基础地理实体数据库结构，可以将部分 DLG 要素直接批量转换为基础地理实体图元。

此外，由于 DLG 要素内容与基础地理实体的内容并非完全对应，部分 DLG 要素并无对应的基础地理实体，如等高线、高程点、注记等要素，所以这部分要素无法参与转换基础地理实体图元，但为了能够满足从基础地理实体数据库中派生 DLG 的应用需求，可保留这部分 DLG 要素原有的属性结构和空间表达内容，单独作为制图要素数据集，保存到基础地理实体数据库中，以便于基于基础地理实体数据库定制派生地图产品。

3.4.3　转换后处理

由于基础地理实体对几何类型、语义属性和关联关系等方面均有特定的要求，这与 DLG 要素本身的图形表达和语义属性存在较大差异，且 DLG 要素彼此之间不存在关联关系，因此在 DLG 要素批量转换为基础地理实体图元数据后，还需要对不满足基础地理实体数据要求的图元几何表达、语义属性与关联关系进行编辑，主要包括图形编辑、属性编辑、图元关联三个部分，通过这三个方面的编辑处理，便可形成符合数据规范要求的基础地理实体数据。

图形编辑是按照基础地理实体图元的几何图形设计要求，将 DLG 中参与表达基础地理实体但无法直接转换生成基础地理实体图元的要素，通过数据加工处理，得到能够真实、完整地表达地理实体的空间位置、范围和形态的图元。如将 DLG 中的一般房屋、突出房屋、简易房屋等房屋类要素，按照不动产登记自然幢的权属范围或建筑信息调查的房屋范围合并为一个面，作为房屋地理实体的根图元。在 DLG 转换基础地理实体转换流程中，常见的图形编辑处理主要包括图形勾绘、按属性合并、跨图层合并、线切割、按线构面、提取中心线、线续采、构建外包面等。

属性编辑是按照基础地理实体图元的属性规范要求，结合并参考各类辅助数据，对经过 DLG 批量转换基础地理实体和图形编辑后得到的基础地理实体图元数据的属性信息进行补充和完善，得到能够真实、完整表达地理实体的属性数据。属性编辑工作主要分为两种，一种是批量赋值，如通过房屋地理实体根图元与不动产登记自然幢或建筑信息调查等数据的空间位置关系，将后者的建筑名称批量赋值给房屋地理实体根图元的地理实体名称字段；另外一种是人工赋值，对利用现有数据无法自动赋值的属性信息，采用影像判读、外业调查等方式进行属性补充，如用地与院落地理实体的名称属性字段，可通过全景影像判读填写。

图元关联是对同一基础地理实体的多个图元，通过空间、逻辑等关系自动或半自动地赋予相同的地理实体标识码，即地理实体编码，完成地理实体的构建。

3.5 转换示例

在国家新型基础测绘建设武汉试点项目实践中，试点承建单位按照普适性、实用性、灵活性、开放性、扩展性和安全性等原则，研发了以 DLG 为主要数据源的存量数据转换基础地理实体软件平台，主要包括源数据质量检查、要素与图元映射关系管理、批量转换、数据编辑等功能模块，在武汉试点 100 平方千米试验区的基础地理实体数据生产中得到了应用，并计划在武汉全市域 8569 平方千米的基础地理实体数据生产中广泛应用。下面结合武汉试点生产实践选取房屋、城市道路、用地与院落三种基础地理实体的转换示例，详细阐述存量数据转换基础地理实体的具体过程。

3.5.1 房屋基础地理实体生产示例

按照地理实体数据规范的相关要求，房屋地理实体的二维图元包括一个根图元和若干构件图元，前者表示房屋地理实体的权属基底，需要依据不动产登记自然幢、建筑信息调查等数据进行生产编辑；后者则主要表示房屋的局部构成部分以及附属物信息，可直接由 DLG 中的对应要素直接转换生产，具体图元名称、几何类型以及图层如表 3-4 所示。

表 3-4　房屋基础地理实体图元编码、类型与分层要求

基础地理实体名称	分类代码	采集图元	图元编码	图元类型	图元层名
房屋	01010100	房屋	01010100A01	面	G_JMD_FW_A
		第五立面(屋顶面)	01010100A02	面	GJ_JMD_FW_A
		廊房	01010100A03	面	GJ_JMD_FW_A
		飘楼	01010100A04	面	GJ_JMD_FW_A
		楼栋出入口	01010100L01	线	GJ_JMD_FW_L
		雨罩	01010100A05	面	GJ_JMD_FW_A
		檐廊	01010100A06	面	GJ_JMD_FW_A
		阳台	01010100A07	面	GJ_JMD_FW_A
		挑廊	01010100A08	面	GJ_JMD_FW_A

房屋基础地理实体图元的属性包括基本属性和专有属性两个部分。基本属性是所有基础地理实体图元都有的属性项，如图元标识码、图元编码和图元名称等；专有属性则是根据各个基础地理实体图元表达内容和特征的不同，规定的特定属性字段。房屋基础地理实体根图元和构件图元的属性结构如表 3-5、表 3-6 所示。

表 3-5　**房屋根图元(G_JMD_FW_A)专有属性结构表**

序号	属性项名称	拼音简称	字段类型	约束条件	属性值域
1	建筑类型	JZLX	Char(10)	M	01 一般房屋/02 突出房屋/03 简易房屋/04 棚房/05 破坏房屋/06 架空房、吊脚楼/07 裙楼/08 艺术建筑
2	建筑结构	JZJG	Char(10)	C	一般房屋、突出房屋、(架空房、吊脚楼)、裙楼：01 钢/02 砼/03 混/04 砖/05 木/06 竹/07 土
3	建筑层数	JZCS	Int(8)	M	
4	建筑用途	JZYT	Char(20)	C	
5	建筑状态	JZZT	Char(10)	C	01 已建成/02 在建/03 待拆
6	建筑年代	JZND	Char(20)	C	
7	外形特征	WXTZ	Char(10)	O	01 平顶/02 斜顶/03 玻璃幕墙/04 立体绿化
8	行政区属	XZQS	Char(50)	C	
9	地址	DZ	Char(255)	M	

注：简易房屋、棚房、破坏房屋不填写建筑结构；建筑年代填写到年；建筑层数填写该房屋最高层数。

表 3-6　**第五立面(屋顶面)构件图元(GJ_JMD_FW_A)专有属性结构表**

序号	属性字段	拼音简称	字段类型	约束条件	属性值域
1	类型	LX	Char(10)	M	01 一般房屋/02 突出房屋/03 简易房屋//04 建筑中的房屋/05 四面有墙的棚房/06 无墙的棚房/07 破坏房屋/08 架空房、吊脚楼/09 裙楼/10 艺术建筑
2	结构	JG	Char(10)	C	一般房屋、突出房屋、(架空房、吊脚楼)、裙楼：01 钢/02 砼/03 混/04 砖/05 木/06 竹/07 土
3	地上层数	DSCS	Int(8)	M	
4	架空层数	JKCS	Char(50)	C	
5	顶部高程	DBGC	Double(16，2)	C	
6	底部高程	DIBGC	Double(16，2)	C	

1. 源数据收集与分析

由存量数据转换生产房屋基础地理实体的主要数据源为 DLG 数据中的一般房屋、突出房屋、飘楼、阳台等房屋类要素，辅助参考数据有不动产登记自然幢数据、建筑调查数据等。从数据来源、法定性、特性、用途和数据优先级等方面，对主要数据源和辅助参考数据进行分析，形成数据源分析如表 3-7 所示。

表 3-7　　**生产房屋基础地理实体数据源分析表**

数据	来源	法定性	特性	用途	优先级
DLG	测绘院：基础测绘成果	—	数据准确性高、现势性好	居民地及设施层作为房屋基础地理实体构件图元的基本数据源	1
不动产登记自然幢数据	市自然资源和规划局：不动产登记成果	法定数据	数据现势性好、权威性高、仅登记的房屋有数据	生产房屋基础地理实体根图元的主要依据	2
建筑基础调查数据	测绘院：建筑基础调查成果	—	房屋实体化表达较好、覆盖范围广	生产房屋基础地理实体根图元的次要依据	3

注：优先级越高，对应的数值越小。

其中，DLG 中房屋类要素的格式为 dwg，几何类型为面，图层为 RESA，属性结构如表 3-8 所示。

表 3-8　　**DLG 房屋类要素属性结构表**

要素层名	属性项	字段类型	字段长度	描述	填写实例
RESA（面）	要素编码	Text	8	要素编码	303023
	要素名称	Text	255	要素名称	无墙的棚房
	测取时间	Text	50	测制该要素的时间	2012 年 5 月 20 日
	移除时间	Text	50	更新删除该要素的时间	2012 年 6 月 20 日
	要素 GUID	Text	255	要素唯一 GUID 值	6F9619FF-8B86-D011-B42D-00C04FC964FF
	测取人	Text	50	数据测取人员名称	张三
	修除人	Text	50	数据修除人员名称	王五
	房屋层数	Int	8	房屋的最高楼层	50
	结构	Text	50	房屋结构	01
	名称	Text	255	名称	＊＊棚房
	高度	Double	精确到 0.1	房屋高度，单位：米	20.7
	地下室层数	Int	8	地下室层数	2
	架空层数	Int	8	架空的层数	2
	用途	Text	255	地下室的用途	01
	构筑物编码	Text	8	构筑物对应的要素编码	303030
	备注	Text	255	要素备注	备注

主要数据源可直接转换为房屋基础地理实体的对应构件图元，但其根图元的几何形状为了表达实际房屋权属的独立性与完整性，需要参考不动产登记自然幢数据和建筑信息调查数据来生产，当这两种数据不一致时，优先采用不动产登记自然幢数据；而房屋类要素的属性信息则可以通过语义映射规则批量赋值到房屋基础地理实体图元的相应字段中。

2. 制作映射表

制作房屋基础地理实体图元与 DLG 要素映射表，规范数据转换过程中 DLG 要素的图形、属性信息与基础地理实体图元的对应关系。

(1)房屋基础地理实体构件图元与 DLG 要素图层映射如表 3-9 所示。

表 3-9　**房屋基础地理实体构件图元与 DLG 要素图层映射表**

DLG 要素			房屋基础地理实体构件图元		
要素名称	要素编码	图层名	图元名称	图元编码	图层名
一般房屋	302030	RESA	第五立面(屋顶面)	01010100A02	GJ_JMD_FW_A
突出房屋	302031	RESA			
裙楼	302041	RESA			
简易房屋	302070	RESA			
艺术建筑	302100	RESA			
建筑中的房屋	302090	RESA			
四边有墙的棚房	303021	RESA			
无墙的棚房	303023	RESA			
破坏房屋	304020	RESA			
架空房、吊脚楼	304030	RESA			
廊房	304040	RESA	廊房	01010100A03	
飘楼	304050	RESA	飘楼	01010100A04	
雨罩	377040	RFCA	雨罩	01010100L01	
檐廊	377060	RFCA	檐廊	01010100A05	
阳台	377050	RFCA	阳台	01010100A06	
挑廊	377070	RFCA	挑廊	01010100A07	

(2)房屋基础地理实体构件图元与 DLG 要素语义映射如表 3-10 所示。

表 3-10 **房屋基础地理实体构件图元与 DLG 要素语义映射表**

序号	DLG 要素		房屋基础地理实体构件图元		赋值方式
	属性字段	属性值	属性字段	属性值	
1	要素名称	一般房屋	类型	01	属性字典映射
		突出房屋		02	
		简易房屋		03	
		建筑中的房屋		04	
		四面有墙的棚房		05	
		无墙的棚房		06	
		破坏房屋		07	
		架空房、吊脚楼		08	
		裙楼		09	
		艺术建筑		10	
2	结构	钢	结构	01	属性字典映射
		砼		02	
		混		03	
		砖		04	
		木		05	
		竹		06	
		土		07	
3	房屋层数	如一般房屋要素,房屋层数为 3	地上层数	3	源字段映射
4	架空层数	如架空房要素,架空层数为 1	架空层数	1	源字段映射

3. 生产房屋基础地理实体构件图元

根据房屋基础地理实体构件图元与 DLG 映射表,将 DLG 数据直接批量转换为对应的房屋基础地理实体构件图元,构件图元的“类型”“结构”字段可根据相应的属性字典映射关系赋值,“地上层数”和“架空层数”可通过源字段映射赋值,顶部高程和底部高程可分别利用 DSM 和 DEM 数据,由程序工具自动批量赋值。

4. 生产房屋基础地理实体根图元

(1)图形来源。将房屋基础地理实体构件图元(GJ_JMD_FW_A)中图元名称为第五立面(屋顶面)的图形,导入房屋面根图元所在图层(G_JMD_FW_A),作为图形基础。

(2)图形处理。考虑到 DLG 房屋类要素精度高但不体现权属信息,而不动产登记自然幢或建筑信息调查数据精度低但包含权属信息，因此，房屋基础地理实体根图元的图形处理原则为：每一个不动产登记自然幢或建筑信息调查图形对应一个房屋基础地理实体根图元，对落入同一自然幢的房屋基础地理实体构件图元进行图形合并，形成一个完整的房屋基础地理实体根图元。具体图形编辑步骤如下：

①以不动产登记自然幢数据为依据，通过空间关系自动判断属于同一个自然幢的多个房屋地理实体构件图元，然后将其合并为一个面，作为房屋地理实体根图元(表现为房屋基底面，不包括阳台、雨罩、檐廊、挑廊、廊房等，破坏房屋不参与合并)。

②不动产登记自然幢数据尚未覆盖的范围，将建筑基础调查数据作为生产房屋基础地理实体根图元的参考依据，方法与步骤①相同。

③删除代表地下建筑出入口、公交车站、地铁出入口的棚房。

生产房屋基础地理实体根图元的 DLG 数据、不动产登记自然幢参考数据、经过图形处理后的房屋实体根图元如图 3.2 所示。

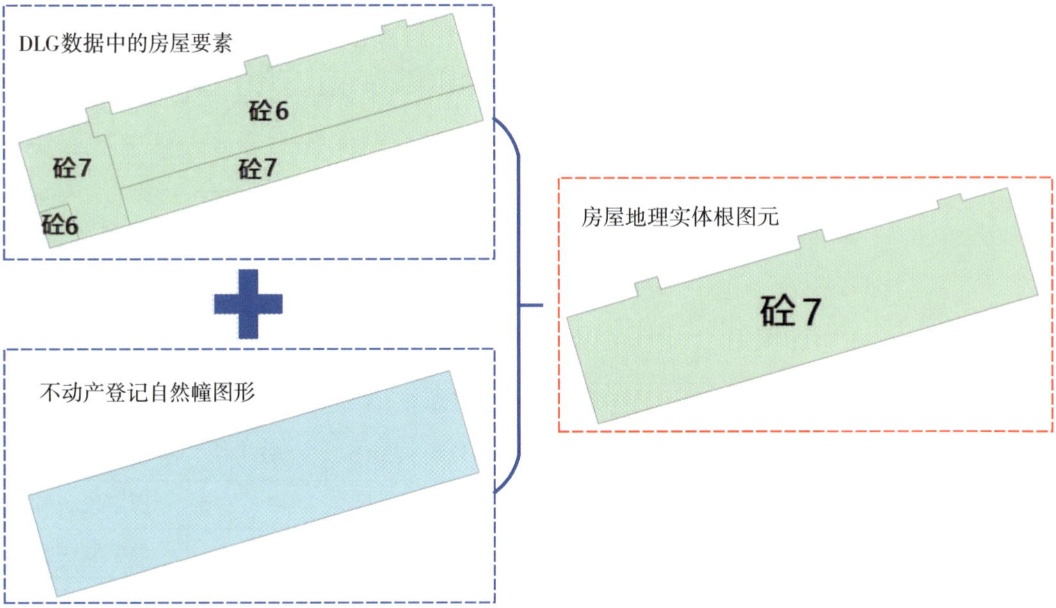

图 3.2　房屋基础地理实体根图元图形处理示意图

(3)属性填写。

①基础地理实体名称。将建筑名称作为基础地理实体名称属性填写，参考 DLG 数据文字注记、不动产登记自然幢数据等，并结合互联网地图查询搜索与实地调查的相关情况填写。

②地址。通过院落的“地址”字段进行挂接，同一个院落内的房屋地址相同。

院落的“地址”来源于不动产登记宗地数据的坐落、建筑基础调查的地址及互联网地图的查询结果等。

③所有者/主要管理者。通过院落的“所有者/主要管理者”字段进行挂接，同一个院落内的房屋所有者相同。院落的“所有者/主要管理者”来源于不动产登记宗地数据中的“权利人”。

④产生时间。产生时间代表房屋基础地理实体建筑竣工年代，采用建筑基础调查数据中的建筑年代属性字段。产生时间字段为年月日8位的日期型，如“19991231”。

⑤基础地理实体分类码、图元名称、图元编码。按照基础地理实体数据规范对应填写，房屋基础地理实体根图元的基础地理实体分类码为“01010100”，图元名称为“房屋”，图元编码为“01010100A01”。

⑥测取时间、存续时间。测取时间按DLG要素中的测取时间自动批量填写；如果根图元是由多个不同测取时间的构件图元合并生成，根图元的测取时间采用其中最早的测取时间。

存续时间填写数据生产的当前时间。

⑦建筑类型。根据DLG中要素名称自动批量填写，如表3-11所示。

表3-11　**房建筑类型属性字段对应表**

要素名称	建筑类型值
一般房屋	01
建筑中的房屋	
突出房屋	02
简易房屋	03
棚房	04
破坏房屋	05
架空房、吊脚楼	06
裙楼	07
艺术建筑	08

⑧建筑结构。建筑结构由参与构成根图元的相关构件图元建筑面积值来确定。首先，计算构件图元的建筑面积，即构件图元的几何面积与“地上层数”字段值的乘积。然后，挑选建筑面积值最大的构件图元建筑结构作为根图元的建筑结构属性值。

如果挑选出建筑面积最大的构件图元为简易房屋、棚房、破坏房屋、建筑中的房屋等，则根图元无需填写建筑结构。

⑨建筑层数。与建筑结构赋值步骤相似，将建筑面积最大的构件图元的“地上层数”字段值作为根图元的“建筑层数”属性值。

⑩建筑状态。建筑中的房屋填“02”(在建)，拆迁区范围内的填“03”(待拆)，其他已建成的填“01”(已建成)。

⑪其他属性字段。依据建筑信息调查数据中的建筑用途、外形特征、行政区属、建筑年代属性字段来对应赋值。若建筑状态为 02，则建筑用途、外形特征、建筑年代不填写①。

(4)图元关联。根据空间关系识别同一房屋地理实体的房屋根图元与第五立面(屋顶面)，第五立面(屋顶面)与其邻接的廊房、飘楼、雨罩、阳台等房屋构件图元，并赋相同的地理实体标识码，实现同一房屋地理实体的多个图元关联。转换后的房屋地理实体所有图元如图 3.3 所示。

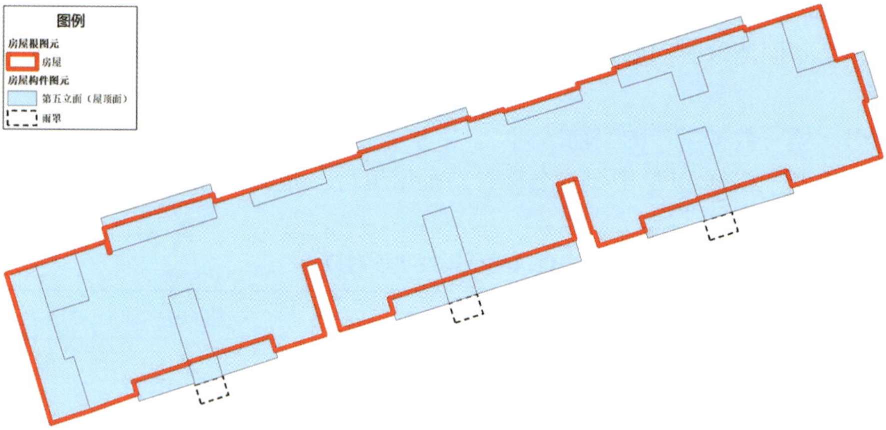

图 3.3　转换后房屋地理实体所有图元示意图

3.5.2　城市道路基础地理实体生产示例

按照基础地理实体数据规范的相关要求，城市道路基础地理实体图元的图层与属性结构要求如表 3-12 至表 3-18 所示。

表 3-12　**城市道路基础地理实体图元编码、类型与分层要求**

基础地理实体名称	分类代码	采集图元	图元编码	图元类型	图元层名
地铁	02040101	地铁	02040101L01	线	G_JT_GDJT_L
轻轨	02040102	轻轨	02040102L01	线	G_JT_GDJT_L
有轨电车	02040103	有轨电车	02040103L01	线	G_JT_GDJT_L
高架路	02040200	高架路中心线	02040200L01	线	ZT_JT_CSDL_L
		高架路	02040200A01	面	G_JT_CSDL_A

① “02”在附录 C 中的属性字典中代表“在建”，以下所有涉及属性值要求填写为数字编号的字段均需参考基础地理实体数据规范中相关基础地理实体属性字典的规定内容，不再一一详述。

续表

基础地理实体名称	分类代码	采集图元	图元编码	图元类型	图元层名
快速路	02040300	快速路中心线	02040300L01	线	ZT_JT_CSDL_L
		快速路	02040300A01	面	G_JT_CSDL_A
主干路	02040400	主干路中心线	02040400L01	线	ZT_JT_CSDL_L
		主干路	02040400A01	面	G_JT_CSDL_A
次干路	02040500	次干路中心线	02040500L01	线	ZT_JT_CSDL_L
		次干路	02040500A01	面	G_JT_CSDL_A
支路	02040600	支路中心线	02040600L01	线	ZT_JT_CSDL_L
		支路	02040600A01	面	G_JT_CSDL_A
公园绿道(步道)	02040700	公园绿道(步道)	02040700A01	面	G_JT_CSDL_A
内部道路	02040800	内部道路	02040800L01	线	G_JT_CSDL_L
		内部道路范围面	02040800A01	面	ZT_JT_CSDL_A
路段	02040900	路段中心线	02040900L01	线	ZT_JT_LD_L
		路段	02040900A01	面	G_JT_LD_A
路口	02041000	路口	02041000A01	面	G_JT_LK_A
人行道	02041100	人行道	02041100A01	面	G_JT_RXD_A

表 3-13 **轨道交通(含地铁、轻轨、有轨电车等)根图元(G_JT_GDJT_L)专有属性结构表**

序号	属性字段	拼音简称	字段类型	约束条件	属性值域
1	类型	LX	Char(10)	C	地铁：01 地面下/02 地面上/03 高架 轻轨：01 轻轨线路/02 磁浮线路

表 3-14 **城市道路根图元(G_JT_CSDL_A)专有属性结构表**

序号	属性字段	拼音简称	字段类型	约束条件	属性值域
1	道路面积	DLMJ	Double(16.2)	C	

表 3-15 **城市道路主体图元(ZT_JT_CSDL_L)专有属性结构表**

序号	属性字段	拼音简称	字段类型	约束条件	属性值域
1	道路名称	DLMC	Char(50)	O	
2	类型	LX	Char(50)	M	

续表

序号	属性字段	拼音简称	字段类型	约束条件	属性值域
3	路面材料	LMCL	Char(10)	O	01 沥/02 水泥/03 碎石/04 石块/05 加固土/06 改善土
4	长度	CD	Double(16.2)	M	
5	平均宽度	PJLK	Double(16.2)	M	
6	是否单行	SFDX	Char(10)	M	01 是/02 否

表 3-16　**路段根图元(G_JT_LD_A)专有属性结构表**

序号	属性字段	拼音简称	字段类型	约束条件	属性值域
1	道路名称	DLMC	Char(50)	O	
2	路段面积	LDMJ	Double(16.2)	M	

表 3-17　**路段主体图元(ZT_JT_LD_L)专有属性结构表**

序号	属性字段	拼音简称	字段类型	约束条件	属性值域
1	道路名称	DLMC	Char(50)	O	
2	类型	LX	Char(50)	M	
3	路段起点	LDQD	Char(50)	O	
4	路段终点	LDZD	Char(50)	O	
5	车道数	CDS	Int(8)	M	
6	路段宽度	LDKD	Double(16.2)	M	
7	是否高架	SFGJ	Char(10)	M	01 是/02 否
8	是否单行	SFDX	Char(10)	M	01 是/02 否

表 3-18　**路口根图元(G_JT_LK_A)专有属性结构表**

序号	属性字段	拼音简称	字段类型	约束条件	属性值域
1	道路名称	DLMC	Char(255)	O	

1. 源数据收集分析

由存量数据转换生产城市道路基础地理实体的主要数据源为 DLG 数据中的轨道交通、道路边线、道路中心线等要素，辅助参考数据有道路全息采集数据、遥感影像数据等。从数据来源、法定性、特性、用途和数据优先级等方面，对主要数据源和辅助参考数据进行分析，形成数据源分析如表 3-19 所示。

表 3-19 生产城市道路实体数据源分析表

数据	来源	法定	特性	用途	优先级
DLG	测绘院：基础测绘成果	—	数据准确性高、现势性好	高架路、快速路、街道主干道、次干道、支路等要素作为城市道路实体根图元和主体图元生产的主要数据源	1
道路全息采集数据	测绘院：道路全息采集成果	—	精度高，采集道路要素丰富	精度高，采集道路要素丰富。作为道路及道路相关实体补充数据源	2
遥感影像数据	测绘院：基础测绘成果	—	影像清晰，现势性高	参考数据	3

注：优先级越高，对应的数值越小。

DLG 中城市道路相关要素的格式为 dwg，几何类型为线，图层为 LRCL 和 LRDL，其中，LRCL 主要表示轨道交通线和道路中心线，LRDL 主要表示道路边线，属性结构如表 3-20 所示。

表 3-20 城市道路相关要素属性结构表

要素层名	属性项	字段类型	字段长度	描述	填写实例
LRDL（线）	要素编码	Text	8	要素编码	405010
	要素名称	Text	255	要素名称	国道一级公路边线
	测取时间	Text	50	测制该要素的时间	2012 年 5 月 20 日
	移除时间	Text	50	更新删除该要素的时间	2012 年 6 月 20 日
	要素 GUID	Text	255	要素唯一 GUID 值	6F9619FF-8B86-D011-B42D-00C04FC964FF
	测取人	Text	50	数据测取人员名称	张三
	修除人	Text	50	数据修除人员名称	王五
	名称	Text	255	名称	107 国道
	路面材料	Text	50	铺设材料	沥青
	备注	Text	255	要素备注	备注

续表

要素层名	属性项	字段类型	字段长度	描述	填写实例
LRCL（线）	要素编码	Text	8	要素编码	405020
	要素名称	Text	255	要素名称	国道一级公路中心线
	测取时间	Text	50	测制该要素的时间	2012 年 5 月 20 日
	移除时间	Text	50	更新删除该要素的时间	2012 年 6 月 20 日
	要素 GUID	Text	255	要素唯一 GUID 值	6F9619FF-8B86-D011-B42D-00C04FC964FF
	测取人	Text	50	数据测取人员名称	张三
	修除人	Text	50	数据修除人员名称	王五
	名称	Text	255	名称	107 国道
	编号	Text	50	公路线路编号	G107
	等级	Text	50	公路技术等级	一级
	路面材料	Text	50	铺设材料	沥青
	建成时间	Text	50	该道路的建成时间，未建成的注“未建成”	1996 年
	车道数	Text	50	车道数（双向车道数）	4
	路宽	Double	精确到 0.1	路面平均宽度，单位：米	24.5
	类别	Text	50	通行车辆的类别	01
	是否单行	Text	4	车道是否是单行线	01
	载重量	Text	50	载重	500 吨
	所属道路	Text	50	所属道路名称	107 国道
	建筑材料	Text	50	建筑材料类型	01
	备注	Text	255	要素备注	备注

高架路、快速路、街道主干道等要素的中心线可直接转换为路段基础地理实体的主体图元，其边线需要结合道路全息采集数据和遥感影像数据构面，作为对应基础地理实体的根图元。如果地形图要素、道路全息采集数据和遥感影像数据存在不一致的情况，则根据数据源的平面精度高低，按照优先级从高到低依次参考道路全息采集数据、地形图要素和遥感影像数据；高架路、快速路、街道主干道等要素的属性信息可以通过语义映射规则批量赋值到城市道路基础地理实体图元的相应字段中。

2. 制作映射表

制作城市道路基础地理实体图元与DLG要素映射表，规范数据转换过程中DLG要素的图形、属性信息与基础地理实体图元的对应关系。

图层映射关系如表3-21至表3-25所示。

表3-21 **轨道交通根图元与DLG要素图层映射表**

DLG要素			轨道交通根图元		
要素名称	要素编码	数据库层	图元名称	图元编码	图层名称
地面下的地铁线	409010	LRCL	地铁	02040101L01	G_JT_GDJT_L
地面上的地铁线	409020	LRCL			
高架的地铁线	409030	LRCL			
地面下的磁浮铁轨、轻轨线路	410000	LRCL	轻轨	02040102L01	
地面上的磁浮铁轨、轻轨线路	410010	LRCL			
高架的磁浮铁轨、轻轨线路	410020	LRCL	有轨电车	02040103L01	
电车轨道	458000	LFCL			

表3-22 **路段主体图元与DLG要素图层映射表**

DLG要素			路段主体图元		
要素名称	要素编码	数据库层	图元名称	图元编码	图层名称
高架路中心线	412011	LRCL	路段中心线	02040900A01	ZT_JT_LD_L
高架快速路中心线	412021	LRCL			
快速路中心线	411011	LRCL			
街道主干路中心线	455020	LRCL			
街道次干路中心线	456020	LRCL			
街道支路中心线	457020	LRCL			

表3-23 **内部道路根图元与DLG要素图层映射表**

DLG要素			内部道路根图元		
要素名称	要素编码	数据库层	图元名称	图元编码	图层名称
内部道路边线	413000	LRDL	内部道路	02040800L01	G_JT_CSDL_L

表 3-24　　**地铁根图元与 DLG 要素语义映射表**

序号	DLG 要素		地铁根图元		赋值方式
	属性字段	属性值	属性字段	属性值	
1	要素名称	地面下的地铁线	类型	01	属性字典映射
		地面上的地铁线		02	
		高架的地铁线		03	

表 3-25　　**路段主体图元与 DLG 要素语义映射表**

序号	DLG 要素		路段主体图元		赋值方式
	属性字段	属性值	属性字段	属性值	
1	名称	如“新华路”	道路名称	“新华路”	源字段映射
2	要素名称	快速路中心线	类型	快速路	属性字典映射
		街道主干路中心线		主干路	
		街道次干路中心线		次干路	
		街道支路中心线		支路	
3	车道数	如“6”	车道数	6	源字段映射
4	路面材料	如“沥青”	路面材料	沥青	源字段映射
5	是否单行	如“否”	是否单行	否	源字段映射

3. 生产轨道交通根图元、路段主体图元

根据轨道交通根图元及路段主体图元与 DLG 要素映射表进行数据转换，将 DLG 相应的要素图形与属性直接转换为对应的轨道交通根图元及路段主体图元。

4. 生产路段根图元、路口根图元及人行道根图元

(1)图形来源。以 DLG 中快速路、街道主干道、街道次干道等要素的道路边线为主要数据源，以道路全息采集数据为辅助数据生产路段面图元及路口根图元。

(2)图形处理。

①路口根图元。找到 DLG 中街道主干道、街道次干道等要素边线数据中两条或多条道路的交叉口位置。

从道路边线曲率发生变化的地方开始，绘制出交叉路口的封闭面。路口根图元示意如图 3.4 所示。

②路段根图元。两个交叉路口之间的部分为路段，利用路口面和 DLG 中的街道主干道、街道次干道等要素边线绘制路段根图元。图 3.5 所示为街道主干道边缘原始数据，图 3.6 中黄色部分为路段，红色部分为路口。

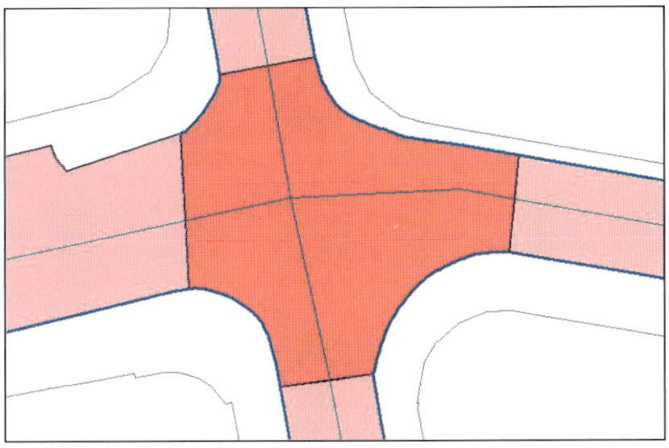

图 3.4 路口根图元示意图

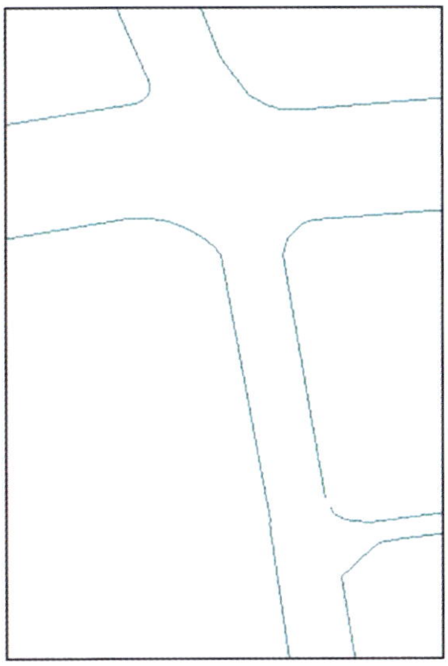

图 3.5 街道主干道边线原始数据

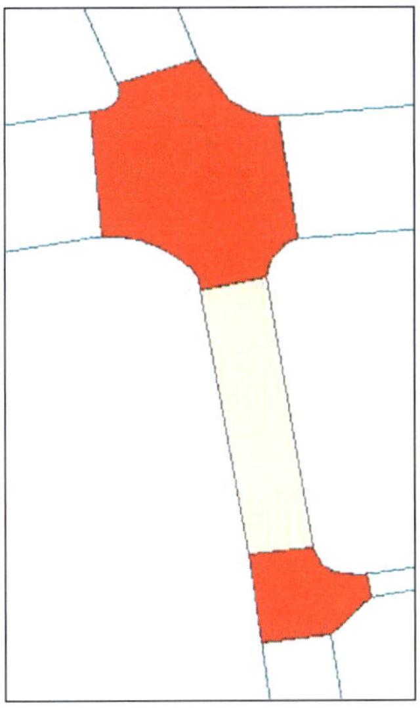

图 3.6 路段根图元示意图

DLG 中的街道主干道、街道次干道等要素边线围成的“喇叭口”区域应不包含在路段根图元中，图 3.7 为路段根图元错误示例，图 3.8 为路段根图元正确示例。

③人行道根图元。城市道路根图元同用地与院落根图元之间的封闭区域作为人行道根图元，保证地表无缝覆盖。

(3)属性填写。

①路口根图元

道路名称：按从北到南，顺时针填写出与该路口空间相接的道路名称并以英文半角逗号隔开，如“青年路，北湖西路，淮海路”。

测取时间、存续时间：测取时间与 DLG 中道路边线要素的测取时间保持一致。存续时间填写数据生产的当前时间。

②路段根图元。

道路名称：根据 DLG 中道路中心线要素的名称字段人工填写路段的道路名称。

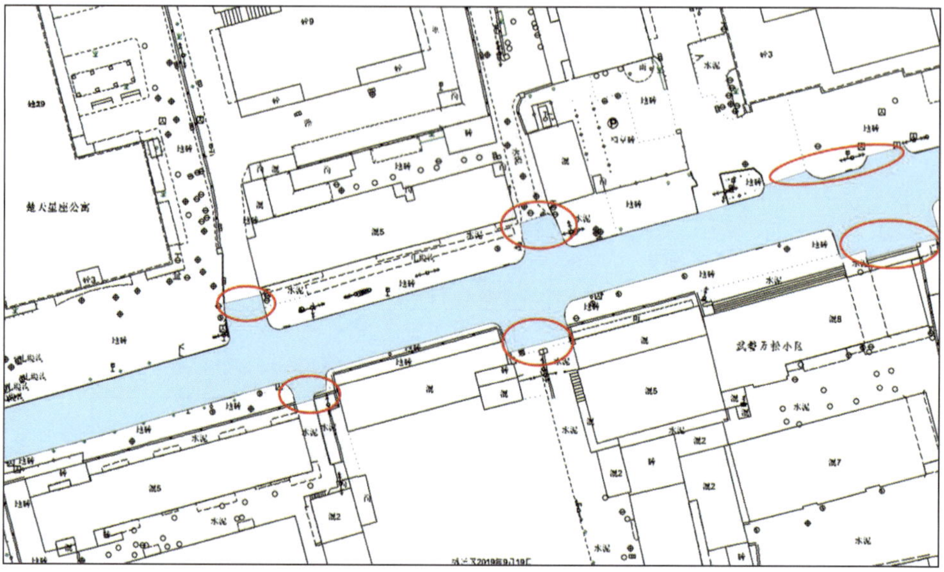

图 3.7　含“喇叭口”的路段根图元(错误示例)

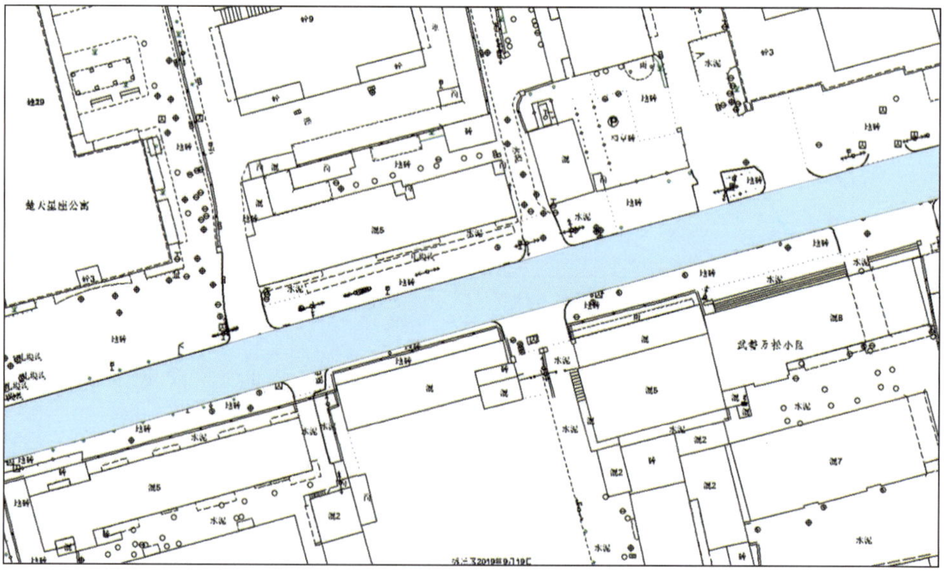

图 3.8　不含“喇叭口”的路段根图元(正确示例)

路段面积：采用路段根图元的面积赋值，保留两位小数。

测取时间、存续时间：测取时间与 DLG 中道路边线要素的测取时间保持一致。存续时间填写数据生产的当前时间。

(4)图元关联。路段主体图元与对应的路段根图元标记为同一基础地理实体，同一路段基础地理实体的根图元和主体图元基础地理实体标识码相同。

5. 生产城市道路根图元及主体图元

(1)图形来源。城市道路根图元为一条完整的道路面，数据来源为路段根图元与路口根图元。

城市道路主体图元为一条完整的道路中心线，数据来源为路段主体图元。

(2)图形处理。

①城市道路根图元。合并同一条道路所有路段根图元与路口根图元。

②城市道路主体图元。连接同一条道路所有路段主体图元。

(3)属性填写。

①城市道路根图元。

道路面积：依据根图元的图形面积赋值，保留两位小数。

②城市道路主体图元。

长度：依据主体图元的图形长度赋值，保留两位小数。

平均宽度：由城市道路根图元的道路面积值除以其主体图元的长度值，结果保留两位小数。

(4)图元关联。通过将城市道路地理实体的根图元和主体图元赋相同的地理实体标识码实现图元关联。

3.5.3 用地与院落实体生产示例

按照基础地理实体数据规范的相关要求，用地与院落基础地理实体图元的图层(节选部分)与属性结构要求如表 3-26 至表 3-32 所示。

表 3-26 用地与院落基础地理实体图元编码、类型与分层要求(节选)

基础地理实体名称	分类代码	采集图元	图元编码	图元类型	图元层名
水田	05010100	水田	05010100A01	面	G_YD_GD_A
水浇地	05010200	水浇地	05010200A01	面	G_YD_GD_A
旱地	05010300	旱地	05010300A01	面	G_YD_GD_A
果园	05020100	果园	05020100A01	面	G_YD_YD_A
茶园	05020200	茶园	05020200A01	面	G_YD_YD_A
橡胶园	05020300	橡胶园	05020300A01	面	G_YD_YD_A
其他园地	05020400	其他园地	05020400A01	面	G_YD_YD_A
乔木林地	05030100	乔木林地	05030100A01	面	G_YD_LD_A
竹林地	05030200	竹林地	05030200A01	面	G_YD_LD_A
灌木林地	05030300	灌木林地	05030300A01	面	G_YD_LD_A
其他林地	05030400	其他林地	05030400A01	面	G_YD_LD_A

续表

基础地理实体名称	分类代码	采集图元	图元编码	图元类型	图元层名
天然牧草地	05040100	天然牧草地	05040100A01	面	G_YD_CD_A
人工牧草地	05040200	人工牧草地	05040200A01	面	G_YD_CD_A
其他草地	05040300	其他草地	05040300A01	面	G_YD_CD_A
森林沼泽	05050100	森林沼泽	05050100A01	面	G_YD_SD_A
灌丛沼泽	05050200	灌丛沼泽	05050200A01	面	G_YD_SD_A
沼泽草地	05050300	沼泽草地	05050300A01	面	G_YD_SD_A
其他沼泽地	05050400	其他沼泽地	05050400A01	面	G_YD_SD_A
沿海滩涂	05050500	沿海滩涂	05050500A01	面	G_YD_SD_A
内陆滩涂	05050600	内陆滩涂	05050600A01	面	G_YD_SD_A
红树林地	05050700	红树林地	05050700A01	面	G_YD_SD_A
村道用地	05060101	村道用地	05060101A01	面	G_YD_XCDL_A
村庄内部道路用地	05060102	村庄内部道路用地	05060102A01	面	G_YD_XCDL_A
种植设施建设用地	05060200	种植设施建设用地	05060200A01	面	G_YD_ZZ_A
畜禽养殖设施建设用地	05060300	畜禽养殖设施建设用地	05060300A01	面	G_YD_CQYZ_A
水产养殖设施建设用地	05060400	水产养殖设施建设用地	05060400A01	面	G_YD_SCYZ_A
一类城镇住宅用地	05070101	一类城镇住宅用地	05070101A01	面	G_YD_CZZZ_A
二类城镇住宅用地	05070102	二类城镇住宅用地	05070102A01	面	G_YD_CZZZ_A
三类城镇住宅用地	05070103	三类城镇住宅用地	05070103A01	面	G_YD_CZZZ_A
城镇社区服务设施用地	05070200	城镇社区服务设施用地	05070200A01	面	G_YD_CZSQFW_A
农村社区服务设施用地	05070400	农村社区服务设施用地	05070400A01	面	G_YD_NCSQFW_A
机关团体用地	05080100	机关团体用地	05080100A01	面	G_YD_JGTT_A
科研用地	05080200	科研用地	05080200A01	面	G_YD_KY_A
图书与展览用地	05080301	图书与展览用地	05080301A01	面	G_YD_WH_A
文化活动用地	05080302	文化活动用地	05080302A01	面	G_YD_WH_A
高等教育用地	05080401	高等教育用地	05080401A01	面	G_YD_JY_A
中等职业教育用地	05080402	中等职业教育用地	05080402A01	面	G_YD_JY_A
中小学用地	05080403	中小学用地	05080403A01	面	G_YD_JY_A

续表

基础地理实体名称	分类代码	采集图元	图元编码	图元类型	图元层名
幼儿园用地	05080404	幼儿园用地	05080404A01	面	G_YD_JY_A
其他教育用地	05080405	其他教育用地	05080405A01	面	G_YD_JY_A
医院用地	05080601	医院用地	05080601A01	面	G_YD_YLWS_A
基层医疗卫生设施用地	05080602	基层医疗卫生设施用地	05080602A01	面	G_YD_YLWS_A
公共卫生用地	05080603	公共卫生用地	05080603A01	面	G_YD_YLWS_A
老年人社会福利用地	05080701	老年人社会福利用地	05080701A01	面	G_YD_SHFL_A

表 3-27 **耕地根图元(G_YD_GD_A)专有属性结构表**

序号	属性字段	拼音简称	字段类型	约束条件	属性值域
1	类别	LB	Char(10)	C	01 菱角/02 莲藕/03 茭白/04 其他
2	类型	LX	Char(10)	C	01 常年积水/02 非常年积水

表 3-28 **园地根图元(G_YD_YD_A)专有属性结构表**

序号	属性字段	拼音简称	字段类型	约束条件	属性值域
1	类别	LB	Char(50)	O	

表 3-29 **草地根图元(G_YD_CD_A)专有属性结构表**

序号	属性字段	拼音简称	字段类型	约束条件	属性值域
1	类别	LB	Char(10)	C	01 芦苇/02 芒草/03 芨芨草/04 茅草/05 蒲草/06 茴草/07 席草

表 3-30 **其他用地根图元(G_YD_QT_A)专有属性结构表**

序号	属性字段	拼音简称	字段类型	约束条件	属性值域
1	类型	LX	Char(10)	C	沙地：01 平沙地/02 灌丛沙堆/03 新月形沙丘/03 垄状沙丘/04 窝状沙地/05 格状沙丘/06 金字塔状沙丘 建筑工地：01 施工工地/02 拆迁工地/03 其他工地 采掘地：01 土/02 沙/03 石/04 其他

表 3-31　　城镇住宅用地根图元(G_YD_CZZZ_A)专有属性结构表

序号	属性字段	拼音简称	字段类型	约束条件	属性值域
1	建筑面积	JZMJ	Double(16，2)	C	
2	建筑密度	JZMD	Double(16，4)	C	
3	容积率	RJL	Double(16，4)	C	
4	地块面积	DKMJ	Double(16，2)	C	
5	建筑最高高度	JZZGGD	Double(16，2)	C	
6	地址	DZ	Char(255)	C	

注：建筑面积为地上地下建筑面积之和。

表 3-32　　城镇社区服务设施用地、农村宅基地、农村社区服务设施用地等根图元(G_YD_CZSQFW_A、G_YD_NCZJD_A、G_YD_NCSQFW_A 等)专有属性结构表

序号	属性字段	拼音简称	字段类型	约束条件	属性值域
1	地址	DZ	Char(255)	O	
2	是否复合用地	SFFHYD	Char(10)	M	01 是/02 否

1. 源数据收集与分析

用地与院落基础地理实体图元以 DLG 数据中的围墙、栅栏、篱笆、道路边线等要素作为主要数据源，参考不动产登记宗地数据、地理国情数据确定图形范围，再结合土地利用现状数据、城市用地现状调查数据判断用地类型(根据数据源的法定性、精度等因素确定使用优先级，次序见下表)。从数据来源、法定性、特性、用途和数据优先级等方面，对主要数据源和辅助参考数据进行分析，形成数据源分析如表 3-33 所示。

表 3-33　　用地与院落基础地理实体数据源分析表

数据	来源	法定性	特性	用途	优先级
DLG	测绘院：基础测绘成果	—	数据准确性高、现势性好	围墙、栅栏、篱笆、道路边线等要素作为生产用地与院落基础地理实体根图元主要数据源	1
不动产宗地数据	市自然资源和规划局：不动产登记成果	法定数据	数据现势性好、权威性高、仅登记的房屋有数据	宗地面数据作为用地与院落基础地理实体根图元的范围参考	2
地理国情数据	测绘院：地理国情监测成果	—	已有部分院落范围面、仅有部分数据	院落面数据作为用地与院落基础地理实体根图元的范围参考	5

续表

数据	来源	法定性	特性	用途	优先级
土地利用现状数据	市自然资源和规划局：第三次国土调查	法定数据	数据地表全覆盖	第三次国土调查中的地类图斑数据作为用地与院落基础地理实体根图元的范围参考，实体分类的判断参考	3
城市用地现状调查数据	市自然资源和规划局：规划调查成果	法定数据	数据地表全覆盖	规划数据作为用地与院落基础地理实体用地类型的判断参考	4
遥感影像数据	测绘院：基础测绘成果	—	影像清晰，现势性高	参考数据	6

注：优先级越高，对应的数值越小。

DLG 中围墙、栅栏、篱笆、道路边线等要素的格式为 dwg，几何类型为线，图层为 RFCL 和 LRDL，前者主要表示围墙、栅栏、篱笆等要素，后者主要表示道路边线要素。这些要素在参考不动产登记宗地数据、地理国情数据的基础上，确定图元的几何范围；图元的用地类型等属性可以利用土地利用现状数据、城市用地现状调查数据等辅助判断填写。

2. 制作映射表

用地与院落根图元与 DLG 要素图层映射如表 3-34 所示，用地与院落根图元与土地利用现状数据图层映射如表 3-35 所示。

表 3-34　**用地与院落根图元与 DLG 要素图层映射表**

DLG 要素			用地与院落根图元		
要素名称	要素编码	数据库层	图元名称	图元编码	图层名称
稻田	801000	VEGA	水田	05010100A01	G_YD_GD_A
常年积水的水生作物地	804010	VEGA			
非常年积水的水生作物地	804020	VEGA			
菜地	803000	VEGA	水浇地	05010200A01	
台田、条田	805000	VEGA			
旱地	802000	VEGA	旱地	05010300A01	
果园	806031	VEGA	果园	05020100A01	G_YD_YD_A
茶园	806033	VEGA	茶园	05020200A01	
橡胶园	806034	VEGA	橡胶园	05020300A01	
桑园	806032	VEGA	其他园地	05020400A01	
其他经济林	806035	VEGA			
经济作物地	806040	VEGA			

续表

DLG 要素			用地与院落根图元		
要素名称	要素编码	数据库层	图元名称	图元编码	图层名称
成林	807000	VEGA	乔木林地	05030100A01	G_YD_LD_A
疏林	811000	VEGA	其他林地	05030400A01	G_YD_LD_A
幼林、苗圃	808000	VEGA	其他林地	05030400A01	G_YD_LD_A
迹地	812000	VEGA	其他林地	05030400A01	G_YD_LD_A
半荒草地	820000	VEGA	天然牧草地	05040100A01	G_YD_CD_A
天然草地	819010	VEGA	天然牧草地	05040100A01	G_YD_CD_A
人工牧草地	819040	VEGA	人工牧草地	05040200A01	G_YD_CD_A
荒草地	821000	VEGA	其他草地	05040300A01	G_YD_CD_A
改良草地	819030	VEGA	其他草地	05040300A01	G_YD_CD_A
高草地	818000	VEGA	其他草地	05040300A01	G_YD_CD_A
沙滩(水中滩)	226010	HYDA	内陆滩涂	05050600A01	G_YD_CD_A
石滩(水中滩)	226020	HYDA	内陆滩涂	05050600A01	G_YD_CD_A
沙泥滩(水中滩)	226030	HYDA	内陆滩涂	05050600A01	G_YD_CD_A
沙砾滩(水中滩)	226040	HYDA	内陆滩涂	05050600A01	G_YD_CD_A
沙泥滩(岸滩)	225010	HYDA	内陆滩涂	05050600A01	G_YD_CD_A
沙砾滩(岸滩)	225020	HYDA	内陆滩涂	05050600A01	G_YD_CD_A
沙滩(岸滩)	225030	HYDA	内陆滩涂	05050600A01	G_YD_CD_A
泥滩(岸滩)	225040	HYDA	内陆滩涂	05050600A01	G_YD_CD_A
沙洲	224000	HYDA	内陆滩涂	05050600A01	G_YD_CD_A
露天采掘场、乱掘地	309000	RFCA	采矿用地	05100200A01	G_YD_CK_A
尾矿库	309010	RFCA	采矿用地	05100200A01	G_YD_CK_A
盐田(盐场)	322020	RFCA	盐田	05100300A01	G_YD_YT_A
遗址、古迹范围线	350021	RFCA	文物古迹用地	05150400A01	G_YD_TS_A
依比例尺的坟地、公墓	348030	RFCA	殡葬用地	05150600A01	G_YD_TS_A
依比例尺的独立大坟	349020	RFCA	殡葬用地	05150600A01	G_YD_TS_A
拆迁区范围线	375010	RFCA	其他用地	05170803A01	G_YD_LB_A
施工区范围线	375020	RFCA	其他用地	05170803A01	G_YD_LB_A
盐碱地	823000	VEGA	盐碱地	05170400A01	G_YD_LB_A
平沙地	720010	TERA	沙地	05170500A01	G_YD_LB_A
裸土地	831000	VEGA	裸土地	05170600A01	G_YD_LB_A
沙砾地、戈壁滩	827000	VEGA	裸岩石砾地	05170700A01	G_YD_LB_A

表 3-35 **用地与院落根图元与土地利用现状数据图层映射表**

土地利用现状数据		湿地根图元		
分类	地类编码	图元名称	图元编码	图层名称
森林沼泽	0304	森林沼泽	05050100A01	G_YD_SD_A
灌丛沼泽	0306	灌丛沼泽	05050200A01	
沼泽草地	0402	沼泽草地	05050300A01	
沼泽地	1108	其他沼泽地	05050400A01	
沿海滩涂	1105	沿海滩涂	05050500A01	
内陆滩涂	1106	内陆滩涂	05050600A01	
红树林地	0303	红树林地	05050700A01	

3. 生产用地与院落根图元

(1)图形来源。根据用地与院落图元与 DLG 要素、土地利用现状数据(国土三调)映射表进行数据转换，将 DLG 数据、土地利用现状数据(国土三调)直接转换为对应的用地与院落根图元。该转换仅生成部分用地与院落基础地理实体的图元，其余的图元仍需通过参考其他辅助数据源，通过人工判断与编辑，确定用地与院落根图元的图形。

(2)图形处理。当辅助数据源有土地利用现状数据(国土三调)或宗地权籍等法定数据时，可以直接利用该数据作为用院地与院落根图元的范围；当没有法定数据或法定数据与实地情况严重不符时，可参考以下步骤处理：

①依据地理国情的院落数据或城市用地现状调查数据等，先判断出用地与院落根图元的大致范围。

②在有围墙和栅栏的地方，优先沿着围墙和栅栏勾绘用地与院落根图元范围。

③沿市政道路的一侧，一般情况下无围墙栅栏等要素，此时还需要判断有无明显的阻隔地物(如花坛、植被等)，如果有明显的阻隔地物要素，则按阻隔地物要素的边界绘制用地与院落根图元范围；如无明显的阻隔地物要素，则按房屋基础地理实体的根图元图形绘制用地与院落根图元范围(不包含雨罩、檐廊、挑廊、悬空通廊、台阶等)。

④用地与院落根图元的范围绘制应包含院落的门墩、院落门口的岗亭等构筑物。

⑤用地与院落根图元的范围不允许切割房屋、门墩、岗亭、植被、水系等地物。

⑥如果房屋在一个用地与院落根图元范围内，则该房屋相关的附属物(如室外楼梯等)也应位于同一个根图元范围内。

⑦结合遥感影像数据、倾斜摄影三维模型数据、互联网地图与实地调查进行用地与院落根图元范围确认。

生产用地与院落根图元的 DLG 数据、宗地数据、经过图形处理后的用地与院落根图元如图 3.9 所示。

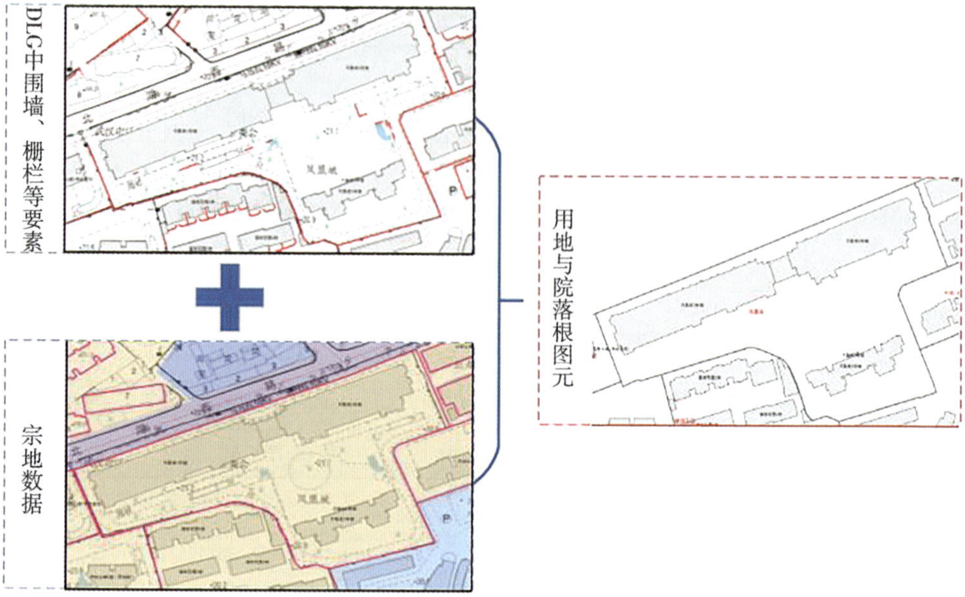

图 3.9　用地与院落根图元图形处理示意图

(3)属性填写。

①基础地理实体名称。按照数据优先级从高到低的次序，依次参考不动产登记宗地数据、土地利用现状数据(国土三调)、DLG 数据文字注记、互联网地图查询搜索与实地调查的相关情况，将院落名称作为基础地理实体名称属性填写。

②基础地理实体分类码、图元名称、图元编码。按照数据优先级从高到低的次序，依次参考土地利用现状数据(国土三调)中的“地类名称”和院落内房屋的“建筑类型”进行用地与院落类型的判断，再根据基础地理实体数据规范中相关内容进行“基础地理实体分类码”“图元名称”“图元编码”属性的填写。

③地址。按照数据优先级从高到低的次序，依次参考依据不动产登记宗地数据中的“坐落”信息、建筑基础调查数据中的“地址”信息、互联网地图查询搜索与实地调查的相关情况，综合判断填写用地与院落的地址信息。

④所有者。依据不动产登记宗地数据中的“权利人”信息，给用地与院落的“所有者/主要管理者”赋值。

⑤产生时间。若用地与院落根图元范围内有房屋，按其范围内房屋类要素最早的测取时间填写；若其范围内无房屋，则根据用地与院落根图元范围内所有地物要素最晚的测取时间填写。

⑥图元名称、图元编码。按照基础地理实体数据规范填写。

⑦测取时间、存续时间。采用 DLG 数据直接转换的，依据 DLG 原要素的“测取时间”填写，其他的均按存续时间填写。存续时间填写数据生产的当前时间。

除上述属性外，城镇住宅用地需填写如下特殊属性信息：

⑧建筑面积。用地与院落根图元范围内每个房屋构件图元面积与地上层数的乘积和为其地上建筑面积；范围内地下建筑根图元面积和为其地下建筑面积。以地上建筑面积与地下建筑面积之和为该用地与院落根图元的建筑面积赋值。

⑨建筑密度。以用地与院落根图元范围内的房屋根图元面积之和与用地与院落根图元几何面积的商赋值。

⑩容积率。以用地与院落根图元的地上建筑面积与用地与院落根图元几何面积的商赋值。

⑪地块面积。以用地与院落根图元图形的几何面积赋值。

⑫建筑最高高度。以用地与院落根图元范围内房屋构件图元的“顶部高程”最大值与对应的“底部高程”值的差赋值。

第 4 章　全息数据生产基础地理实体数据

全息数据生产基础地理实体数据是一种基于高精度倾斜三维模型和三维激光点云等全息数据，通过交互式立体采集直接生产基础地理实体的方式，是未来生产基础地理实体数据的主要方式。

本章将从构建流程、倾斜模型数据采集与处理、激光点云数据采集与处理、智能处理关键技术、基础地理实体图元采集规则、基础地理实体生产平台设计等方面，对全息数据生产基础地理实体的方式展开详细介绍。

4.1　全息数据生产基础地理实体流程

全息数据生产基础地理实体流程主要包括源数据采集、源数据预处理、数据库配置、图元采集、图元检查、图元关联和成果检查，如图 4.1 所示。

源数据采集：不同类型的数据有不同特点，适用于不同类型基础地理实体的生产。为满足全息数据生产基础地理实体需要，需依据相关数据采集规范，采集生产基础地理实体所需的倾斜影像和激光点云等数据。

源数据预处理：对采集到的源数据进行数据融合、模型构建，生成高精度、全覆盖、无遮挡的三维模型，以便基于该模型进行基础地理实体生产。

数据库配置：按照附录 A 至附录 E 中的基础地理实体图层、编码及属性等规范，创建遵循标准规范的基础地理实体库(生产库)，进行图层配置、字段配置与字典设置，以保证后续基础地理实体的生产满足规范要求。

图元采集：在基础地理实体生产平台中，依照各类基础地理实体图元采集规则，自动或半自动采集点、线、面、体图元，并进行属性挂接或录入。

图元检查：对采集到的图元进行图形检查、属性检查与逻辑一致性检查。

图元关联：按照附录 A 至附录 E 中各类基础地理实体的组成关系规范，依据图元的空间关系，将同一基础地理实体对应的若干图元予以关联。

成果检查：检查基础地理实体的空间位置精度、属性、拓扑关系等内容，具体参照第 5 章内容。

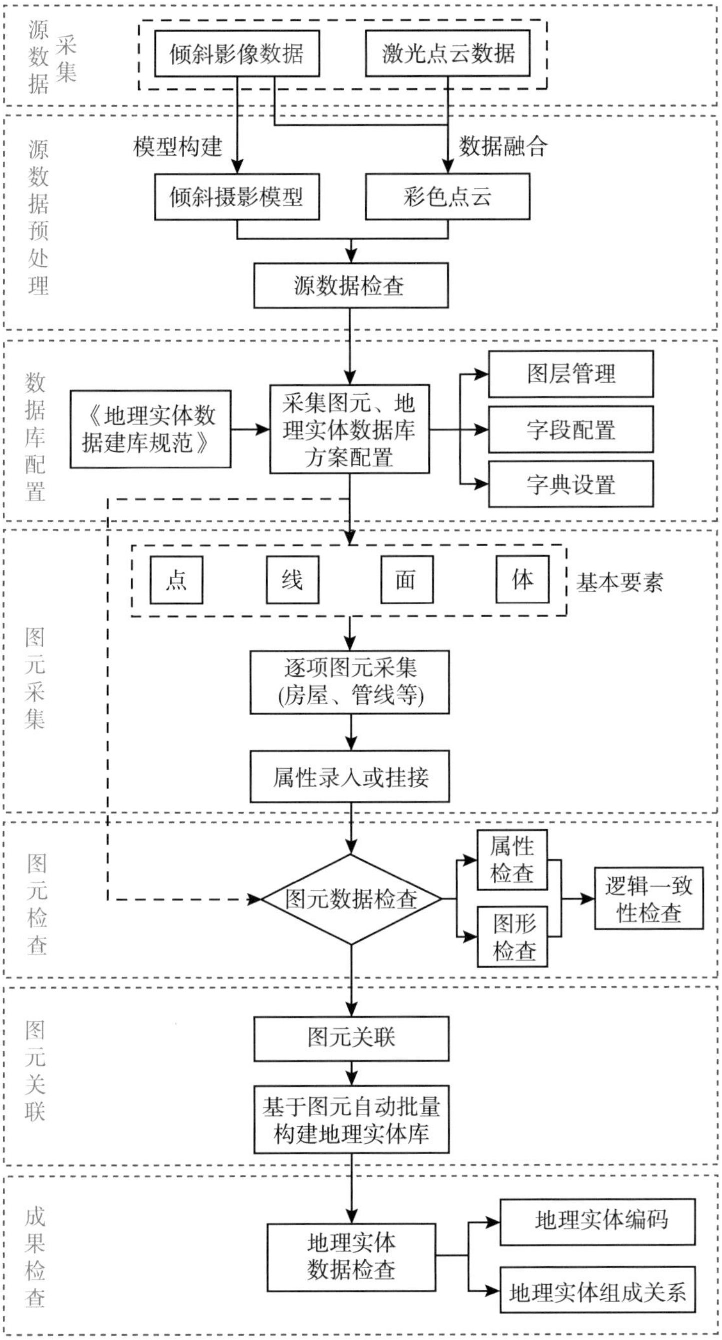

图 4.1 全息数据生产基础地理实体流程图

4.2　倾斜模型数据采集与处理

倾斜摄影测量技术是近年来快速发展和广泛应用的一种新型空间数据采集获取技术，该技术克服了正射影像只能从垂直角度拍摄的局限性，通过在同一飞行平台上搭载多台传感器，可同时获得 5 个或更多角度的倾斜影像，极大提升了数据采集的速度和效率。它在城市规划和建设、城市综合环境监测等领域具有广泛应用，并且在 3D 城市建设等领域有着独特的优势。

倾斜摄影三维模型具备"全要素、全纹理、全方位"的空间信息全息表达能力，能真实、直观地展现测区全貌。利用倾斜摄影技术，可经过航摄准备、外业航拍、控制测量等步骤采集多视角影像，进而通过模型构建及整饰加工生产倾斜三维模型，其总体流程如图 4.2 所示。可利用倾斜三维模型，采集二维和三维图元，直接生产结构化、语义化的基础地理实体。

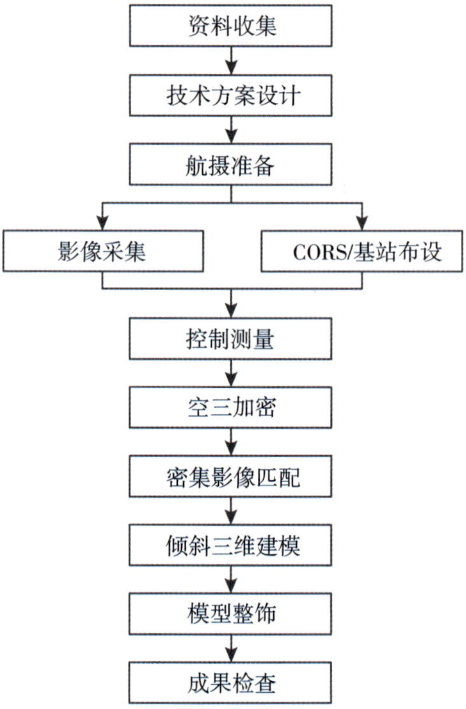

图 4.2　倾斜三维模型生产流程图

4.2.1　航摄准备

为保证模型成果的完整性，航摄范围应按照 10%～20% 比例进行外扩，针对不规则区域，外扩比例需适当放大。根据区域范围线，同时考虑加密方法和布点方案的要求，对航摄范围进行分区，航线根据摄区的走向而定。

为保证成果质量要求，摄影像片航向重叠度不低于 80%，旁向重叠度不低于 70%。像片倾斜角一般不大于 2°，个别最大不超过 4°；像片旋偏角不大于 15°，在确保航向旁向重叠度满足要求的情况下，倾斜角不大于 25°；航线弯曲度一般不大于 1%；航高保持同一航线上相邻像片的航高差不大于 30m，最大航高与最小航高之差不大于 50m，实际航高与设计航高之差不大于设计航高的 5%。

进入摄区飞行前，要组织飞行员和摄影员进行航线设计，了解摄区范围、地形、天气状况；查看天气和星历是否满足飞行的要求；检查系统中存储设备容量能否满足满架次飞行存储要求；检查航摄系统中各项参数设置是否正确。

4.2.2 航摄实施

基站布设以连续运行参考站(CORS)站点为主，航摄前，应按照 CORS 管理中心提供的有关参数对手簿控制器或主机及通信模块进行设置。在测区与相距最近且可用的 CORS 站点之间超过 20 千米范围时，应采取人工架设 GPS 地面基站，地面基站要充分利用已知点位，以保证飞行时 POS 的精度与可靠性；每个基站应做明显和固定标记，以便后期检核。

航摄影像应清晰、层次丰富、色调柔和、反差适中，相同地物的色彩基调基本一致，能辨别出与地面分辨率相适应的细小地物。

航摄完毕，需要进行飞行质量和数据质量检查，以确定是否补摄或重摄，并及时反馈给机组人员。检查内容包括基站数据检查、机载 GNSS 数据检查以及预处理精度检查。

(1)基站数据检查：下载所有观测记录数据，检查各记录的原始数据是否存在异常，分析该数据是否可以用于后处理，保存原始观测数据。

(2)机载 GNSS 数据检查：若发现 GNSS 数据有失锁现象发生，查找失锁发生的区间，并对该数据质量进行评价分析，确定因失锁导致数据不完整而需要对测区进行补摄的范围。

(3)预处理精度检查：进行差分 GNSS 预处理计算，检查观测质量、共星情况和解算精度，分析成果是否满足后处理要求，确定是否需对测区进行补摄以及补摄的范围。

4.2.3 控制测量

1. 像控点布设

鉴于航摄影像数据量巨大，以及处理海量影像数据受制于计算机设备的存取速度、运算速度等原因，通常根据测区范围，先对整个测区进行分区，后对分区进行空三加密、实景三维建模，像控点的布设须充分考虑空三加密分区。

各个分区的分界线大致与航线平行，分区内部均匀布设一定数量的像片控制点。为保障数据成果精度，平均每平方千米布设约 5 个像片控制点。对于房屋顶部结构等特殊的区域，应相应地增加控制点。另适当均匀布设若干平高检查点，以检测和评定机载倾斜空中三角测量精度。

像控点应该选择在航摄像片上影像清晰、目标明确的像点，实地选点时，也应考虑侧视相机是否会遮挡。对于弧形地物、阴影、狭窄沟头、水系、高程急剧变化的斜坡、圆山顶、跟地面有明显高差的房角、围墙角以及航摄后有可能变迁的地方，均不应布设像控点。目标若成像不清晰、与周围环境色差小、与地面有明显高差的目标，会影响空三刺点误差，不能作为像控点。

若采用倾斜空三加密技术，受高层建筑影响，在满足布点方案的前提下，为提高城区三维模型高程精度并便于成果检测，在测区内，沿主干道路每隔 500 米布设像控点，点位选择在明显地面标线角点布设，没有明显标志物的空旷地需要喷涂标靶并编号。

2. 像控点测量

通常采用网络 RTK 技术完成像控点测量，获取像控点平高坐标。为记录像控点与周边特征地物的相对位置关系，便于刺点，通常需要野外拍摄像控点所在区域的照片，一张描述不够时，可拍摄多张照片。像控点外业观测及拍照完成以后，应及时填写记录，画草图。

3. 像控点整饰

根据像片草图制作数字化草图，注记点名或点号，简要说明点位位置，并绘出局部放大的详细点位略图，内业判点以说明为准。

4.2.4　倾斜三维建模

利用自动化建模技术进行倾斜三维建模，真实还原地物的空间位置、形态、颜色和纹理，常用的倾斜三维建模软件包括 CC（Context Capture）、瞰景、PIX4D、PhotoScan 等。自动化建模技术主要包括空中三角测量、密集匹配、TIN 网构建、纹理自动映射等步骤。

1. 空中三角测量

（1）资料准备。倾斜空三应准备好所需的资料，如航摄仪检校参数、航摄影像数据、像片控制测量成果、控制布点略图（通常为 kml 格式）、机载 GNSS 观测数据等。空三加密前，应设计好加密分区，必要时可合并相邻区域进行统一平差，减少加密接边，提高整体精度。

（2）POS 数据解算。对 POS 数据进行差分处理，获取厘米级高精度 POS 数据，并将 POS 数据的 WGS84 坐标系转换为成果数据对应的目标坐标系。

（3）空三解算。通过辅助 POS 系统提供的多视影像外方位元素，对影像进行地物要素同名点匹配和自由网平差，建立要素连接点、控制点坐标、云台辅助数据的自检校区域网平差方程，通过联合解算获取空三解算成果。

2. 密集匹配

根据空三解算成果，分析与选择合适的影像匹配单元，进行特征匹配和逐像素级的密集匹配，生成基于影像的高密度点云。

3. TIN 网构建

将倾斜摄影的影像经过空三处理、影像匹配、生成密集点云后，可构建 TIN 网（不规则三角网)，优化不合理的三角网表面，生成白模三维模型。如采用混合航摄仪或有同区域激光点云数据，可将生成的密集点云与激光点云规划到统一坐标系下，融合处理，多种点云融合可提高建模精细度，修补影像因遮挡带来的点云漏洞问题，点云融合处理流程如图 4.3 所示。

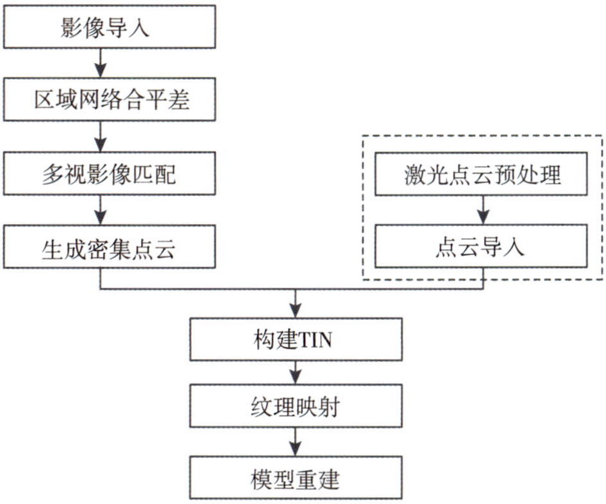

图 4.3　数据处理建模流程图

4. 纹理自动映射

对 TIN 网模型自动纹理映射，建立地物几何信息与纹理信息的对应关系，同时进行整体匀光匀色处理，以此生成倾斜真三维模型，如图 4.4 所示。

图 4.4　倾斜三维建模效果图

5. 质量检查

绝对定向时基本定向点残差、检查点误差和区域网间公共点较差的各项限值不超过《数字航空摄影测量空中三角测量规范》(GB/T 23236—2009)要求的精度指标。

计算过程中出现检查点坐标超限或错误时，应认真检查内定向和相对定向精度、像点连接、控制点起始数据和转点精度，仔细分析找出原因后进行正确处理。

4.2.5　倾斜三维模型整饰

绝大多数情况下，纹理映射完成后生成的三维模型数据已可直接使用，但由于同名点无法精确匹配或者镜面倒影对同名点造成干扰等因素，自动生成的倾斜三维模型在镜面(如水面、玻璃等)材质部分、细小地物部分存在一定的偏差，因而在构造基础地理实体前，需对自动生成的三维模型的局部进行修饰，并去除一些无关要素，确保场景的完整和整洁。主要修饰对象为居民地及其附属设施、交通、水系、植被等，此外还包括边界修补。

1. 整饰要求

对于悬浮物、破洞、拉花、扭曲、结构模糊、效果不佳等错误进行修改，最终输出的合格的三维模型成果应满足以下条件：

(1)三维模型整体结构和纹理完整、准确，分块接边无错位断层；

(2)河流湖泊水面相对平整，无明显坑洞、隆起和错位断层等，水面高度与水岸线大致齐平；

(3)主要建筑(在建及临时建筑除外)立面结构完整，纹理清晰；

(4)路面相对平整，无明显坑洞、隆起和错位断层，主干道上的车、非成片悬浮树木应抹平，保持道路整洁；

(5)无悬浮面片，可辨识地物类型的悬浮物(如完整树冠、灯塔、电塔、路灯等)可保留；

(6)建筑物只修饰建筑外墙，对于外挂幕墙、保温层、装饰墙等部分不做修饰。

2. 整饰操作流程

修饰主要包括压平、去除悬浮物、补洞等操作，在完成这些操作后，通过半自动方式对修饰区域进行纹理映射，即可获得完整、清晰的倾斜三维模型(对于破损严重，无法修饰地物，采用单体化方式进行重建)。

压平主要用于道路、水体崎岖不平等场景，也可用于修饰道路上汽车，把汽车压平后，替换为道路纹理。

去除悬浮物主要用于删除没有匹配好的离散点、过于精细无法匹配出来的细长构造物等。

补洞主要用于对选择的范围进行对应的修补破面操作。

边界修补应保证模型接边处过渡平滑，纹理流畅，无明显高程落差；区域范围内数据完整，边界无明显缝隙或重叠。

整饰前后效果对比如表 4-1 所示。

表 4-1 **整饰前后对比效果**

问题类型	整饰前效果示例	整饰后效果示例
建筑破洞		
悬浮物		
水面不平		
边界破损		

3. 整饰内容

倾斜三维模型具有地物顶部、侧面等多空间表达细节特征且纹理精细程度高，对模型还原近似性强，属于 LOD3 级别模型，但在实际数据整饰过程中，应结合模型是否需要高清细节表达、时间与效率、需求与效益是否匹配等因素，将居民地、交通、水系、植被这四种主要整饰要素细分为 A 级（精细模型）、B 级（标准模型）和 C 级（框架模型）三种级别，每种级别规定不同的细节表达程度。

1）居民地及其附属设施

A 级（精细模型）：在场景中有明显标示作用的百货大楼、大型商业广场、商业街、体育馆、大型酒店、火车站、飞机场、政府机关大楼、著名景区内建筑、文物古迹等建筑；

B 级（标准模型）：除 A 级以外，四车道及以上道路两旁的建筑，内部成片小区（9 层以上、别墅区）、校门、小区大门、大型市场大门等；

C 级（框架模型）：除 A、B 以外的其他建筑。

A 级建筑原则上要求单体化精细建模；场景内 B 级建筑结构扭曲、破损、缺失范围大于 30%时，靠修饰很难达到理想模型效果，可直接利用单体化建模来替换，单体化制作需求参考第 4.5.5 小节“体图元采集”。场景内单栋建筑结构扭曲、破损、缺失范围小于 30%可结合实景修饰进行快修或精修编辑处理；场景内 C 级非重点区域建筑，如村庄、工地建筑、荒废建筑，可不进行修饰处理。

建筑物及其附属设施主要包括门顶、雨罩、檐廊、阳台、挑廊、悬空通廊、门墩、天井、建筑物前汽车坡道、无障碍通道、柱廊等。长、宽、高任一维度大于 0.5m，则需要修饰，反之无需整饰。

场景内单栋建筑需根据细节程度、色差、扭曲、遮挡情况逐一处理整饰，保证表面纹理的协调与合理，整饰效果如图 4.5 所示。

图 4.5　场景中的单栋建筑整饰效果

2）交通

交通实体模型主要表达道路、桥梁、交通轨道以及道路两侧的交通附属设施的空间分布情况，同时反映交通相关要素的空间位置、几何形态以及其外观效果等，保证道路平整无凹凸起伏，路面纹理标志清晰，颜色统一。

根据《城市道路交通规划设计规范》（GB50220—95），城市道路分为快速路、主干路、次干路和支路四类。对于人口超过 200 万的大城市而言，各级道路宽度如下：快速路 40～45 米，主干道 45～55 米，次干道 40～50 米，支路 15～30 米；对于人口低于 200 万的大城市、中等城市和小城市，各级道路的宽度均有所差异，请参看相关规范。

支干道，又叫支路、街坊道路，通常是各街坊之间的联系道路，支路应为次干路与街坊路的连接线，解决局部地区交通，以服务功能为主。次干道，又叫区干道，为联系主要道路之间的辅助交通路线。次干道是城市的交通干路，以区域性交通功能为主，兼有服务功能。与主干路组成路网，广泛连接城市各区与集散主干路交通。主干道，又叫主干路，应为连接城市各主要分区的干路，以交通功能为主。当非机动车交通量大时，宜采用机动车与非机动车分隔形式，如三幅路或四幅路。主干路两侧不应设置吸引大量车流、人流的公共建筑物的进出口。快速路，应为城市中大量、长距离、快速交通服务。快速路对向车行道之间应设中间分车带，其进出口应采用全控制或部分控制。快速路两侧不应设置吸引大量车流、人流的公共建筑物的进出口，两侧一般建筑物的进出口应加以控制。快速路划分标准包括：①设置有中央隔离带，将往返车辆完全隔开；②禁止机动车与非机动车、摩托车、行人混行；③双向四车道以上，限速 60～100km/h（高速路市郊部分可能为 120km/h）；④控制出入口间距，与其他主干道、次干路和支路保持相对独立；⑤没有或极少平面交叉口（前提是不影响快速路的整体畅通），与其他高速路、铁路或其他大型交通线等必须采用立体交叉分离。

A 级（精细模型）：表达快速路；B 级（标准模型）：表达主干道；C 级（框架模型）：表达次干路和支路。A 级路上的附属设施，如路灯、路牌等，应保证模型清晰完整，真实还原道路原貌；B 级道路若无特殊要求，无需处理，严重破损处需要制作模型或利用模型库添加来完成对应的种植工作，C 级道路可以无需处理。

场景内大范围的色差根据用户需求结合提供的正射影像（DOM）来对应替换。

3）水系

水系实体模型主要包括江、河、湖、海、井、泉、水库、池塘、沟渠等自然和人工水体，可由水面、河床、码头、河堤、护栏、防洪墙（堤）等几部分构成。根据不同的模型等级，对水系及其附属设施合理整饰。

A 级（精细模型）：大型河流保护面积大于 30 万亩；水库库容大于 1 亿立方米；堤防工程等级大于 50 年；拦河闸过闸流量大于 1000 立方米/秒；河流主干道及一、二级支流；干渠。

B 级（标准模型）：中型河流保护面积 1 万～30 万亩之间；水库库容大于或等于 0.1 亿平方米而小于 1 亿立方米；堤防工程等级小于 50 年而大于 30 年；拦河闸过闸流量大于 100 立方米/秒而小于或等于 1000 立方米/秒；河流三、四级支流；支渠。

C 级(框架模型)：小型河流保护面积小于 1 万亩，水库库容小于 1000 万立方米，堤防工程等级小于 30 年，拦河闸过闸流量大于 10 立方米/秒而小于或等于 100 立方米/秒；末等支流；三级或四级渠道。

水系要素应保证存在有水的底面与侧面，底面应与地形起伏相吻合，水面用示意纹理表达。当水底和其他实体相连时，可直接采用相近纹理；水系应无破洞，且水系应置平处理。

4)植被修饰取舍

B 级(标准模型)：古树名树，具有重要历史人文、生命科考意义的国家保护树木。

C 级(框架模型)：大型绿化带或植株覆盖满，或基几乎满标准地。

场景内的植被悬空可直接删除处理；植被如有破洞、扭曲现象，可结合精度等级酌情来进行修补和替换工作；植被纹理需要结合真实颜色来修饰。

5)边界修补

由于航飞时间不一致，会对影像明暗、饱和度产生影响，且由于精度原因，接边处会有细小高差，出现同一地物高差不一致的情况。在足够控制点无法解决的情况下，将占比小的物体高差向占比大物体的高差平滑过渡连接。当纹理不一致时，一般采取对接边处纹理占比小的部分服从纹理占比大的部分来进行纹理修饰，尽可能消除模型之间明显的高差分界线，保持整个场景色调统一。

6)倾斜三维模型整饰复杂度细节表现推荐如表 4-2 所示。

表 4-2　**倾斜摄影模型复杂度表现推荐表**

建模分类	建模内容	复杂度表现
建筑	屋顶	框架建模表现
	楼体	框架建模表现
	底商	标准建模表现
	女儿墙	精细建模表现
	开放阳台	精细建模表现
	屋顶重要装饰	标准建模表现
	下穿结构	精细建模表现
	门廊	精细建模表现
	屋檐	标准建模表现
	吻兽	标准建模表现
	雀替	标准建模表现
	檐廊	精细建模表现
	大型阳台	标准建模表现

续表

建模分类	建模内容	复杂度表现
建筑	普通阳台	精细建模表现
	室外楼梯	精细建模表现
	支柱(墩)	精细建模表现
	立面突出物或重要装饰	精细建模表现
	悬空通廊	精细建模表现
	天窗老虎窗	精细建模表现
	水箱	精细建模表现
	单位碑铭	标准建模表现
	门口装饰物	标准建模表现
	旗杆	标准建模表现
	一般出入口	标准建模表现
交通	地面道路	框架建模表现
	路基	框架建模表现
	路面交通标线	标准建模表现
	人行横道	精细建模表现
	道路隔离带	精细建模表现
	交通护栏	标准建模表现
	环岛	标准建模表现
	公交站台	精细建模表现
	列车站台	精细建模表现
	铁轨	精细建模表现
	铁路桥	精细建模表现
	高架桥	精细建模表现
	立交桥	精细建模表现
	公路两用桥	精细建模表现

续表

建模分类	建模内容	复杂度表现
水系	水面	框架建模表现
	河床	框架建模表现
	码头	精细建模表现
	停泊场	精细建模表现
	防洪墙(堤)	标准建模表现
	河堤	标准建模表现
	护栏	精细建模表现
	水闸	标准建模表现
	拦水坝	精细建模表现
	防洪堤	精细建模表现
	亲水平台	精细建模表现
植被	古树名树	标准建模表现
	带状绿化树	标准建模表现
	绿篱	标准建模表现
	树林	框架建模表现
	草地	框架建模表现
	苗圃	框架建模表现
	护树设施	标准建模表现
	花架花钵	标准建模表现
	绿地护栏	标准建模表现
	花圃(坛)	标准建模表现
人工地形	高于地面的露台	标准建模表现
	下沉式广场	标准建模表现
	露天体广场	精细建模表现
	露天游泳池	精细建模表现
	人工水池	精细建模表现
	施工地	标准建模表现
	内部道路	精细建模表现

续表

建模分类	建模内容	复杂度表现
附属设施	路名牌	精细建模表现
	收费站	精细建模表现
	加油站	精细建模表现
	地下通道出入口	精细建模表现
	售票处	精细建模表现
	广告牌匾	标准建模表现
	路亭	标准建模表现
	步廊	精细建模表现
	问询处	精细建模表现
	大型健身设施	精细建模表现
	大型游乐设施	精细建模表现
	公共厕所	标准建模表现
	大型景观灯	精细建模表现
	大型雕塑	标准建模表现
	普通雕塑	精细建模表现
	壁饰	精细建模表现
	假山石	精细建模表现

4. 成果与精度评价

对于模型精度按照以下有关规定执行：

(1)修测地物精度按《基础地理信息数字成果 1∶500、1∶1000、1∶2000 数字线划图》(CHT 9008.1—2010)相关要求执行。

(2)如中心城区采用低空倾斜摄影测量技术建立的三维模型其影像分辨率优于 0.03 米，则按《基础地理信息数字成果 1∶500、1∶1000、1∶2000 数字线划图》(CHT 9008.1—2010)中 1∶1000 成图要求精度执行，如表 4-3 所示。

表 4-3 **1∶1000 测图精度**

测区	比例尺	地形类别	平面位置中误差(m)	高程中误差(m)
测区 1	1∶1000	平原	0.3	0.5
测区 2	1∶1000	山地	0.6	0.8

(3)模型纹理要求清晰，反差适中，颜色饱和，色彩鲜明，色调一致。有较丰富的层次、能辨别与地面分辨率相适应的细小地物影像，满足外业全要素精确调绘和室内判读的要求。

(4)三维模型可真实还原地物真实形态，从模型上可清晰分辨每栋房屋，且房屋墙平整，棱角分明，能精确采集房屋矢量信息。

4.3　激光点云数据采集与处理

激光扫描技术是通过在不同平台上集成全球定位系统、惯性测量单元和激光扫描仪，进行激光发射器的位置、姿态信息和到目标区域距离的联合解算，从而获取目标区域的三维点云。当前，常用的三维激光扫描采集平台包括有人/无人机载、车载、架站式、便携式等。

为满足各类基础地理实体的生产及产品形式的要求，需要根据基础地理实体的特点与精度要求选择不同的激光点云采集方式采集点云，根据各种采集方式的采集特点、数据特性等因素，采用不同的激光扫描系统来采集不同形式的点云，而后通过点云数据融合与处理手段实现基础地理实体的精细化采集表达。其中，机载移动激光扫描系统具有机动灵活、可控性强、受外界环境影响小等优势，可用于生成 DEM、DSM，构建地貌实体；车载和架站式三维激光扫描系统因兼备测量精度高、抗干扰能力强、轻便易操作等优势，而被广泛应用于城市道路场景中各类基础地理实体车辆及道路交通部件的精细化数据采集提取。便携式激光扫描系统利用 SLAM 技术，能在无卫星定位的情况下实现点云采集，适用于室内、地下空间以及无法通行机动车的区域。在实际数据采集时，通常会根据需求选择一种或几种平台进行采集，通过数据融合得到最终的点云产品。

点云采集方式虽然有多种，但不同方式的数据采集与处理流程是相似的，大致可分为技术准备、基站测设、控制测量、数据采集、数据处理和质量控制几个步骤。

4.3.1　技术准备

激光 LiDAR 扫描作业的前期技术准备工作通常包括：资料搜集、测区踏勘、技术设计、设备检校等。

1. 资料搜集

搜集测区现有的历史资料，如已有的 DOM、DEM、DLG、三维模型，控制点点位分布、CORS 站信息，气象、水文资料等资料，车载点云采集前，还需要搜集测区停车位分布信息、路况信息。架站式数据采集前，还应搜集室内或地下空间的室内平面设计图或普查数据。

2. 测区踏勘

确定实地地形地貌的真实性质，检查实地是否有现有影像或地形图资料上新增的地物，尤其是测区内是否存在历史资料中没有的高层建筑物，如有，则需调查其高度信息。对道路及道路两侧的现状进行勘察，查看是否有严重遮挡、道路不通、限行限号等情况。

3. 技术设计

根据机载点云的点云密度、航带间重叠度等参数要求，进行航线规划。车载点云数据采集宜选择晴朗或多云的天气进行，规划行车路径时，应确保覆盖施测区域内所有道路，尽量减少重复路段采集。架站式点云采集应设计好架站点位，确保站间重叠度符合要求。根据最终的技术设计参数，选择合适的设备与载荷。

4. 设备检校

通常在采集前，需要对设备进行检校，确保设备达到最佳性能指标。

4.3.2 基站测设

架设基站的目的是利用差分解算技术提高载荷平台的 POS 定位精度。在事先布设好的基站点位上架设 GNSS 接收机进行同步观测，采集多频多星座 GNSS 数据，采样率设置为 1Hz，同步时间需要完全覆盖机载扫描前后静止的时间段。GNSS 基站距离施测区域距离不宜超过 5km，最大距离不应超过 15km。

如果测区有 CORS 基站覆盖，则可直接使用 CORS 系统，无须架设基站。

4.3.3 控制测量

根据技术设计中的控制点布设方案进行控制点布设，得到精确的控制点坐标。

(1)机载激光点云的控制点布设可以参照航空摄影控制点布设的具体流程。

(2)车载激光点云的控制点应沿采集道路在道路边缘附近适量布设，尤其是在即将进入隧道或者高架桥下之前的区域布设高精度控制点，方便后续使用全站仪在隧道内或高架桥下进行碎步测量增加控制信息。

(3)架站式激光扫描仪在布设控制网时，要做到各点通视良好，相邻站点间距离大致相当，且控制点选位合理，能够便于安置和操作仪器。控制点的布设应综合考虑标靶分布、扫描仪的性能以及测区面积等因素。控制点测量满足平面精度不低于 3cm，高程精度不低于 5cm 的要求，在特殊困难地区，纠正点成果在原有精度基础上可放宽至 1.5 倍。

4.3.4 数据采集

1. 机载点云采集

机载激光扫描系统的静止初始化，时间约 5 分钟，静止初始化完成后，飞机升空并完成系统的动态初始化，随后按照设计航线飞行采集数据，数据采集完成后返回地面进行系统静止，时间约 5 分钟。

2. 车载点云采集

数据采集前应先进行预采集，在确保采集到的数据没有问题后，才可开始数据采集作业。根据预先规划好的采集线路和顺序进行数据采集。为保证道路数据的连贯性，外业数据采集时，先采集一个方向的一整段道路数据，再采集另一个方向与之对应的道路数据；先采集主要道路，再采集匝道等附属道路。

采集过程中不宜与大车并行，行驶速度应满足点云密度要求，一般城市道路行驶速度不宜超过 40km/h，隧道、高架等区域行驶速度不宜超过 60km/h；在双向四车道及以上、或有中央隔离带的道路，应双向扫描；地下隧道、高架以及辅道、匝道，应专门扫描；双向两车道及以下且没有中央隔离带的道路，可只采集一次；在不违反交通规则的情况下，单向双车道应靠右车道行驶；单向三车道应沿中间车道行驶，单向四车道应沿右侧第二车道行驶；十字路口宜采用“井”字形采集，纵横方向宜是通路，尽量避免车辆调头；惯性测量装置的初始化应采用静态观测等方式进行，初始化时 GNSS 卫星数量不宜低于 15 颗，位置精度衰减因子(PDOP 值)宜小于 4；实景影像采集时应尽量避免逆光，宜按距离触发方式采集，间距不宜超过 10m。

3. 架站式点云采集

架站式三维激光扫描在数据采集过程中，由于建筑物或地形条件等的限制，要获取被测目标完整的三维点云数据，必须从多个视角对目标进行扫描，再对多视角点云进行处理，形成完整的三维点云模型。具体应符合以下要求：

(1)扫描仪应设置在视野开阔、地面稳定的区域，设站数量要尽量少，应按照设计位置和设计技术参数进行设站；

(2)扫描分辨率在 30m 内不宜低于 6mm，扫描范围应覆盖整个扫描对象，扫描对象复杂、通视困难时，应增加测站，相邻测站有效点云数据重叠率不宜低于 30%，困难地区不宜低于 15%；

(3)设有标靶的测站宜对标靶进行识别或精扫，点云扫描完成后，宜进行影像采集，全部完成后进行下一站扫描；如架设标靶，则应在全部扫描完成后再撤走标靶，扫描结束后检查数据是否完整。

4.3.5　数据处理

1. 机载点云处理

机载点云数据的预处理过程一般包括坐标转换、点云去噪、点云滤波、点云分类。

(1)坐标转换。通过设备导出得到的点云数据一般是 WGS84 坐标系，而大多数测区采用的是国家 2000 坐标系或地方独立坐标系，因此，需要将点云转换至需要的坐标系。坐标转换包括平面坐标系转换和正常高转换。平面坐标系转换通常需通过联测地方坐标系，用七参数法转换得到，正常高转换则是根据大地水准面精化数据进行转换。

(2)点云去噪。点云数据通常包含一些由于系统误差、大气反射或飞行目标等造成的高程异常的噪声点，也称为“飞点”，可以通过移动窗口滤波法进行滤除。

(3)点云滤波。点云数据整体上可以分为地面点和非地面点，将地面点和非地面分开的过程，称为点云滤波。一般是根据点云数据的高程突变信息进行分类，得到地面点后，可以直接通过构建不规则三角网(TIN)后输出规则格网的 DEM。如不区分地面点和非地面点，则可直接输出 DSM。

(4)点云分类。非地面点包括建筑物、植被、道路等地物，点云分类是指对非地面点进行进一步细分类。为了进行更深入的应用，如林业调查、建筑物自动三维重建等，需要对非地面点云进行分类。根据不同地物类型，可以构建不同的分类规则，如根据植被的高度，可以区分出是灌木，是草地，还是树木，此外，如果获取了全波形数据，还可以根据波形数据区分更精细的树木种类。

2. 车载点云处理

车载点云的数据处理包括激光数据解码、GNSS 和 IMU 数据格式转换、影像数据纠正和时间同步文件解码。经过处理后的点云数据可包含时间、位置、强度、色彩等信息。

应选择距离施测区域最近的 GNSS 基站进行解算，或采用多基站联合解算，在 GNSS 卫星信号较差或失锁的区域，应采用纠正点提升定位测姿数据精度。首先使用 RTK 在 GPS 信号无遮挡地区开展图根控制测量。在此基础上，使用全站仪对 GPS 信号遮挡路段开展纠正点碎步测量。纠正点间隔要求 80~100 米，点位精度满足表 4-4 中所列要求。纠正点成果表和点位照片将作为点云纠正的输入数据，解决由于 GPS 信号遮挡、车辆颠簸等因素导致的点云数据误差超限问题。

表 4-4　　**外业纠正点精度要求表**

外业点类型	RTK 控制点(cm)	水准点(mm)	全站仪纠正点(cm)
平面	5	—	4
高程	3	$\leqslant 40\sqrt{L}$	4

注：L 为水准检测路线长度，以 km 为单位，若小于 0.5km，按 0.5km 计。

3. 架站式点云处理

架站式三维激光点云处理主要包括点云拼接、点云去噪和坐标转换。

(1)点云拼接。每站点云都是在其独立的扫描坐标系下，要进行三维点云建模，必须将不同测站的点云统一到一个坐标系下，点云拼接就是不同扫描坐标系下的点云统一到相同坐标系的过程。一般采用点云自动配准算法或者在外业采集时预先布设标靶球的方式进行自动拼接。

(2)点云去噪。由于受到仪器因素、环境干扰、人为操作等影响，不可避免会采集到一些噪声点，这些噪声点不仅会影响点云模型的精度，也会对成果制作造成较大的干扰，因此，需要对点云进行去噪处理。对于植被、行人和车辆等干扰型点云，直接进行批量去除，而对于一些像玻璃投射、折射的点云，则可以通过对点云的不同着色进行过滤。在内业成图时，通过设置合适的厚度，对点云进行切片，结合拍摄的纹理照片，也可以对一些无规律的噪声点云进行滤除。

(3)坐标转换。拼接后的点云坐标系是扫描坐标系，需要将点云从扫描坐标系转换到地理坐标系。一般是通过在控制点架设标靶来进行扫描，通过扫描坐标系下的标靶坐标与标靶的控制点坐标来计算转换参数，转换过程通常采用布尔莎七参数模型。

此外，激光点云同步采集的影像处理完成后，应将点云和影像进行配准，制作彩色点云。

4.3.6　质量控制

激光点云的质量控制是指利用一定数量的外业控制点对点云产品的质量进行验证和分析。

对于机载点云，其点云密度不应少于 35 点/m^2。高程中误差为：平地 0.15m，丘陵地 0.25m，山地 0.35m，高山地 0.5m。最大允许误差不超过中误差限差的 2 倍，在植被密集区域、反射率较低区域(如水域、光滑表面等易形成镜面反射的区域)等特殊困难地区，点云高程中误差可放宽 0.5 倍。

对于车载和架站式点云，在点云数据中找出空间位置与已测控制点相对应的激光点，将其坐标与控制点的实测坐标进行比对，并计算误差；或者，在采集路段中选取易于分辨的特征点作为检查点，并用测量仪器量测其坐标值，与采集数据中的对应激光点坐标进行比对，并计算误差，最后制作精度报告。点云的点间距不应低于 2.5cm；特征点相对精度不应低于 5cm，点云平面绝对精度不应低于 7cm，高程绝对精度不应低于 5cm；室内或地下空间的点云平面绝对精度不应低于 10cm，高程绝对精度不应低于 15cm；颜色赋值后的点云在重叠区域应无明显色彩差异。

4.4　智能处理关键技术

为了最大限度地从多模态全息数据中获取对基础地理实体构建有用的信息，需要综合利用人工智能、深度学习等智能化处理技术，探索多平台点云数据、多源异构数据的智能融合技术，实现空天地、室内外一体化处理。在融合全息数据的基础上，需结合人工智能、云计算、大数据技术实现二维和三维场景数据中地理要素的自动化或半自动化采集，全面提升基础地理实体采集与构建的智能化水平。

全息数据的数据包括空中、地面、地下、室内、室外等空间位置的影像、点云等结构化、半结构化、非结构化的多模态数据，其在数据维度、数据精度、表现形式等方面存在较大差异，致使数据高精度融合与地物要素智能提取面临巨大挑战。现有方法大多基于单一模态数据提取地理要素，存在场景特征表达能力弱、对象化和语义化困难、泛化能力不足等局限，急需实现融合多模态数据的基础地理实体智能化采集。

为此，国家新型基础测绘建设武汉试点专班联合武汉大学杨必胜教授团队，从多平台点云数据智能融合、多源异构数据智能融合及典型地物要素智能提取等方面，开展了系列研究，提出了系列创新理论与技术方法。

4.4.1　多平台点云数据智能融合

由于单一平台的激光扫描系统观测范围、观测视角有限，为了获取大规模城市场景全方位的空间信息，需要进行多平台激光扫描系统(如机载、车载、架站式、便携式等)协同观测和多平台数据的高精度融合，以弥补单一视角、单一平台带来的信息缺失问题，实现大范围城市场景完整、精细的数字现实描述，为基础地理实体生产提供高质量的数据支撑。

由于多平台激光点云数据的位置精度、点云密度、观测视角等各有不同，对特征精细刻划、同名特征鲁棒匹配、映射模型优化等提出了更高的要求。目前，国内外仍然缺少一种普适性和稳健性较强的多平台点云高精度融合方法，限制了多平台激光扫描系统在基础地理实体生产中的应用。

因此，国家新型基础测绘建设武汉试点专班提出了一种层次化多平台点云高精度融合方法，提高了多平台点云融合的精度和效率，充分发挥了多平台点云数据在基础地理实体生产中的作用。该方法主要包括多平台点云位姿图构建，位姿图局部优化和位姿图全局优化3个核心步骤，整体技术路线如图4.6所示。

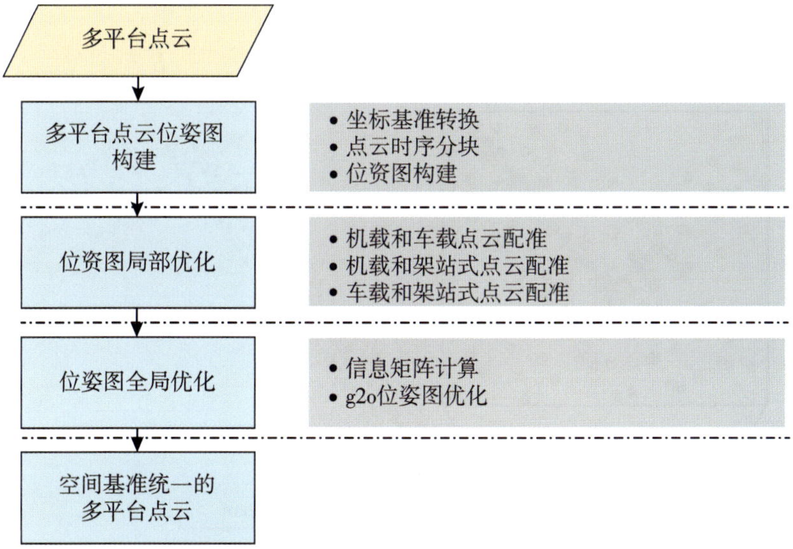

图4.6 多平台点云高精度融合技术流程

1. 多平台点云位姿图构建

多平台点云位姿图构建的主要目的是粗略地建立起多平台点云(如机载、车载、架站式、便携式等)之间的相对位置关系，为后续的局部和全局优化提供基础，具体步骤如下：

(1)为满足多平台点云之间刚性变换的假设，采用时序分块方法将点云分割为更小的单元。以机载点云为例，对于单条航带的机载点云，根据轨迹提供的航行速度和人为设定的分段距离①，计算出点云块时间间隔，并由此进行点云分块。车载点云和便携式点云按照与机载点云相同的方式进行分块。

(2)为高效获得多平台点云数据之间的邻接及重叠关系，首先读取las格式点云的头文件，得到点云包围盒信息，并由此计算包围盒中心，得到多平台点云包围盒图。

① 实际生产中采用30m的分段长度。

(3)将各点云块(站)按照采集平台类别分为四类节点(地面站点云、机载点云、车载点云、背包点云)，每个节点代表着相应点云块(站)的位姿变量。对于位姿图，可以规定两类约束：重叠配准型约束和航迹平滑型约束。对于机载、车载、便携式三类移动测量点云数据，其时序相邻块之间可构建航迹平滑型约束，即为了保持整体点云变换的平滑性和点云内部的一致性，一条航迹上时序相邻点云块之间的位姿变换应该越小越好。再对任意点云块节点，以其包围盒中心构建 Kd 树空间索引，搜索与其最邻接的 K 个(例如，8 个)包围盒中心点。对这 K 个邻近包围盒，计算包围盒之间的重叠度，若重叠度大于 20%，则认为两点云块(站)之间具有足够的重叠度，将这两个点云块(站)节点间建立一条重叠配准约束边，即完成了点云位姿图的构建，如图 4.7 所示。

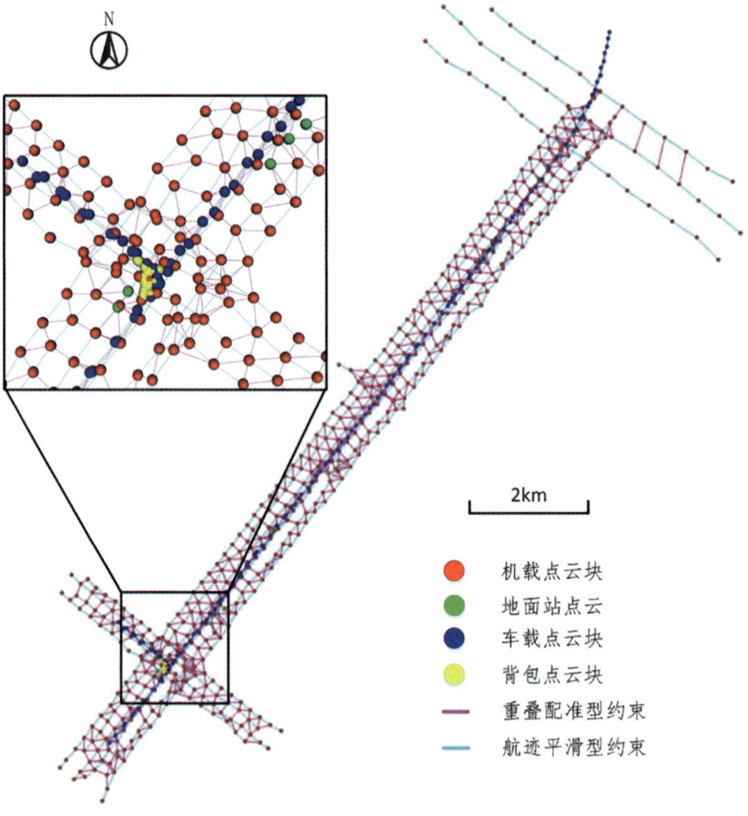

图 4.7　多平台点云位姿图

2. 多平台点云位姿图局部优化

多平台点云位姿图局部优化的主要目的是实现位姿图中任意相邻节点之间的数据配准，为后续位姿图全局优化提供良好的初值，加快位姿图全局优化收敛速度，主要包括同平台数据配准和跨平台数据配准两种类型。

(1)同平台点云配准。采用 Trimmed-ICP 算法对同平台机载点云、架站式点云、便携式点云进行配准。在每次迭代中，由近邻半径阈值搜索估计两点云的重叠度，再根据重叠度计算近邻对应点距离阈值。然后去除最近邻距离大于阈值的冗余外点，仅由内点作变换估计。在下一次迭代之前，再在剩余内点中估计重叠度以确定新的距离阈值。Trimmed-ICP 示意图如图 4.8 所示。

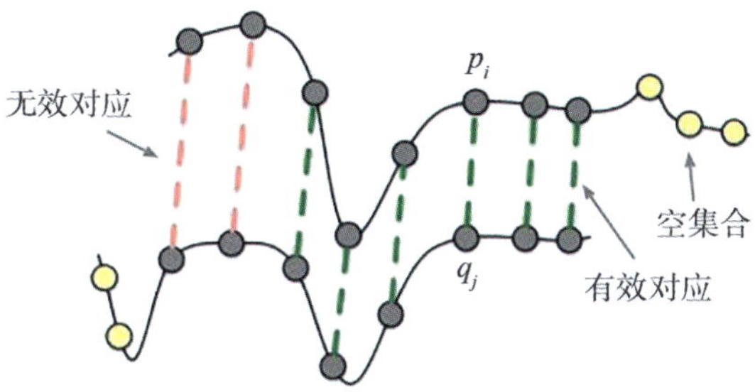

图 4.8 Trimmed-ICP 示意图

(2)机载和车载点云配准。为克服点密度差异和视角差异对配准精度的影响，利用平面特征作为配准基元，以车载点云为参考，将车载点云与机载点云进行配准融合，总体流程如图 4.9 所示，具体方法如下：

①对车载点云进行预处理，去除建筑物内噪点的干扰；

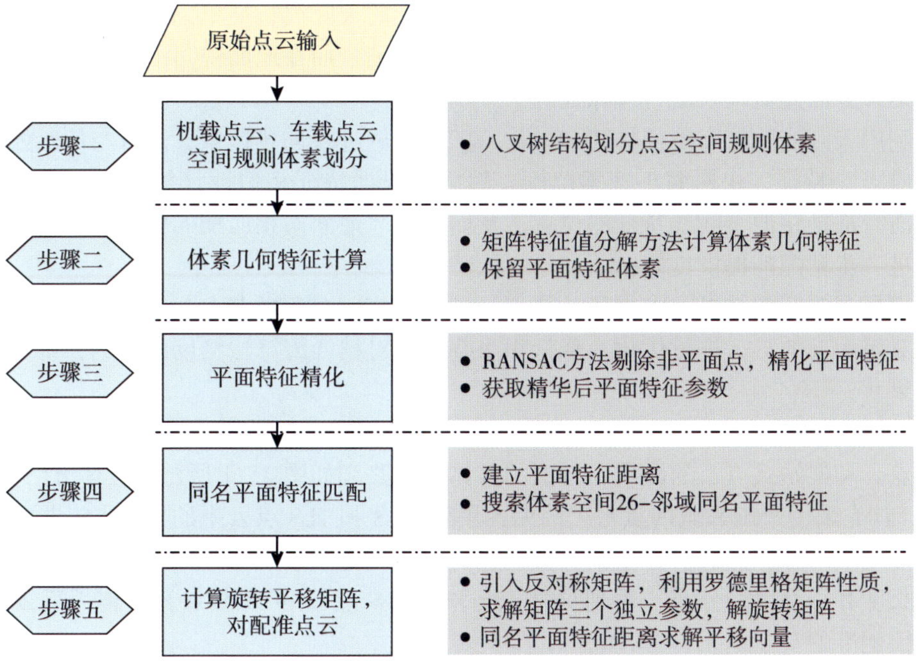

图 4.9 机载和车载点云配准

②利用八叉树结构分别对车载点云与机载点云建立索引，并按给定分辨率划分体素；

③分别在机载点云、车载点云中所有体素利用协方矩阵特征值分解方法，计算体素内点云协方差矩阵的三个特征值，判断体素的线性、面性、球性特征，随后仅保留面状特征；

④对机载点云和车载点云中保留的具有面状特征的体素利用 RANSAC 方法，进行面特征的精细提取，剔除非平面点对参数计算的影响；

⑤根据体积元素(三维空间的最小单元，与图像中像素对应)内特征的计算的平面参数，以法向量方向与平面间距离为约束，以机载点云为基准，寻找机载点云与车载点云对应的同名平面特征对；

⑥根据同名平面特征，分两步计算机载点云与车载点云间的旋转变换参数；

⑦利用改进 ICP 算法(Yang 等，2013)对粗配准的点云再进行调整。

(3)机载和架站式点云配准。利用天际线上下文描述子(Skyline Context)作为配准基元，实现机载点云和架站式点云的配准，该方法的整体技术路线如图 4.10 所示。具体方法如下：

①利用地面点滤波方法，提取机载点云中的地面点，然后进行均匀格网化，选取每个水平格网内的中心，加上一个预设的架站高程参数，作为可能的地面架站位置，构建候选点集。在每个候选点位置，通过三维格网划分和可视性滤波，提取其天际线信息作为特征，从而生成天际线特征词典。

②架站式点云经过地面点滤波、去噪等预处理，再通过三维格网划分和可视性滤波，得到鲁棒的架站式点云的天际线信息，生成待匹配的天际线特征单词。在城市场景中，电力线等线状物在机载点云中往往很难被完整地观测到，而在地面视角下又容易干扰天际线的计算结果，因此被单独进行滤除处理。

③利用天际线的轮廓特征构建 kd 树，基于 kd 树进行词典搜索，选取与待匹配单词最相近的前 K 个特征，快速缩小搜索范围，然后再根据特征相似性计算公式，确定候选集中与地面特征最相似天际线特征的位置，从而找到与地面站相匹配的候选点，实现初步定位，为进一步精配准提供良好初值。

④根据词典匹配结果，求得架站式点云到机载点云的转换矩阵，再基于 Trimmed-ICP 算法，对粗配准的点云进行优化，降低小重叠区域对精匹配算法精度的影响，得到高精度融合结果。

(4)车载和架站式点云配准。利用基于二进制上下文形状描述子的层次化配准方法实现车载点云和架站式点云的配准，方法的整体技术路线如图 4.11 所示。具体方法如下：

(1)首先采用三维邻域内点密度约束，剔除 MLS 和 TLS 点云中的异常点，并对剩余点云进行规则下采样；然后沿着车辆行驶轨迹的方向，将 MLS 点云在 XY 平面内按着一定的宽度、长度和重叠度切分成一系列局部点云块。TLS 点云和 MLS 点云块作为后续特征计算和点云配准的基本单元。

(2)计算 TLS 点云和 MLS 点云中关键点的局部特征描述子以及 TLS 点云和 MLS 点云块的点云整体聚合描述子。

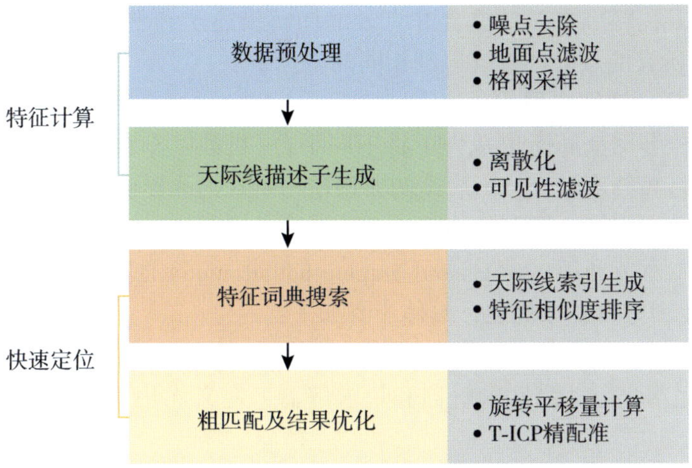

图 4.10　架站式与机载激光点云数据高精度融合流程图

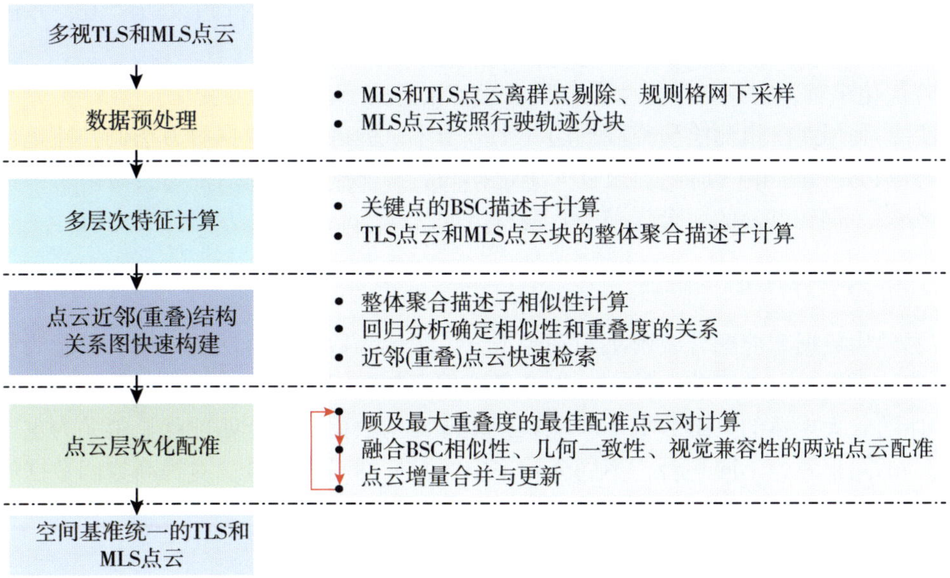

图 4.11　地面与车载激光点云数据高精度融合流程图

(3)利用基于点云整体聚合描述子相似性的相邻(重叠)点云高效索引方法，实现点云近邻(重叠)结构关系图快速构建，降低地基多平台激光点云配准算法的复杂度。

(4)优先配准点云近邻(重叠)结构关系图中相似度最大的点云对，并采用融合描述子相似性、几何一致性和视觉兼容性的两两点云配准算法，对整体聚合描述子相似度最大的两组点云进行配准。

(5)首先利用描述子的特征相似性进行同名点集的匹配，然后利用几何一致性约束剔除错误匹配的同名点对，最后利用剩余的同名点对计算点云之间的空间转换参数。

(6)对步骤(4)中的点云进行视觉兼容性测试，把满足视觉兼容性的源点云与目标点云合并为新的点云，然后重新计算合并点云的局部描述子和整体聚合描述子，重复步骤(4)~(5)，直到所有的点云都被统一到相同的坐标系下。

3. 多平台点云位姿图全局优化

多平台点云位姿图全局优化是为了将不同平台(机载、车载、架站、背包等)获取的激光点云数据进行高精度融合，为后续的典型地物要素提取提供高质量的数据保障。

在前述章节已完成了位姿图的构建，并已经通过局部优化对位姿图中的重叠配准型约束边进行赋值，本章节利用 g2o(general graphic optimization)通用图优化开源库(Grisetti et al.，2011)对位姿图进行整体优化，具体步骤如下：

(1)根据约束边的类型和连接节点的点云平台类型赋权，确定权阵(信息矩阵)QAB。

(2)配置优化器：定义线性求解器和块求解器，定义优化方法为列文伯格-马夸尔特(L-M)法。

(3)定义所有节点类型为 se(3)型位姿节点，并全部赋初值为单位 se(3)。将 TLS 站节点作为基准节点固定，其他节点不固定。

(4)定义所有约束边类型为 se(3)到 se(3)的二元约束。进行约束边赋值，并进行赋权。对约束边规定 Huber 鲁棒核函数。

(5)优化求解，得到各节点参数，即各节点对应点云块的位姿变化。

最后，利用武汉市测绘研究院周边 3 平方千米试验区域的数据对方法的性能进行了测试，如图 4.12 和图 4.13 所示。通过人工选择同名特征点，计算结果与实验结果进行对比和统计分析，得到点云的融合误差为：高程方向优于 5cm，水平方向优于 10cm。

4.4.2　多源异构数据智能融合

多源异构数据智能融合要解决多平台点云、影像等数据融合问题。倾斜摄影测量、激光点云等技术提高了数据获取效率，提升了数据更新频率，使得大量三维数据的获取成为可能。伴随着大规模的三维数据不断积累，多源异构数据的融合匹配就显得尤为重要。实现海量、不同来源、不同平台、不同分辨率空间数据的高效融合，对提高空间数据的使用效率、提升基础地理实体的生产质量具有重要的现实意义。

图 4.12　武汉市青年路多平台点云高精度融合结果

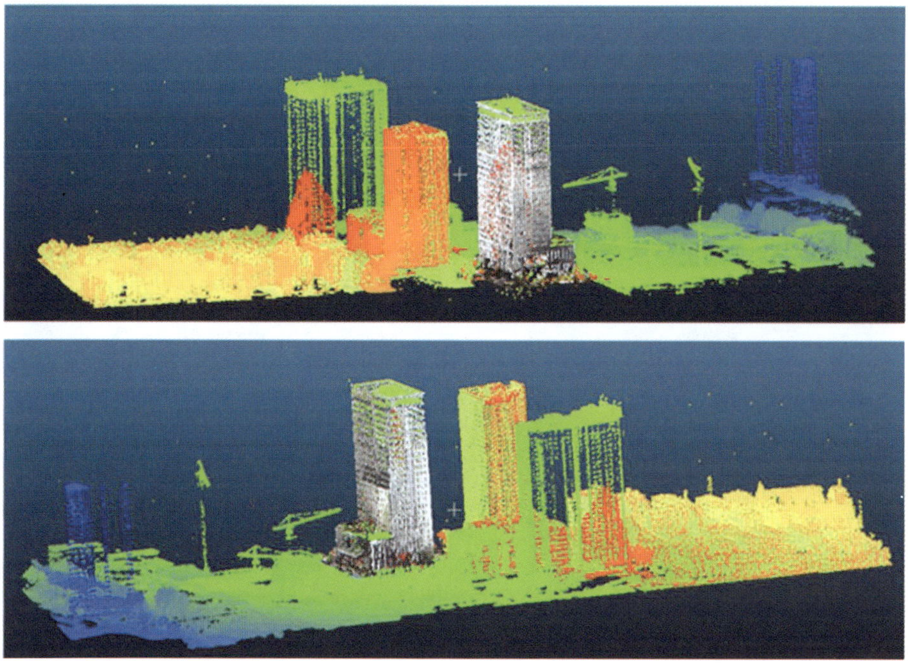

图 4.13 武汉市测绘研究院多平台点云高精度融合效果

由于点云数据与遥感影像的维度、采样粒度均不同，而且两者之间的映射关系复杂，尽管现有的商用移动测量系统提供了传感器之间的标定参数，但是难以建立点云与影像之间的精确对应。高精度配准点云和影像生成具有纹理属性的彩色点云，是两者优势互补的重要手段，同时也是辅助提高空间数据分类与目标提取结果的有效途径。

本书从数据配准的综合误差出发，提出了一种三维点云和影像配准方法，广泛适用于机载激光扫描点云与框影幅式影像自动配准、车载激光扫描点云与全景影像的自动配准。该方法主要包括多类型配准基元提取、同名配准基元鲁棒匹配、基于同名基元匹配的粗配准、基于迭代最近邻点算法的精配准等 4 个核心步骤，整体技术路线如图 4.14 所示。

1. 多类型配准基元提取

配准基元是进行配准模型解算的基础几何对象，包括点、线、面、体及其组合。建筑物作为城市场景中人工构筑物的主体，其顶面、立面多数具有规则形状，与邻近环境之间存在阶跃。因此，在三维点云和影像配准模型中选取建筑物的顶面、立面作为配准基元，具有实用性与代表性。

(1) 在机载激光扫描系统采集的城市场景数据中蕴含了大量的建筑物屋顶信息，建筑物屋顶的边界线可作为配准基元进行机载点云数据与影像的配准。

(2) 车载移动测量系统采集的城市侧面数据蕴含了大量的建筑物立面信息，建筑物立面的结构线可作为配准基元进行点云数据与影像的配准。

配置基元提取示例结果如图 4.15 所示。

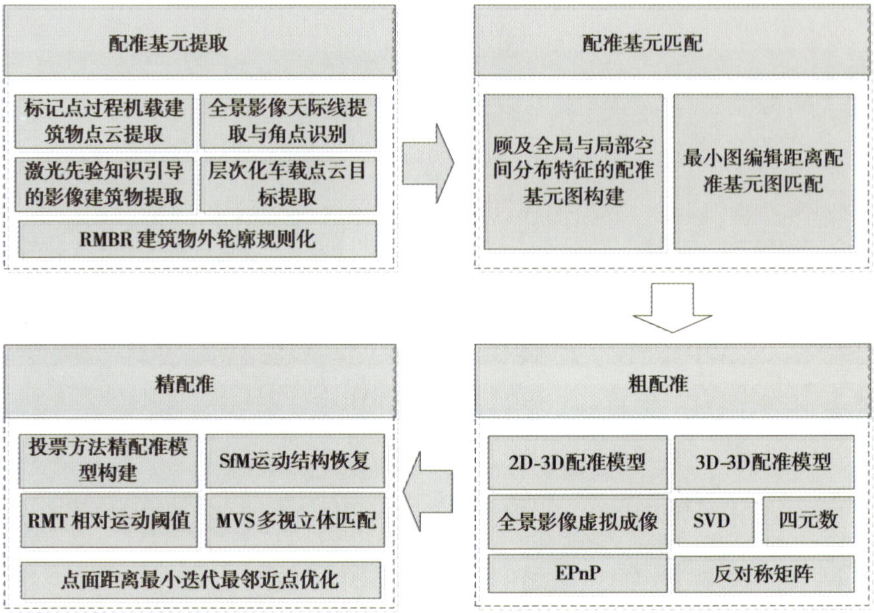

图 4.14　三维点云与影像数据配准技术流程

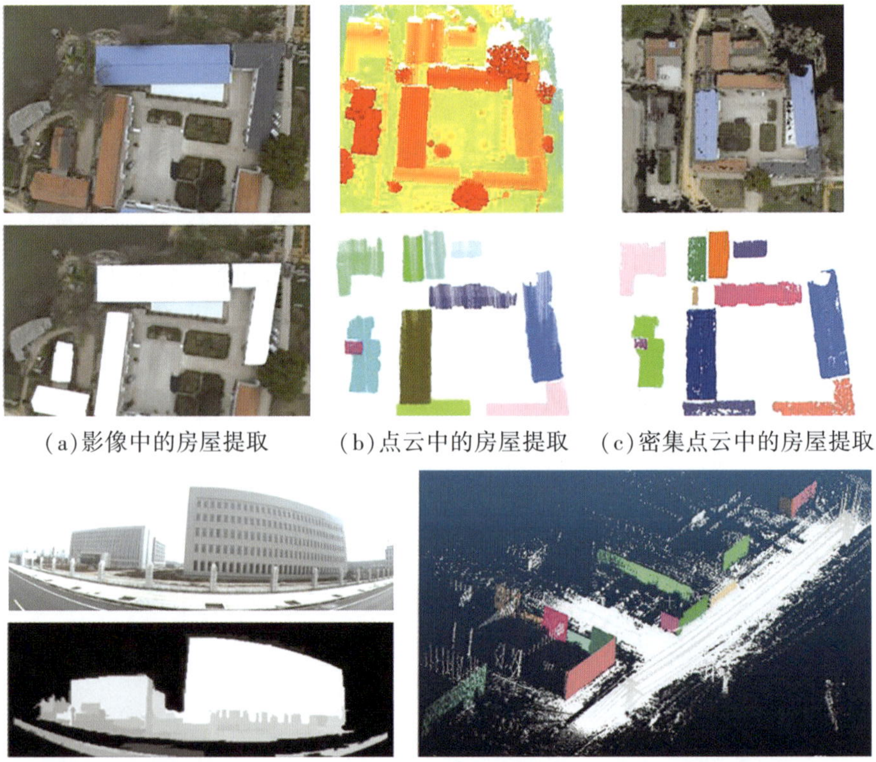

(a)影像中的房屋提取　(b)点云中的房屋提取　(c)密集点云中的房屋提取

(d)全景影像中的房屋立面提取　(e)LiDAR 点云中房屋立面提取

图 4.15　配准基元提取结果

2. 同名配准基元鲁棒匹配

在点云与影像中完成配准基元提取之后，需要对其进行匹配，形成同名的配准基元对，继而进行配准模型求解。本书提出一种基于图匹配的同名配准基元对生成方法。其匹配过程分为两步：一是利用配准基元提取结果构建配准基元图；二是利用三角形相似性实现最优同名配准基元匹配。具体步骤如下：

(1)利用配准基元构建配准基元图。选取配准基元提取结果作为配准基元图节点(E)，其空间连接作为配准基元图的边(V)，则激光点云、影像配准基元无向连通图可分别记为 $G_{las}=(E_{las}, V_{las})$，$G_{image}=(E_{image}, V_{image})$ 其中，V_{las} 和 V_{image} 分别表示点云和影像中检测得到的配准基元，E_{las}、E_{image} 分别表示点云和影像的配准基元之间的相邻边。激光点云与影像配准同名基元查找的问题则被转为 G_{las} 与 G_{image} 的图匹配问题。选取图顶点集合 E 中的任意 3 个顶点组合为三角形，则顶点 E 可能构成的三角形集合 GC 可表示为：

$$GC=\{G_i \mid G_i=(E, V(\mathrm{Root}(E))),\ i\in \mathbf{N},\ i<C_n^3\} \tag{4-1}$$

其中，$\mathrm{Root}(E)$ 为选取的三角形顶点，n 为顶点集合 E 的顶点个数；$V(\mathrm{Root}(E))$ 为以核三角形顶点为 $\mathrm{Root}(E)$ 自变量条件下的图边集合。对于有 n 顶点 E 的集合的配准基元图集合 GC 中，共有 C_n^3 个三角形。

使用配准基元提取结果构建的配准基元图如图 4.16 所示。

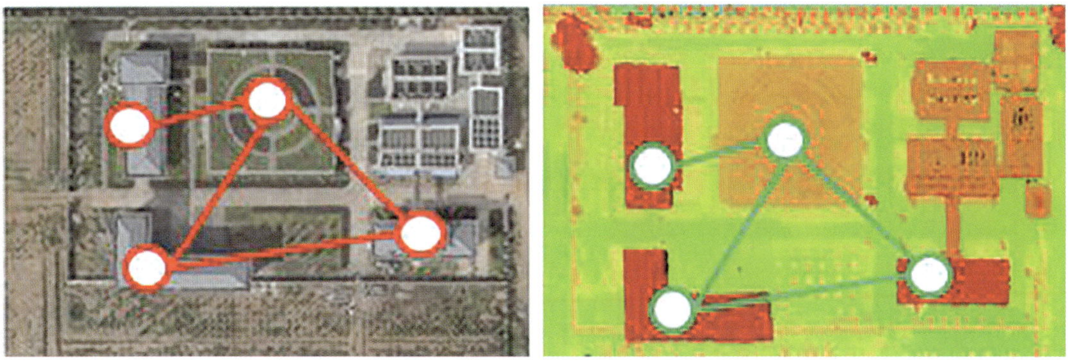

图 4.16　使用配准基元提取结果构建的配准基元图

(2)最优同名配准基元匹配。首先在配准基元图集合中进行三角形的匹配，生成三角形候选匹配对。记激光点云、影像配准基元图集合分别为 GC_{las}，GC_{image}，则：

$$GC_{las}=\{G_i \mid G_i=(E_{las}, V(\mathrm{Root}(E_{las}))),\ i\in \mathbf{N},\ i<C_n^3\} \tag{4-2}$$

$$GC_{image}=\{G_i \mid G_i=(E_{image}, V(\mathrm{Root}(E_{image}))),\ i\in \mathbf{N},\ i<C_n^3\} \tag{4-3}$$

其中，$\mathrm{Root}(E_{image})$ 与 $\mathrm{Root}(E_{las})$ 为边 E_{las} 和 E_{image} 构成的三角形，由于两者之间存在尺度上的差异，采用三角形的相似性作为配准基元图局部相似性测度，生成候选配准基元对。确定三角形匹配对后，两三角形之间的关系可以表示为：

$$\mathrm{Root}_i(E_{\mathrm{las}}) = T \cdot \mathrm{Root}_j(E_{\mathrm{image}})$$

其中，T 为匹配三角形之间的空间转换关系。$G_{\mathrm{las}}^i = (E_{\mathrm{las}},\ V(\mathrm{Root}_i(E_{\mathrm{las}})))$ 与 $T \cdot G_{\mathrm{image}}^j = T \cdot (E_{\mathrm{image}},\ V(\mathrm{Root}_j(E_{\mathrm{image}}))$ 之间的差异，描述了该三角形匹配对条件下的基元图的全局匹配程度。利用此匹配测度，获得全局最优的三角形匹配。

3. 基于同名基元匹配的粗配准

形成配准基元对后，利用同名基元对直接解算粗配准模型，实现模型参数的线性估计。数据配准过程本质上是一个空间坐标系转换过程，对于 LiDAR 点云中的配准基元 X，其共轭影像配准基元记为 x，则二者间的空间几何关系可表达为

$$X = T \cdot x \tag{4-4}$$

其中，T 为空间变换矩阵。

(1)对于普通针孔相机(透视相机)，式(4-4)的具体形式为共线方程，可以通过传统后方交会的非线性方法，以及 EPnP 线性方法对其进行求解。

(2)对于鱼眼相机、全景相机(非普通透视成像相机)，其影像成像模型为柱面、球面展开正射投影，通过虚拟成像的方式，将非透视成像模型的后方交会问题转换为与其等价的 PnP 问题，进行线性求解。

4. 基于迭代最近邻点算法的精配准

经粗配准后的，由于自动配准基元提取存在几何基元定位精度不足与提取完整性差等问题，不能实现数据的高精度对准，需要对其进行进一步优化。本书通过迭代最邻近点算法实现配准模型的优化。具体步骤如下：

(1)通过包含影像同名点匹配、相对定向、光束法平差过程的运动结构恢复方法恢复序列影像的外方位元素，并在此基础上使用多视立体匹配算法生成影像密集点云。

(2)将基于同名配准基元对解算的粗配准解转换为精配准模型中的空间坐标变换初值，稳健估计摄影测量坐标系与 LiDAR 坐标参考中的初始转换关系。

(3)选择迭代最近邻点算法 ICP 作为精配准模型，以影像密集点云与激光点云之间加权点到面的距离作为目标函数，采用迭代点间距离最小化算法，对粗配准模型参数进行精化，从而实现 2D 序列影像与 3D 激光点云的高精度、稳健配准。ICP 算法的具体步骤包括：①依据距离最短准则，在匹配基准点集中寻找待匹配点集的对应点，建立匹配点对，并使用匹配点对实现空间坐标转换模型的解算；②使用解算获得的转换模型对待匹配点集进行转换，重复上一步的最邻近点查找与模型解算；③不断重复上述两个步骤，直到达到设定的迭代次数或者预设的收敛条件为止。

机载点云和框幅式影像数据由粗到精的配准结果如图 4. 17 所示，车载点云和全景影像数据由粗到精的配准结果如图 4. 18 所示，机载点云和框幅式影像配准得到的彩色点云如图 4. 19 所示，使用车载点云和全景影像配准得到的彩色点云如图4. 20 所示。

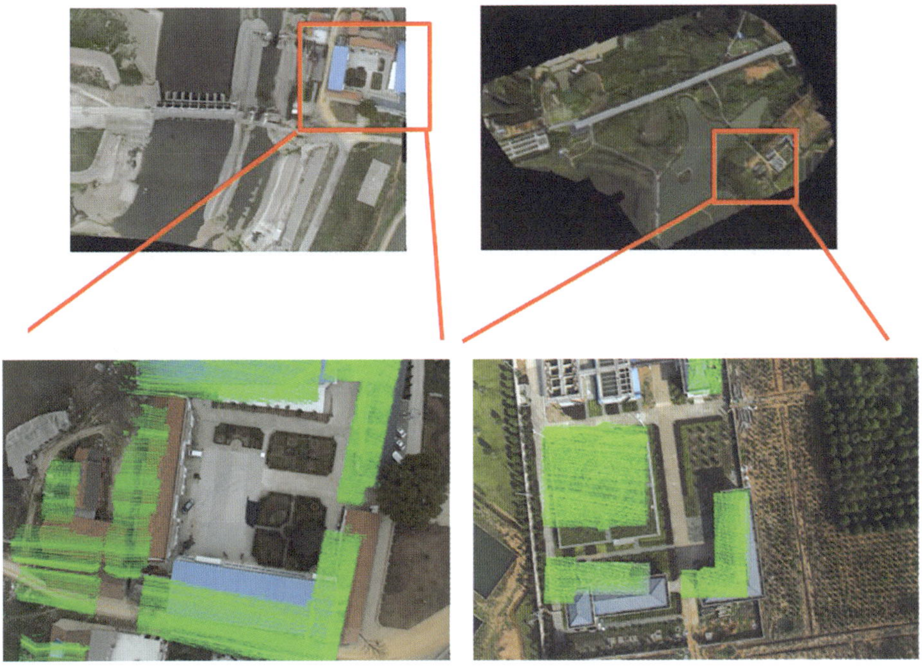

(a)直接地理定向的匹配结果

(b)粗匹配结果

(c)精匹配结果

图 4.17 机载点云和框幅式影像数据由粗到精的配准结果

(a)直接地理定向的匹配结果

(b)粗匹配结果

(c)精匹配结果

图 4.18　车载点云和全景影像数据由粗到精的配准结果

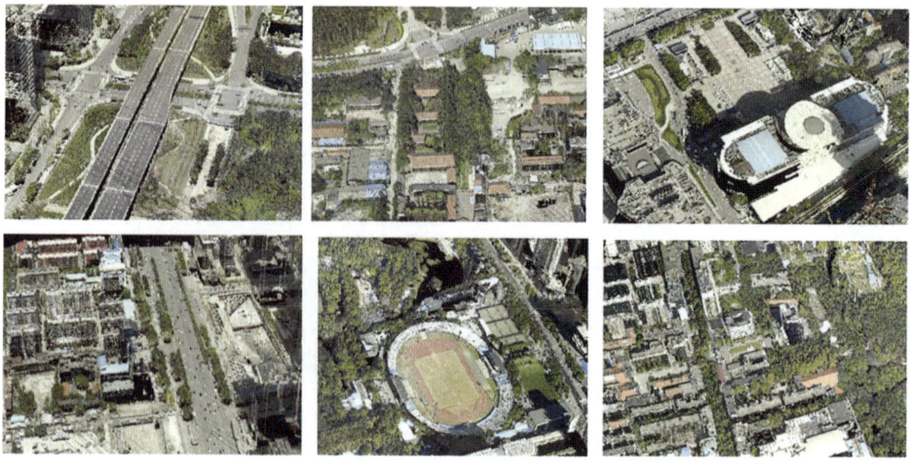

图 4.19　机载点云和框幅式影像配准得到的彩色点云

图 4.20 使用车载点云和全景影像配准得到的彩色点云

4.4.3 典型地物要素智能提取

1. 基于点云的要素提取

基于点云的典型地物要素智能化提取，是点云场景理解和各种应用(如智能驾驶、智慧城市等)的基础。当前，点云目标三维提取主要集中在基于特征(模板)和基于深度学习的三维提取两个方面。基于特征(模板)的点云目标三维提取方法依赖于特征描述子的特征描述能力。然而，由于场景中相邻目标之间存在着不同程度的遮挡、目标之间存在着形态上的差异(如尺寸、纹理、空间拓扑结构等)以及数据的不完整性等实际情况，基于特征(模板)的点云目标三维提取方法在地物目标提取的种类、完整度以及正确性方面还达不到令人满意的结果。基于深度学习网络的方法依赖于训练样本的选择和学习网络的泛化能力，但在网络架构设计、训练样本方面以及处理大规模点云场景方面，均存在不足。

本书以大范围城市作为研究场景，以融合后的数据作为主要研究对象，设计和搭建三维点云的深度神经网络模型，在标注的车载和机载点云数据集中进行训练、测试和验证，不断优化网络结构和参数，尝试实现多种地物要素(包括建筑物、树木、杆状地物、行人、汽车、输电线、道路等)的自动化提取，并获得实例层次的逐点预测结果。该方法直接使用点云坐标(x, y, z)作为输入，并端到端地预测每个点的语义标签。整体技术路线包括点云下采样、局部特征聚合、特征抽象和传播、损失函数 4 个核心步骤，如图 4.21 所示。

(1)点云下采样。本书将点云的空间采样过程分为三个部分：均匀采样、随机采样和最远点采样，这些采样过程应用于不同的网络层中。首先，对整个场景进行均匀格网采样，在一定程度上缓解点云的不均匀分布；然后，在网络的前几层中使用随机采样；最后，在网络的最后几层利用最远点采样，在不影响效率的情况下，尽量保留目标的轮廓信息。

(2)局部特征聚合。给定输入点集 $X^{\text{in}} \in \mathbf{R}^{N\times 3}$ 和相应的输入特征 $F^{\text{in}} \in \mathbf{R}^{N\times D_{in}}$，本书目标是学习下采样点集 $X \in \mathbf{R}^{S\times 3}$ 的局部空间表示。点云的聚合特征表示为 $F \in \mathbf{R}^{S\times D^l}$。为了简单起见，在此部分的局部特征聚合中，只以一个局部位置进行说明，而此聚合方法可以应用于特征抽象的整个点集。x 表示点集中的一个位置，f 表示相应的特征。鉴于点云的置换不变属性，以下讨论的函数都不依赖于输入点顺序。特征聚合模块如图 4.22 所示，本模块主要包含点分组、任意位置映射、空间和通道方向聚合。

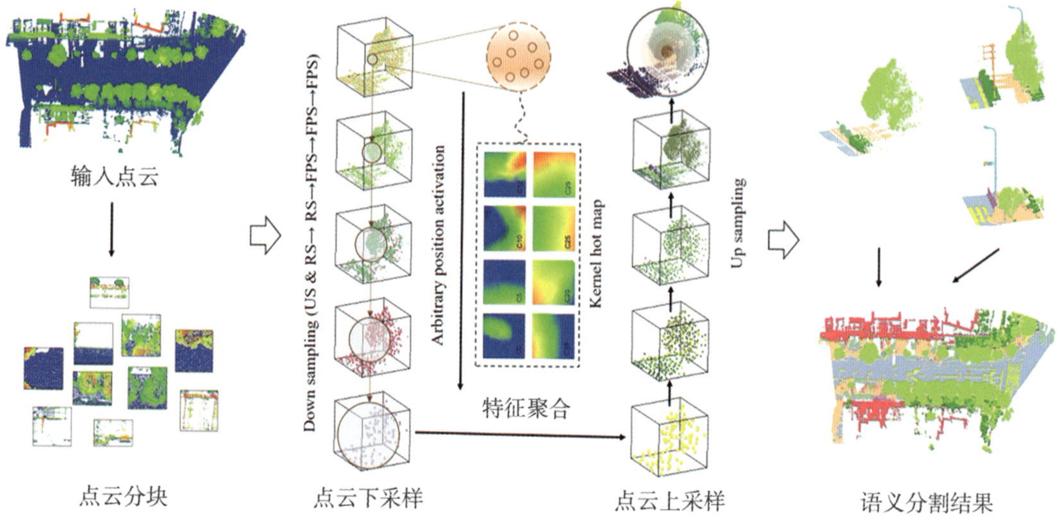

图 4.21　方法整体框架图

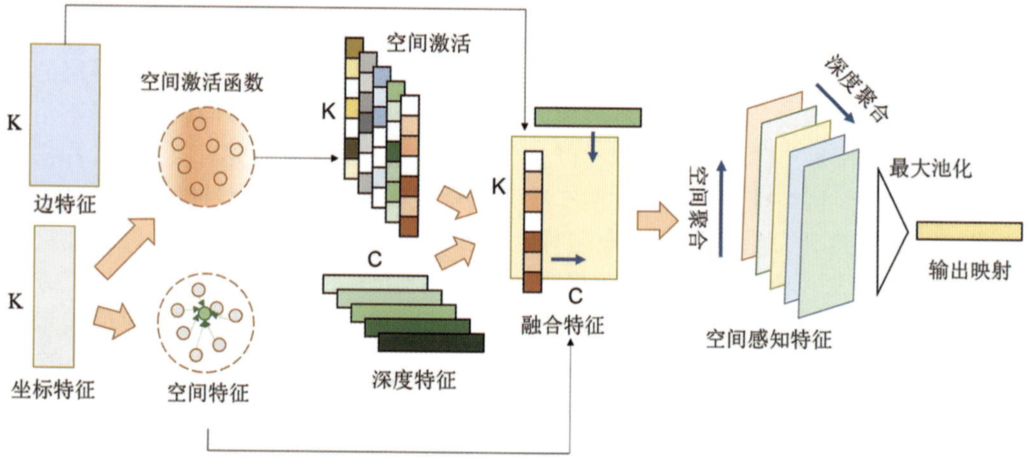

图 4.22　局部特征聚合

(3)特征抽象(Feature Abstraction)：聚合函数可以通过聚合点集 X 的局部特征来扩大感受野。依此类推，将多个类似的聚合块堆积起来，从而逐渐将特征映射到更高层次，并包含更抽象的信息，直到感受野覆盖大部分空间。在每个聚合过程之前，使用不同的空间采样方法根据抽象层次减少点数。然后将采样点和非采样点用于特征聚合。

$$F^{l} = \mathscr{A}(X^{l-1},\ X^{l},\ F^{l-1}) \quad l = \{0,\ \cdots,\ L\} \tag{4-5}$$

其中，$\mathscr{A}$ 是一个聚合函数，主要由对称函数 $\mathscr{G}$，$\mathscr{S}$和 $\mathscr{D}$组成，具有置换不变性，即

$$\mathscr{A}(X_{\mu}^{l-1},\ X_{\mu}^{l},\ F_{\mu}^{l-1}) = \mathscr{A}(X_{\nu}^{l-1},\ X_{\nu}^{l},\ F_{\nu}^{l-1}) \tag{4-6}$$

式中，μ 和 ν 表示两个不同的排列顺序。

特征传播(*Feature Propagation*)：首先，为了获得 l^{th} 层特征，使用 l^{th} 层坐标进行三线

性插值(Trilinear Interpolation)，获得加权特征作为插值点。然后，使用跳跃连接聚合过程中将插值点与对应层 $\tilde{l}$ 的点级联。最后，将融合后的特征点映射到低维特征空间。传播过程可以定义为

$$P^{l}=\mathscr{M}(I(X^{l-1},\ X^{\tilde{l}},\ F^{l-1})\oplus F^{\tilde{l}}),\ \tilde{l}=\{L,\ \cdots,\ 0\} \tag{4-7}$$

其中，$l=2L-\tilde{l}$，$\mathscr{M}$ 表示特征映射(如 MLP)，I 表示插值函数。此过程重复多次，直到上采样点数与输入点数相同为止。

(4)代价函数。由于数据集中的点数在不同的类别中差异很大，虽然可以简单地分配不同的类权重，以平衡网络的监督信号，但不同的权重分配策略也会对结果有较大的影响。本书主要根据训练过程中存在的点数，更关注小样本的学习。因此，本书的损失函数旨在平衡少数类的性能和整体类的性能。本书的加权交叉熵定义为

$$L=-\sum_{c=1}^{M}\frac{\prod_{i=1,\ i\neq c}^{M}\sqrt{N_i}}{\sum_{i=1}^{M}\sqrt{N_i}}y_c\log(p_c) \tag{4-8}$$

其中，N_c 是训练过程中出现的 c^{th} 类的总点数，M 表示类数，y_c、p_c 分别表示 c^{th} 类的真实标签向量和预测标签向量。

图 4.23 显示了车载点云不同测试场景的预测结果，车载点云语义分割结果细节如图 4.24 所示。

图 4.25 显示了机载点云不同测试场景的预测结果，左侧为原始点云、中间为网络预测结果，右侧为人工标记结果。

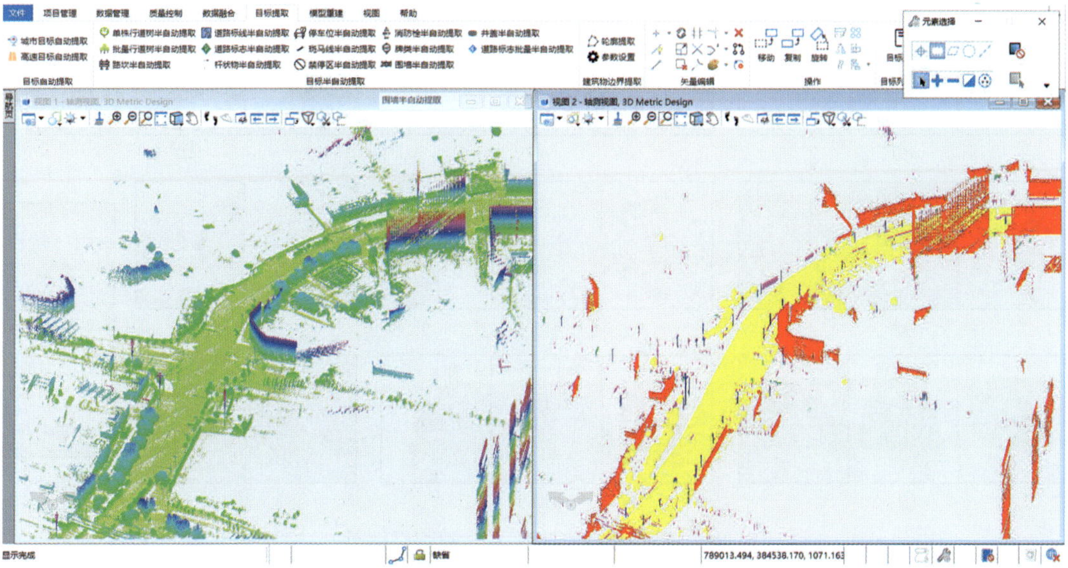

(a)场景 1

图 4.23　车载点云语义分割结果(1)

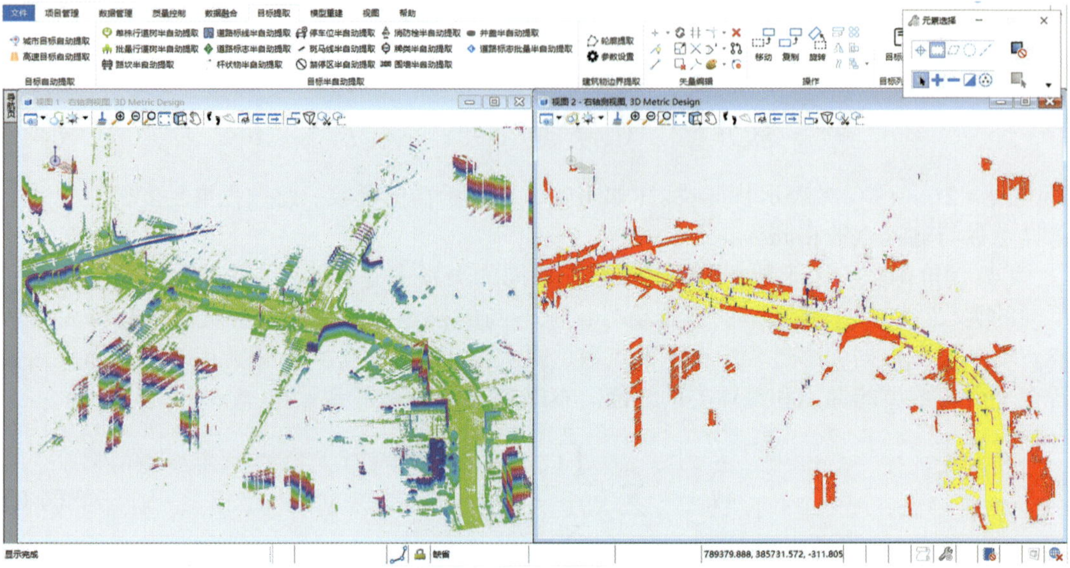

(b)场景 2

图 4.23　车载点云语义分割结果(2)

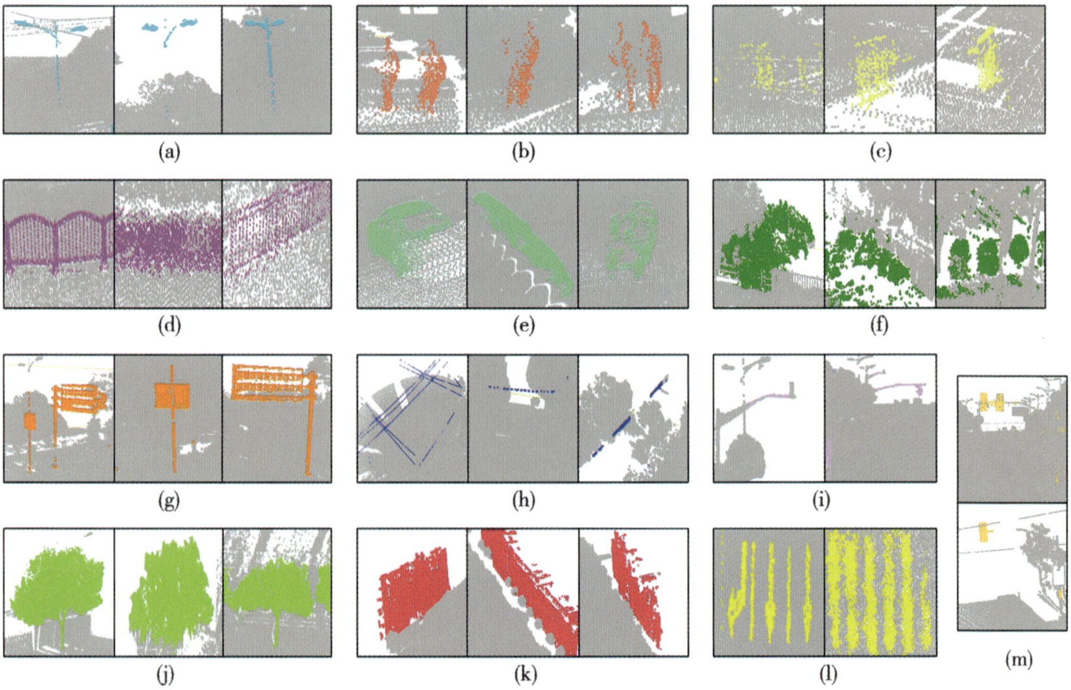

图 4.24　车载点云语义分割结果细节

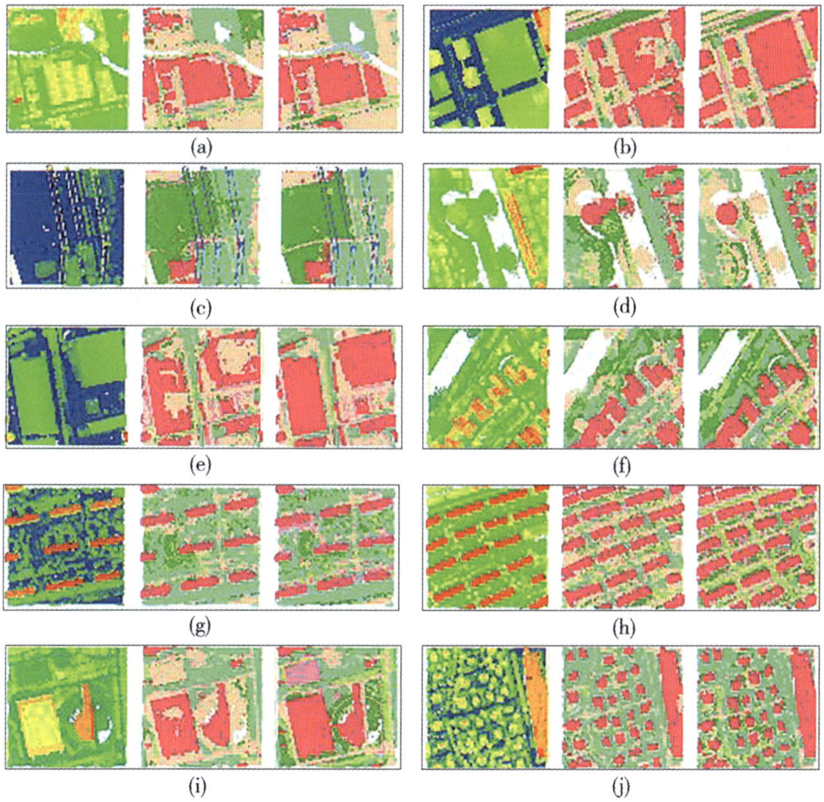

图 4.25 机载数据语义分割结果

2. 基于影像的要素提取

近年来，以卷积神经网络模型为典型代表的深度学习技术带动了遥感影像要素提取研究的迅速发展。相较于传统的人工定义指数和浅层机器学习方法，卷积神经网络模型通过对海量图像的深层特征建模，实现了图像信息的有效提取，在非样本数据集上的泛化能力显著增强，更加适用于大范围城市综合地理要素的提取与应用。

当前遥感影像目标分割方法面临两个主要问题：方向问题，边界框的精度问题。Facebook AI Research（FAIR）研究科学家何恺明提出的 Mask R-CNN 在 Faster R-CNN 原有架构的基础上增添了目标掩膜预测分支，从而将目标的检测、分类、分割纳入到统一的卷积神经网络模型中，能较好地解决上述问题。因而本书选择 Mask R-CNN 为语义分割检测中的基础算法。具体来讲，基于影像的地物要素提取可以分为以下几个步骤：

(1)样本人工标注。模型训练的第一步是制作样本。样本是指放入深度学习网络中进行学习的数据，主要是选择矢量的测试影像，利用工具在影像上标记出建筑物的外轮廓，并将外轮廓坐标串以文件的形式保存。由于遥感影像的像素尺寸一般较大，一般的工具软件无法一次性加载和显示，因此，首先需要对影像进行分块，裁剪成适当的大小。然后利用标注工具进行人工标注，勾勒出建筑物的轮廓。最后需要编写程序，将使用工具软件标注好的样本转换为深度学习框架能处理的格式。

(2)样本自动生成。以建筑物为例，DLG 线划图是最常见的测绘产品之一，可以通过全野外数字地形图测量或航测方式生产，是测绘单位使用最多的一种产品形式。从 DLG 中提取出房屋要素坐标范围，并自动从相应的影像上截取出房屋影像的像素，则可以自动化的生成样本数据。这样，一方面避免了人工制作产生标注错误，节约了大量的时间和人力、物力；另一方面方便获取更大容量的数据集，提升检测模型性能，实现了测绘实际生产与深度学习数据集制作的同步。图 4.26 是基于 DLG 自动生成样本的流程图。图 4.27 是 DLG 线划图局部简化前后对比。

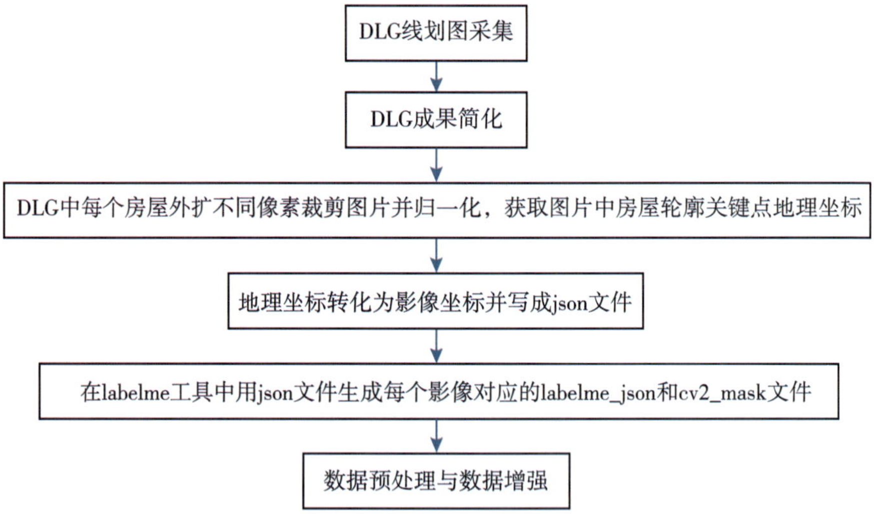

图 4.26　基于 DLG 的样本自动标注流程

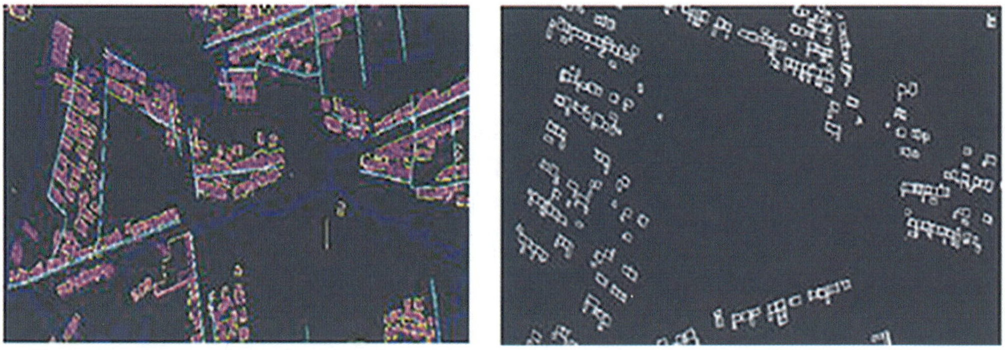

(a) DLG 线划图简化前　　(b) DLG 线划图简化后

图 4.27　DLG 房屋提取

(3)样本数据增强。不同的检测目标在影像中的分布规律、形状大小、排列方式和纹理信息千差万别，而深度学习主要是对检测目标的纹理特征进行学习训练，传统的数据多为遥感影像以及图片，不能获取同一目标在多角度多方位下的全面丰富的纹理特征，不能很好地解决判别面偏向，影响模型的性能。本书采用的数据增强方式除了传统的图像旋转平移、色彩抖动、图像平移、尺度和对比度变换、噪声扰动方法以外，还充分结合遥感影像数据源的特点增加了新的数据增强方式，方法如下：

①为了使得训练模型更好地学习建筑物丰富的特征，解决判别面偏向问题，提升模型整体性能，本书选取了无人机倾斜影像作为数据源的一部分，对同一建筑物，可以从不同角度获取纹理特征，模型更好地检测与学习建筑物特征。此外，还可以对样本图像数据进行人为的仿射变换，模拟实际照片拍摄过程可能存在的倾斜、平移、缩放等变形规律，实现样本的增广。

②采取类别不平衡数据的增广的类别平衡策略。

③选取不同地区不同季节不同光照条件下的影像数据。

④图片随机顺序生成。在数据增强过程中同一建筑图片会连续出现，会导致模型在训练过程中对同一建筑的特征进行连续学习，出现过拟合现象，因此本书将数据样本顺序打乱后再进行随机排序，从而在训练过程中达到提升模型性能的作用。

(4)特征检测器的选取。传统的卷积神经网络中采用的特征检测器有很多种，针对不同检测目标的特征属性，可以选择不同的特征检测器，但由于本书的主要检测目标是建筑物，遥感影像中的建筑物分布规律、形状大小、排列方式和纹理信息都千差万别，而深度学习主要是对检测目标的纹理特征进行学习训练。如何很好地处理在合适自身数据量的训练样本的同时又可以使得训练模型充分学习到建筑物特征，十分关键。传统的 Mask R-CNN 中的 ResNet+FPN 网络结构可以用来检测目标的特征，实践证明，它虽然在传统 AlexNex 网络的基础上通过增加网络深度大幅度提高了网络性能，但是具有较强的鲁棒性和适应性。本书对比了 ResNeXt101 与 ResNet101 特征检测器的网络结构和性能，发现 ResNeXt101 网络结构作为 Mask R-CNN 算法检测目标的特征检测器表现结果较好。

(5)目标提取。选择合适的网络，训练好模型后，即可将待检测影像输入深度学习网络进行检测，从而得到目标物的类别、位置以及轮廓范围。

(6)目标轮廓优化。国内外学者在基于遥感图像的建筑物轮廓检测方法方面做了大量研究，但是随着现实生活中的建筑物场景日趋复杂，传统方法已经无法满足不断提升的精度和效率的要求。而本书算法的检测结果不但可以获取检测建筑物的定位框，而且可以获取建筑物的轮廓的二值 Mask，但提取的边缘不够平滑。因此，本书采用了一种边缘平滑算法。

建筑物轮廓的提取与优化算法主要分为以下几步：首先对 Mask R-CNN 建筑物检测模型的检测结果得到的二值 Mask 影像进行高斯滤波，对其进行平滑处理；之后采用经典的 Canny 算法，对影像中的建筑物边缘进行初步检测提取；再通过 OpenCV 中的 Find counter 算法，对上一步检测到的结果按照不同的简化方法和要求进行逐步简化；最后对简化得到的建筑物轮廓多边形进行面积计算，再按升序排列，从中取一个面积大小为中间值的建筑物轮廓多边形为最终的建筑物轮廓的提取与优化结果。流程如图 4.28 所示，优化效果如图 4.29 所示。

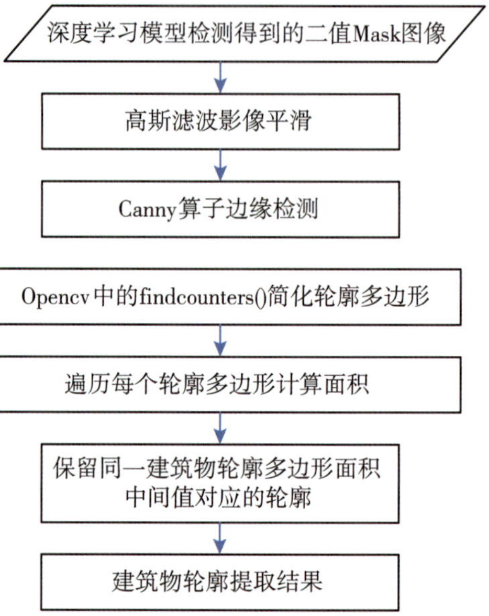

图 4.28　建筑物轮廓优化流程图

图 4.29　建筑物轮廓优化效果

4.5　基础地理实体图元采集规则

根据附录 A~E 规定，每一个基础地理实体都是由特定的几类相关图元组成的。为保证基础地理实体的数据质量，在采用合格源数据的基础上，需通过一定的规则来规范图元的采集。在所有基础地理实体中，管线主要分布在地下，无法通过倾斜摄影或激光点云采集，区域与界线一般采用直接继承存量数据的方式，地貌与矿产不是城市新型基础测绘的主要采集对象，故本节将介绍居民地及设施、水系、用地与院落、交通等代表性实体的图元采集规则，并针对倾斜模型单体化结果，给出体图元的采集规则。

4.5.1 居民地及设施图元采集

1. 房屋

图元采集规则：采集房屋的第五立面，即屋顶面，为房屋的构件图元；按照自然幢选取已采集的第五立面，自动生成房屋楼栋的范围线，为房屋的根图元；采集阳台、雨罩、檐廊、挑廊、廊房等，为房屋的构件图元。

房屋根图元属性填写规则：基础地理实体名称、地址、所有者/主要管理者、产生时间和其他属性字段依据外业调绘结果填写；基础地理实体分类码、图元名称、图元编码按照标准对应填写；测取时间填写数据的外业获取时间；存续时间填写生产的当前时间。

房屋构件图元属性填写规则：架空层数、顶部高程和底部高程均依据源数据填写。

2. 房屋附属设施

图元采集规则：依据源数据，采集门顶、柱廊、门墩、室外楼梯、室外自动扶梯等的外轮廓，构建面图形，为房屋附属设施的根图元。

属性填写规则：遵循房屋附属设施根图元属性表相关规定。

3. 地下建筑及附属设施

图元采集规则：根据存量数据或者专题资料，生成地下建筑范围的根图元；采集地下建筑出入口、地下建筑物通风口，为地下建筑附属的根图元。

属性填写规则：遵循地下建筑根图元属性表和地下建筑附属设施根图元属性表相关规定。

4. 构筑物

图元采集规则：构筑物分为垣栅类、工矿类、农业类、公共服务类、风景名胜类和其他类。依据源数据，采集围墙、栅栏、院门、矿井、烟囱、牲口房、饲养场、打谷场、电话亭、报刊亭、自动取款机、邮筒、厕所、避雷针、球场、露天体育场塑像、烽火台、亭、土地庙、岗亭、喷水池、假石山、旗杆、水文站、支柱、游乐设施、台阶等的外轮廓，构建面图形，为构筑物的根图元。

属性填写规则：遵循不同类别的构筑物根图元属性表填写。例如，垣栅类填写关联院落、车行性质、通行类型；工矿类填写宽度、类型、状态；农业类填写类别、图示角度；公共服务类填写类别、类型、比高；风景名胜类填写类别、图示角度；其他类填写类型、图示角度。

4.5.2 水系图元采集

1. 河流

1）一般河流

图元采集规则：采集河流中心线构建根图元；采集河流常水位面为根图元；采集河流高水位面为主体图元。若河流长度过长，可分段采集。

属性填写规则：基础地理实体名称依据外业调绘名称填写；基础地理实体分类码、图元名称、图元编码按照标准对应填写；测取时间填写数据的外业获取时间；存续时间填写生产的当前时间。

2)河口

图元采集规则：采集河口汇合线构建根图元，即两条河流水面交汇的线。

属性填写规则：遵循河流根图元属性表相关规定填写。

2. 湖泊、池塘

图元采集规则：采集湖泊、池塘常水位面为根图元，采集湖泊高水位面为主体图元。基础地理数据中的湖泊面是对应实体中的湖泊的常水位面，湖泊高水面是沿着湖泊外围的陡坎或者斜坡边界来构建的。

属性填写规则：遵循湖泊根图元属性表相关规定。

3. 沟渠及设施

1)运河

图元采集规则：采集运河占地面为根图元；采集运河中心线为主体图元。若运河长度过长，可分段采集后进行合并。

属性填写规则：遵循沟渠根图元属性表相关规定。

2)沟渠

图元采集规则：采集沟渠占地面、沟渠中心线为根图元；采集沟渠中心线为主体图元；采集沟渠边线为制图要素。当沟渠面遇到涵洞、输水渡槽等附属设施时，需要将涵洞两端的沟渠连接成一个完整的面，继而生成沟渠中心线。

属性填写规则：遵循沟渠根图元属性表相关规定。

3)涵洞

图元采集规则：采集涵洞中心线为根图元；采集涵洞范围面为主体图元。依据源数据对涵洞范围面进行采集，并构建面图形，根据涵洞范围面自动生成涵洞中心线。

属性填写规则：遵循沟渠根图元属性表相关规定。

4. 水利及附属设施

1)岸、堤

图元采集规则：采集岸中心线为根图元，采集岸范围面为主体图元。一般斜坡式加固岸、一般斜坡式未加固岸等各种斜坡式的岸，依据源数据中岸的坡顶线和对应的坡脚线连接构建斜坡式的岸范围面。

属性填写规则：遵循水利及附属设施根图元属性表相关规定。

2)水闸、船闸

图元采集规则：采集水闸、船闸中心点位为根图元；采集水闸、船闸范围面为主体图元；采集水闸、船闸中心线为主体图元。依据源数据对水闸(或船闸)范围面进行采集，并构建面图形，根据水闸(或船闸)范围面生成水闸(或船闸)中心线。

属性填写规则：遵循水利及附属设施根图元属性表相关规定。

3)滚水坝

图元采集规则：采集滚水坝中心线为根图元；采集滚水坝范围面为主体图元。依据源数据对滚水坝范围面进行采集，并构建面图形，根据滚水坝范围面生成滚水坝中心线。

属性填写规则：遵循水利及附属设施根图元属性表相关规定。

4)拦水坝

图元采集规则：采集拦水坝中心线为根图元；采集拦水坝范围面为主体图元。依据源数据对拦水坝范围面进行采集，并构建面图形，根据拦水坝范围面生成拦水坝中心线。

属性填写规则：遵循水利及附属设施根图元属性表相关规定。

4.5.3 用地与院落采集

1. 居住用地

图元采集规则：根据源数据采集院落的实际用地现状范围。

(1)依据源数据中的围墙、栅栏、栏杆、篱笆、活树篱笆、道路边线、建筑物边线等先判断出院落的大致范围；

(2)院落的图形采集，有围墙和栅栏的地方，优先沿着围墙和栅栏去构建院落范围；

(3)沿市政道路的一侧，一般情况下无围墙栅栏，在无围墙栅栏的情况下，需要判断有无明显的阻隔地物(如花坛、植被等)，如果有明显的阻隔地物，则按阻隔地物的边界画院落范围；如无明显的阻隔地物，则按房屋的基底面画院落范围(不包含雨罩、檐廊、挑廊、悬空通廊、台阶等)；

(4)院落的范围需包含院落的门墩、院落门口的岗亭等构筑物；

(5)院落的范围不允许切割房屋、门墩、岗亭、植被、水系等地物；

(6)房屋在一个院落内，则该房屋相关的附属物(如室外楼梯等)也需要同一个院落内。

属性填写规则：基础地理实体分类码根据标准中相关分类进行“基础地理实体分类码”赋值；用地性质依据外业调绘填写；用地类型依据外业调绘填写；是否封闭根据院落的实际情况，封闭式院落填“是”，开放式院落填“否”；地址依据外业调绘填写；所有者依据外业调绘填写；图元名称、图元编码按照标准对应填写；产生时间按院落内所有建筑物产生最早的时间填写；测取时间填写数据的外业获取时间；存续时间填写生产的当前时间。

2. 耕地

图元采集规则：根据源数据，采集水田、水浇地、旱地范围面为根图元。

属性填写规则：遵循耕地根图元属性表相关规定。

3. 园地

图元采集规则：根据源数据，采集果园、茶园、橡胶园、其他园地范围面为根图元。

属性填写规则：遵循园地根图元属性表相关规定。

4. 林地

图元采集规则：根据源数据，采集乔木林地、竹林地、灌木林地范围面为根图元。

属性填写规则：遵循林地根图元属性表相关规定。

5. 草地

图元采集规则：根据源数据，采集天然牧草地、人工牧草地、其他草地范围面为根图元。

属性填写规则：遵循草地根图元属性表相关规定。

6. 湿地

图元采集规则：根据源数据，采集森林沼泽、灌丛沼泽、沼泽草地、其他沼泽地、沿海滩涂、内陆滩涂、红树林地范围面为根图元。

属性填写规则：遵循湿地根图元属性表相关规定。

4.5.4　交通图元采集

1. 铁路

图元采集规则：根据源数据，采集一条或多条铁轨的几何中心位置做中心线，为铁路根图元。铁路实体按铁路线路代码构建。同一个代码的铁路表达为一个对象。

属性填写规则：基础地理实体分类码、图元名称、图元编码按照标准对应填写；测取时间填写数据的外业获取时间；存续时间填写生产的当前时间。

2. 公路

图元采集规则：根据源数据，以路沿(路肩)为准绘采集公路范围面，为公路根图元，采集公路中心线为主体图元。依据高速公路编号连接成完整的公路范围面，通过面图形自动生成公路中心线。

属性填写规则：遵循公路根图元属性表和主体图元属性表相关规定。

3. 城市道路

1)轨道交通

图元采集规则：根据源数据，按地铁、磁浮列车、轻轨列车、电车的线路采集轨道交通中心线为根图元。

属性填写规则：遵循轨道交通根图元属性表相关规定。

2)路口

图元采集规则：采集交叉路口范围面为根图元，找到一条道路的两条边线从直线变曲线，曲率发生变化的地方，连接成一条线；同样的方法处理相交的另外道路，形成一个交叉路口的面图形。路口是依据道路边线进行构建的，路口命名为：×××路×××路路口。交叉路口示意如图 4.30 所示。

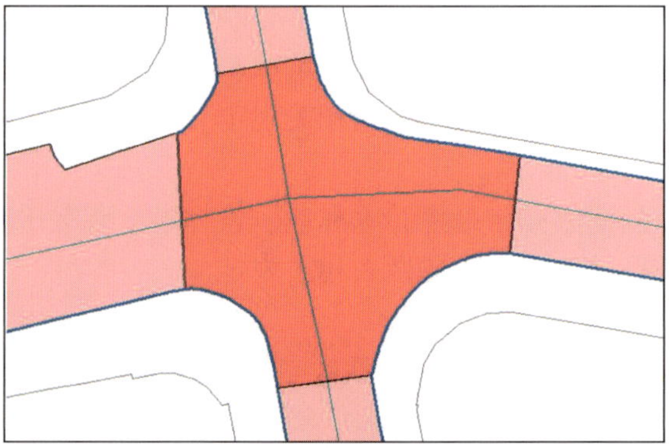

图 4.30　交叉路口实体示意图

属性填写规则：道路1、道路2、道路3、道路4按从北到南、从东到西的顺序，顺时针填写出该交叉路口相关的道路名称。其他属性遵循路口根图元属性表相关规定。

3)路段

图元采集规则：采集路段范围面为根图元，采集路段中心线为主体图元。两个交叉路口之间的部分为路段，用两个交叉路口的边和源数据的道路边线构建路段范围面图元。如图4.7中黄色部分为路段。红色为交叉路口。城市道路路段的名称命名为：×××路×××至×××段。地形图中的道路边线喇叭口的位置也需要包含到路段面中。当喇叭口位置与院落的边界有冲突时，依据院落的边界进行调整。路段中心线采用源数据的道路面来生成，端点取到交叉路口的中心点，保证道路中心线的连通。道路边线原始数据与道路编辑示意分别如图4.31、图4.32所示。

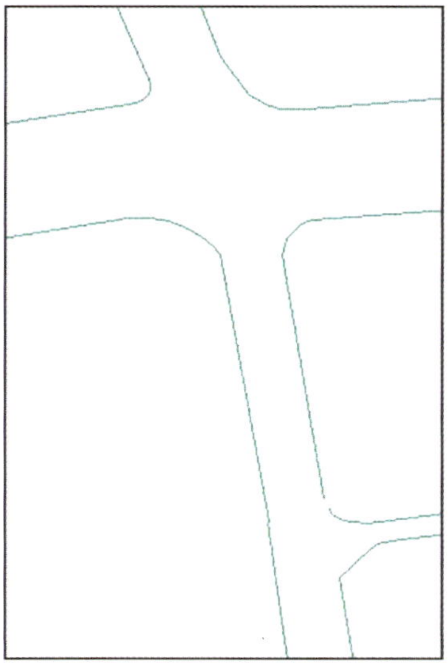

图4.31 道路边线原始数据

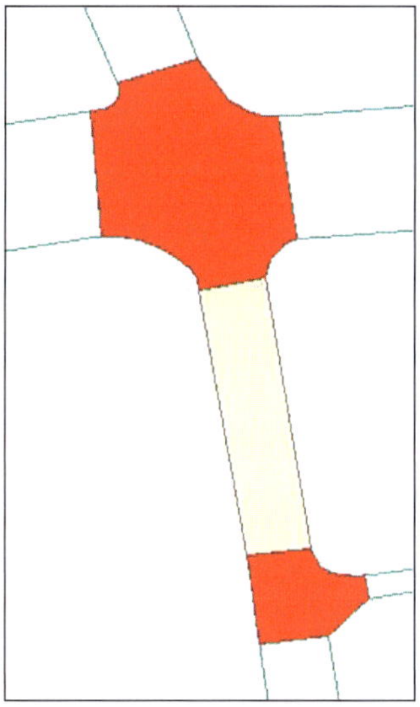

图4.32 路段编辑示意图

属性填写规则：车道数与路宽依据源数据测出填写；路段起点、路段终点按从北到南、从东到西的顺序，填写该路段起点的道路名称和终点的道路名称；等级依据《城市道路工程设计规范》(CJJ37—2012)填写“主干路”“次干路”“支路”等；道路长度、道路面积按照路段中心线图形的长度、路段范围面图形的面积进行赋值。其他属性遵循路段根图元属性表相关规定。

4)高架路、快速路、主干路、次干路、支路

图元采集规则：采集道路范围面为根图元；采集道路中心线为主体图元。名称相同的道路范围面根图元可由路口范围面和路段范围面合并得到；名称相同的道路中心线主体图元可由路段中心线合并得到。当街道上有高架路时，高架路单独构建成完整的实体。高架路编辑示意如图4.33所示。

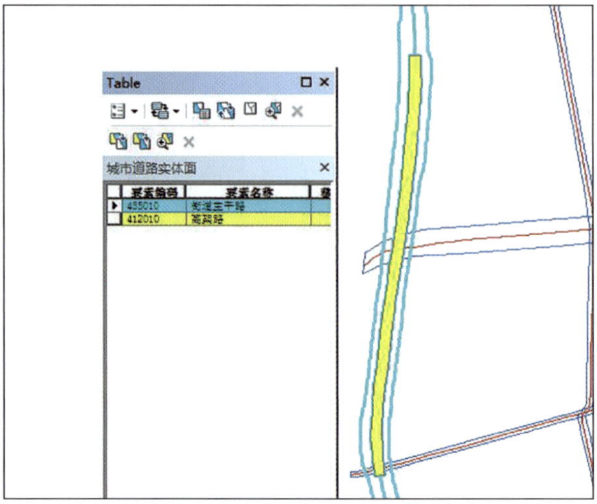

图 4.33　高架路编辑示意图

属性填写规则：基础地理实体名称经实地调查后填写名称，实地没名称的则填写为“通道”。道路长度、道路面积依据城市道路中心线的长度进行道路长度赋值，按照城市道路范围面图形的面积进行道路面积赋值。其他属性遵循城市道路根图元属性表和主体图元属性表相关规定。

5) 人行道

图元采集规则：根据源数据采集人行道范围面为根图元，将城市道路边线与院落边线之间的范围构建为人行道范围面。

属性填写规则：人行道属性遵循人行道根图元属性表相关规定。

6) 内部道路

图元采集规则：采集内部道路范围面为根图元，依据源数据的内部道路边线，结合相关的房屋边界、植被边界等构建范围面。

属性填写规则：路面材料经实地调查后如实填写，如沥、地砖等。其他属性遵循城市道路根图元和主体图元属性表相关规定。

4. 交通场站

1) 火车站、长途汽车站

图元采集规则：采集火车站定位点、长途汽车站定位点为根图元；采集火车站用地范围面、长途汽车站用地范围面为主体图元。火车站及长途汽车站的范围面参考专题资料，根据车站的实际栅栏线、道路边线或建筑边线采集，包括车站主体楼、站前广场、停车场等。定位点可根据范围面自动生成。

属性填写规则：遵循交通场站根图元和主体图元属性表相关规定。

2) 公共汽车停车站

图元采集规则：采集公共汽车停车站中心点为根图元；公共汽车停车站范围面为构件图元。依据源数据，采集公交停车站的棚房范围；当公交停车站有多个棚房时，采集外包面包含所有棚房。

属性填写规则：遵循交通场站根图元和构件图元属性表相关规定。

3）轨道交通站点

图元采集规则：采集轨道交通站点每层的范围面为构件图元；根据轨道交通站点构件图元自动生成根图元。

属性填写规则：停靠线路填写该轨道交通站点停靠的线路名称，如“2 号线”；是否换成站点填写该轨道交通站点是否换成站点，填写“是”或者“否”。其他属性遵循交通场站根图元和构件图元属性表相关规定。

5. 桥梁与隧道

1）车行桥

图元采集规则：采集单层桥范围面为根图元，单层桥中心线为主体图元。根据源数据采集单层桥轮廓线生成范围面，通过范围面自动生成中心线。

属性填写规则：遵循桥梁与隧道根图元和主体图元属性表相关规定。

2）过街天桥

图元采集规则：采集过街天桥桥面范围面为根图元；采集过街天桥的楼梯、电梯范围面为构件图元。

属性填写规则：经实地调查后，填写过街天桥的名称。其他属性遵循桥梁与隧道根图元和构件图元属性表相关规定。

3）隧道、引道

图元采集规则：采集隧道、引道范围面为根图元；隧道、引道中心线为主体图元。根据源数据，采集隧道（引道）轮廓线生成面图形。通过隧道（引道）面图形，生成隧道（引道）中心线。

属性填写规则：遵循桥梁与隧道根图元和主体图元属性表相关规定。

6. 道路附属构筑物与设施

1）停车位、停车楼

图元采集规则：根据源数据，采集停车位、停车楼外轮廓范围面为根图元。

属性填写规则：遵循道路附属构筑物与设施根图元属性表相关规定。

2）道路标志标线

图元采集规则：以人行横道为例，采集人行横道范围面为根图元。人行横道的边线要和交叉路口的边贴合上。如图 4.34 中黄色为人行横道，红色为交叉路口。人行横道命名为：×××路口人行横道。人行横道采集示意图与人行横道影像数据分别如图 4.34、图 4.35 所示。

属性填写规则：遵循道路标志标线根图元属性表相关规定。

3）道路分隔设施

图元采集规则：采集道路分隔设施中心线为根图元。以栅栏进行分隔的道路分隔设施，直接采集栅栏中心线作为道路分隔设施。以植被分隔的道路分隔设施，植被按照花坛采集范围面。

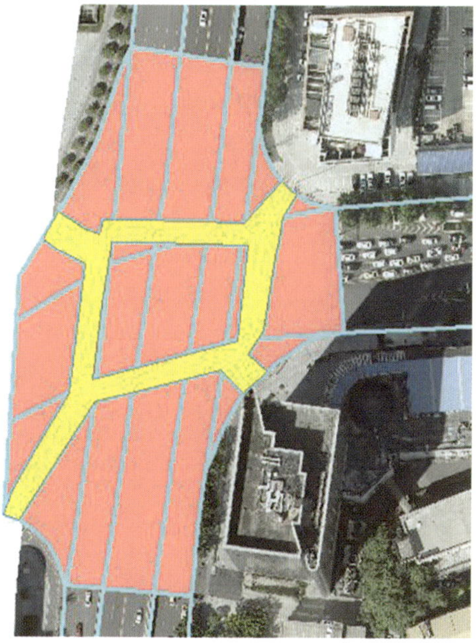

图 4.34　人行横道采集示意图

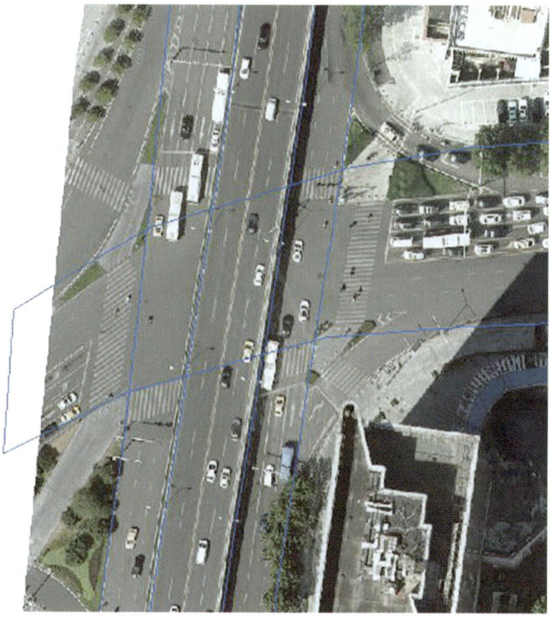

图 4.35　人行横道影像数据

属性填写规则：隔离带类型根据实地情况进行判断道路分隔设施的类型，填写“01 道路隔离”“02 人行分隔”“03 机非分隔”。其他属性遵循道路附属构筑物与设施根图元属性表相关规定。

4.5.5　体图元采集

由二维图元组成的基础地理实体仅能描述实体的二维组织结构和属性信息，并不能完整地表达实体的三维结构，无法逼真地还原现实世界的真实外观。将倾斜三维模型单体化，采集为体图元，再与相应的二维图元关联，便能将实体的真实面貌、组织结构和属性信息都完整地表达出来。

1. 单体化内容

倾斜三维模型由三角网构建基础地理实体骨架，本身具有完整的外部结构表达及相应的纹理，属于 LOD2 以上级别模型。倾斜三维模型单体化主要指 LOD3 级以上的建筑单体化，建筑中又特指 A 类和 B 类建筑及少数要求的 C 类建筑(分类见第 4.2.5 节)，对每类建筑单体化需表现的内容可以细分为：

A 级(精细模型)

顶部结构：按照影像资料制作楼梯间、女儿墙、廊架、文字 LOGO、图形 LOGO、广告立牌、异型房檐、屋顶花园等结构。

立面结构：按照影像资料制作突出主体墙面 0.5m 以上的窗户、阳台、室外楼梯等结构。

底部结构：按照影像资料制作台阶、出入口、门厅、底座等结构；其中，阶梯必须处理成平面，用贴图代替结构；底部与地面必须无缝衔接。

附属设施：草地、花坛、路牙、车库入口、地下通道入口、栏杆、围墙、假山、大型广场雕塑、旗杆、水塔、塔、亭子、纪念碑、烟囱、信号塔、廊道、景观桥等，酌情进行单体化建模或采用修饰。

B 级(标准模型)

顶部结构：按照单元影像图制作楼梯间、女儿墙、廊架、异型房檐等结构。

立面结构：按照单元实地照片资料制作突出主体墙面 1.5m 以上的窗户、阳台、室外楼梯等结构。

底部结构：按照影像资料制作建筑底部与地面衔接处高于 1m 的结构(台阶、楼梯、门厅、底座等)；底部与地面必须无缝衔接。

附属设施：酌情修饰，无需单体化建模。

C 级(框架模型)

立面结构：民用建筑、厂房等采用贴图库制作。

底部结构：底部与地面必须无缝衔接。

附属设施：不表示。

2. 单体化操作流程

单体化主要分为模型创建、纹理映射、属性挂接三个部分，模型创建的内容和范围参考前文所述，纹理映射是根据三维 TIN 的空间位置信息，获取最佳视角影像纹理，自动赋予模型纹理，属性挂接可在实体构建时输入，也可在构建完成后整体输入。

(1)模型量测与创建。随意切换立体或实景两种作业方式量测实景模型，根据量测结果构建模型建筑结构。

(2)纹理和编辑。采用空三成果和倾斜影像进行自动贴图。准备倾斜航飞空三文件，使用单体化建模软件的贴图功能，利用对应的倾斜影像图对建筑物模型进行纹理映射，自动裁切贴图。自动贴图完成后，对局部纹理效果不理想的地方进行微调，获得带纹理的成果模型。

为了进一步精细化模型，还应按照需求对模型进行纹理编辑。使用单体化建模软件自动化提取纹理，通过吸附最近的面、线或者点，重新提取当前纹理。

(3)质量检查。单体化的实景模型同样也需要经过质量检查，才能应用于与基础地理实体的构建。质量检查分为场景模型与实体模型的检查，实景三维数据产品的质量应满足完整性、几何精度、逻辑一致性的要求。

4.6 基础地理实体生产平台

为利用全息数据高效生产基础地理实体，结合基础地理实体分类、编码、精度和数据组织模型，充分考虑倾斜三维模型、三维激光点云和遥感影像等全息数据的特征，国家新型基础测绘建设武汉试点专班自主研发了一套稳定性好、实用性强的“基础地理实体生产平台”。该平台支持二、三维数据导入导出，二、三维数据一体化联动展示，自动或半自动化图元采集，图元编辑，属性编辑，地理实体构建等，主要功能包括：

1. 基础功能

基本工具主要包含浏览工具、选择工具、测量工具等功能模块。

浏览工具：平移、放大、缩小、前视图、后视图、多视联动等；选择工具：点选、矩形选择、圆形选择、多边形选择、清空选择；测量工具：距离测量、面积测量、体积测量等。

2. 视图管理

视图管理主要包括二、三维视口切换，二、三维联动，全屏，窗口管理等。

(1)二维可视化窗口。二维可视化窗口主要提供二维图元编辑管理环境，如图 4.36 所示。

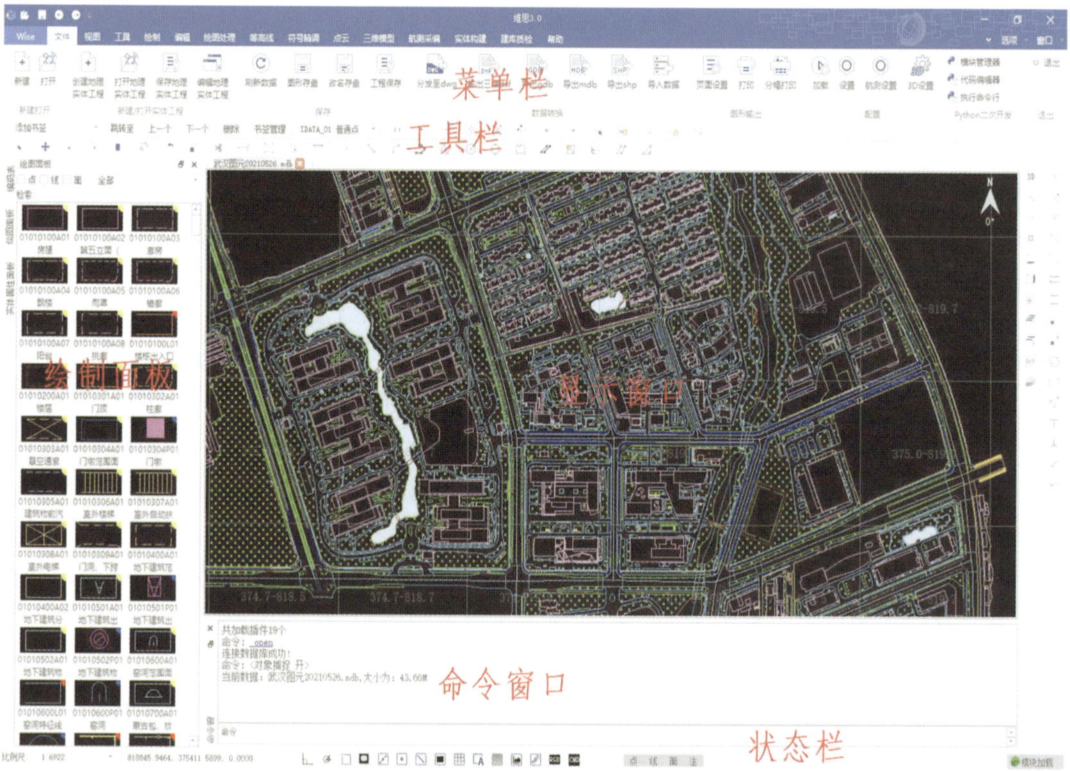

图 4.36　二维可视化窗口

(2)三维可视化窗口。三维可视化窗口主要提供三维数据采编处理环境，如图 4.37 所示。

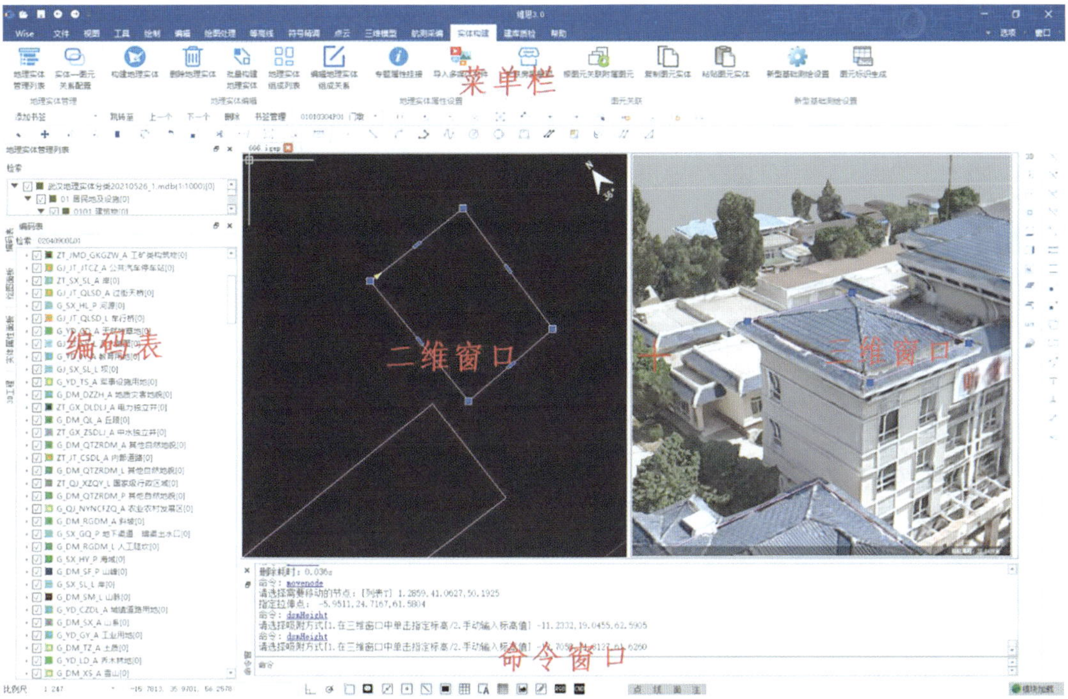

图 4.37 三维可视化窗口

二、三维地图窗口支持如下几种显示模式：

二、三维联动显示：实现二维窗口与三维窗口同层级吸附显示，如图 4.38 所示。

图 4.38 二、三维联动显示

三维浮窗显示：将三维窗口浮动显示于二维窗口上的任意位置，但二、三地图实现联动，如图 4.39 所示。

图 4.39　三维浮窗显示

三维全屏显示：实现三维模型的全屏显示，如图 4.40 所示。

图 4.40　三维全屏显示

3. 数据导入导出

支持 shp、mdb 等常见格式的二维数据，以及 obj、osgb 等常见格式的三维模型数据导入、导出。

4. 数据选择

根据特定的需要进行批量选择，可以灵活地对各类采集对象进行选择集的构建，从而对选择集内的对象进行批量编辑。

(1)通用选择功能。选择实体对象进行编辑时，提供多种选择方式，包括全选、多边形框选、多边形交选、点选等。框选方式有两种：矩形的点是从右至左指定的，则选中与矩形相交的所有实体对象；反之，则只选中在矩形内部的实体对象。

(2)属性条件查询。用类似 SQL 数据查询语句，运用字段、运算符、字段值组成搜索条件对采集对象进行查询，结果高亮显示符合条件的实体。

(3)筛选器功能。用于对选择的对象进行过滤。根据被选对象的类型、基本属性(如实体编码、实体名称、图层名等)、注记信息和扩展属性等，来设置限制条件，通过这些限制条件对视窗中被框选区域的实体进行过滤，选择出满足条件的对象。筛选器功能如图 4.41 所示。

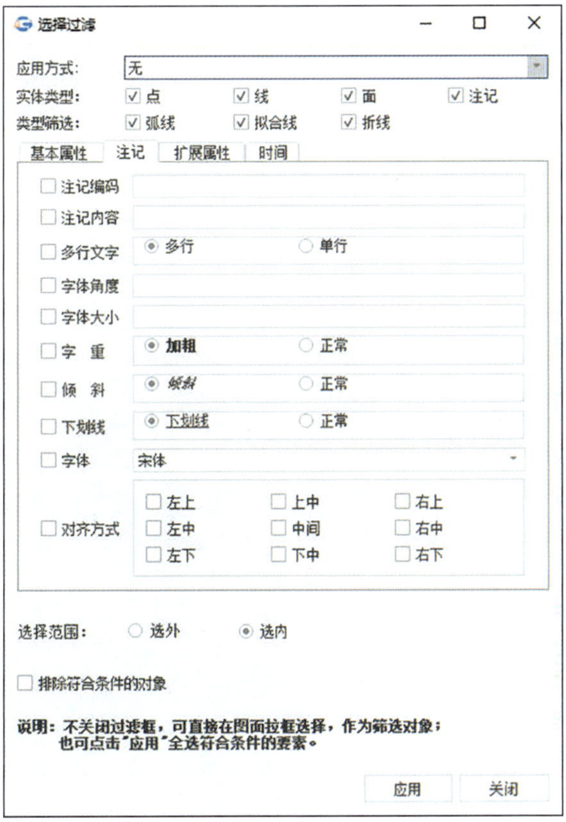

图 4.41　筛选器功能

5. 图元绘制

设计了强大而灵活的基本图形绘制功能，使点线面图形的绘制过程变得方便简单。绘制功能包括绘制点、绘制线、绘制面、绘制圆等。

6. 图元编辑

针对地理信息数据处理需要，设计了常用的图形和属性编辑功能，包括点线面图形的编辑、图元和实体属性的编辑等。功能如图 4.42 所示。

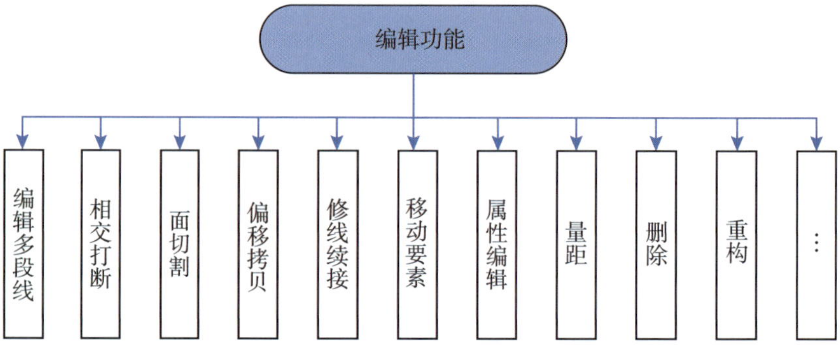

图 4.42　编辑功能结构图

7. 智能化采集

基于深度学习等人工智能技术，针对不同类型的数据提供了常见地理实体图元的智能提取模块。可以先通过智能化方式，从影像、激光点云或倾斜三维模型中自动提取部分地理实体图元。然后在此基础上，对不能自动提取的图元，采用交互式采集方式半自动化提取。影像自动提取建筑物与点云自动提取建筑物分别如图 4.43、图 4.44 所示。

图 4.43　影像自动提取建筑物

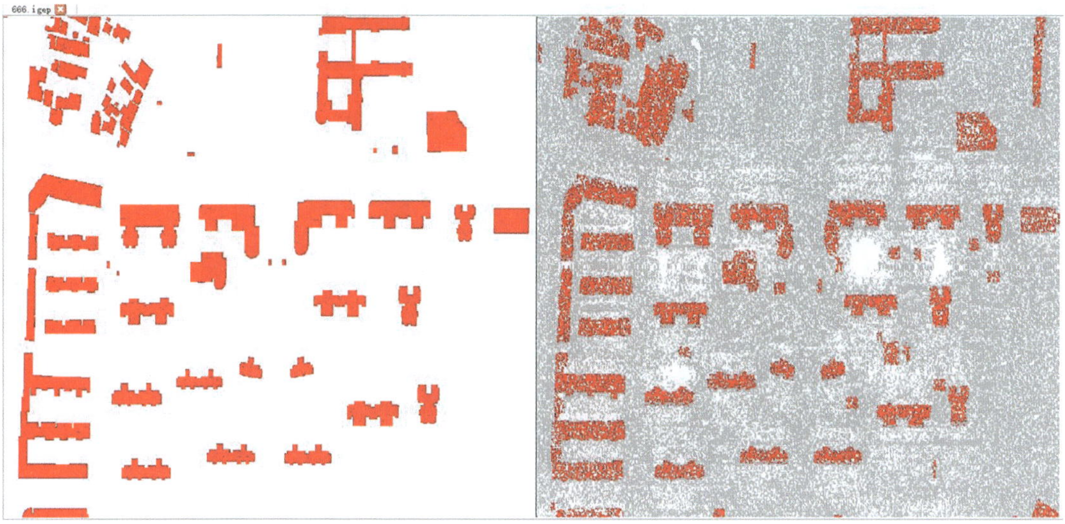

图 4.44 点云自动提取建筑物

除了自动提取，还提供了智能化的采集工具，部分如下所示：

(1)建筑智能采集。包含多种采集方式，智能绘制各种形状的房屋，实现质量参差不齐的建筑物模型也能轻松提取轮廓线，满足不同 DLG 的生产精度要求。直角绘房、直线绘房与智能绘房操作分别如图 4.45、图 4.46、图 4.47 所示。

(2)等高线智能采集。一键式自动化提取高程点，构建三角网，生成等高线等数据，速度快、精度高、操作简便。自动提取高程点构建三角网与自动提取等高线效果分别如图 4.48、图 4.49 所示。

图 4.45 直角绘房

图 4.46 直线绘房

图4.47 智能绘房

图4.48 自动提取高程点构建三角网

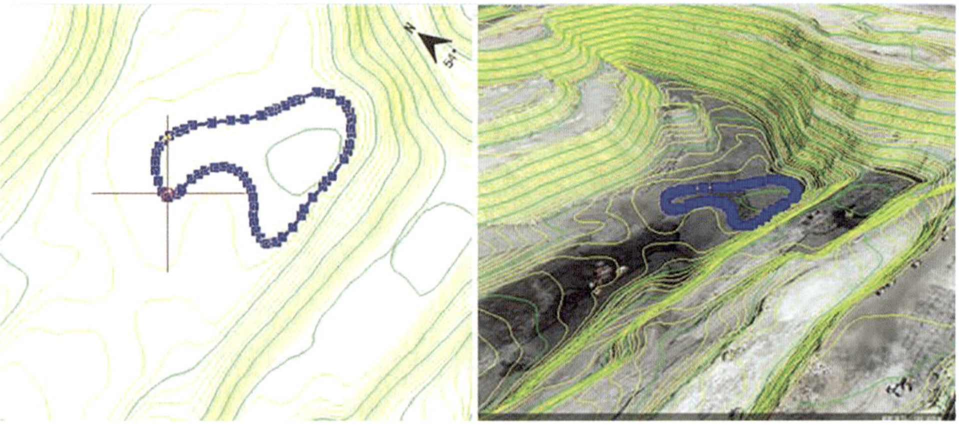

图4.49 自动提取等高线

8. 交互式采集

(1)基于影像采集。支持的影像数据格式有 tif、img、imgx 和 jpg 四种。加载影像数据等待程序生成影像金字塔，完成后，即可在左侧编码表中看到数据列表，右侧的视口中显示加载的影像。编码表中选择需要采集的地物编码激活对应的采集命令，在视图窗口参考影像的相应位置进行绘制，完成基于影像的图元采集，如图 4.50 所示。

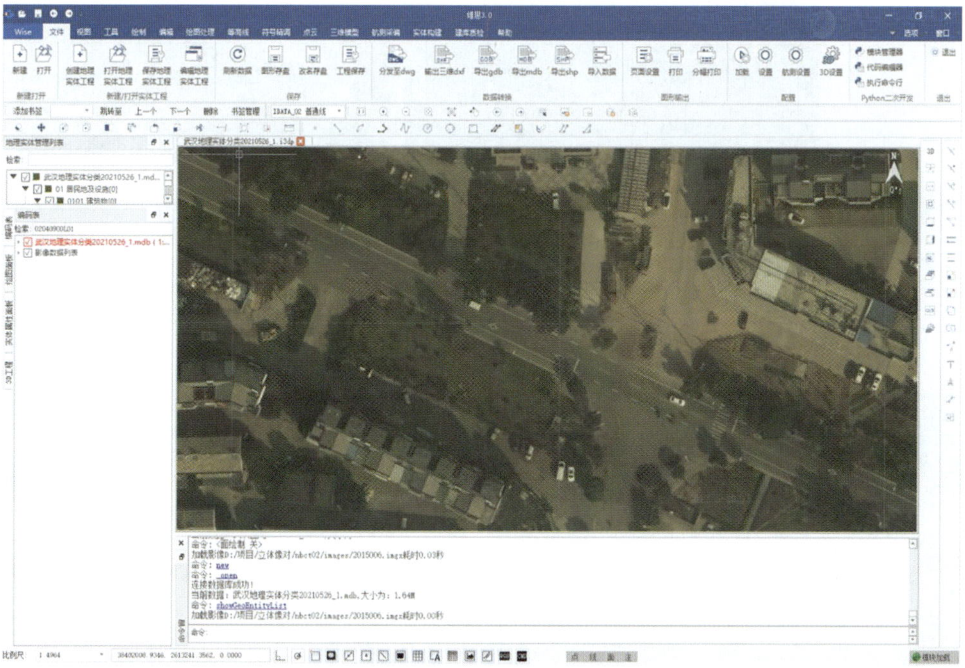

图 4.50　基于影像的要素采集

(2)基于倾斜摄影三维模型采集。倾斜摄影三维模型具有要素信息完整、精度高等优点。平台能够加载若干个倾斜模型数据，数据加载完成后的操作和基于影像采集基本一致，同样，在编码表中激活需要采集的地物编码，在视图窗口倾斜摄影模型上进行图元绘制，即完成基于倾斜摄影模型的图元采集，如图 4.51 所示。

(3)基于激光点云三维模型采集。平台基于激光点云数据，实现点云量测、点云处理，以及用于获取道路及其附属设施的图元和部分建筑立面的空间和纹理信息等。通过高效八叉树索引动态调度点云信息，实现点云数据高速读取，快速显示与平滑浏览。加载点云数据完成后，生成点云数据索引文件，在视图窗口点云模型上进行图元采集，基于激光点云的要素采集如图 4.52 所示。

9. 地理实体构建

按照地理实体数据构建的规则组织图元与属性信息，从而把当前的图元按照地理实体生产标准进行构建或组合。地理实体菜单如图 4.53 所示。

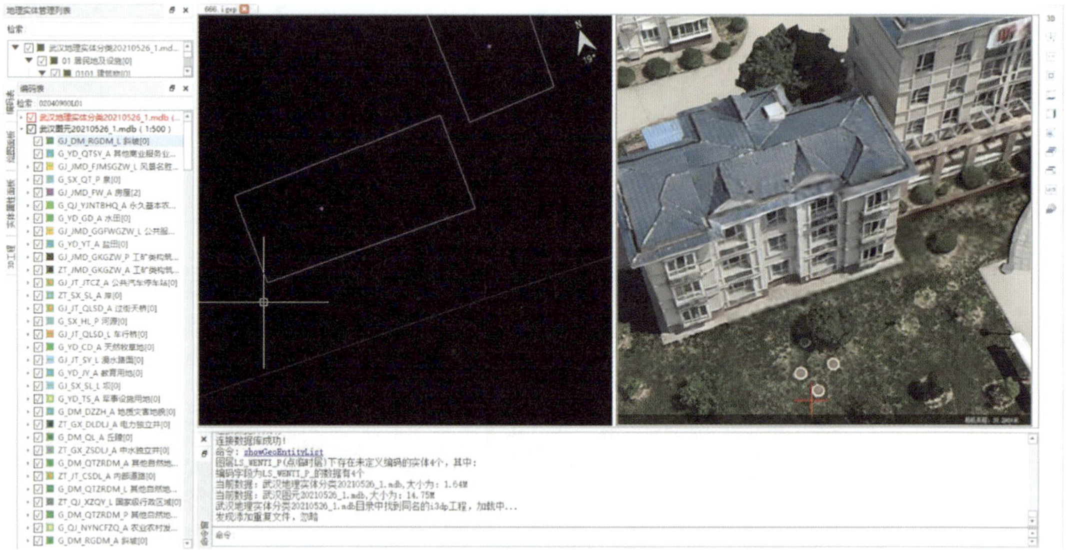

图 4.51　基于三维模型的要素采集

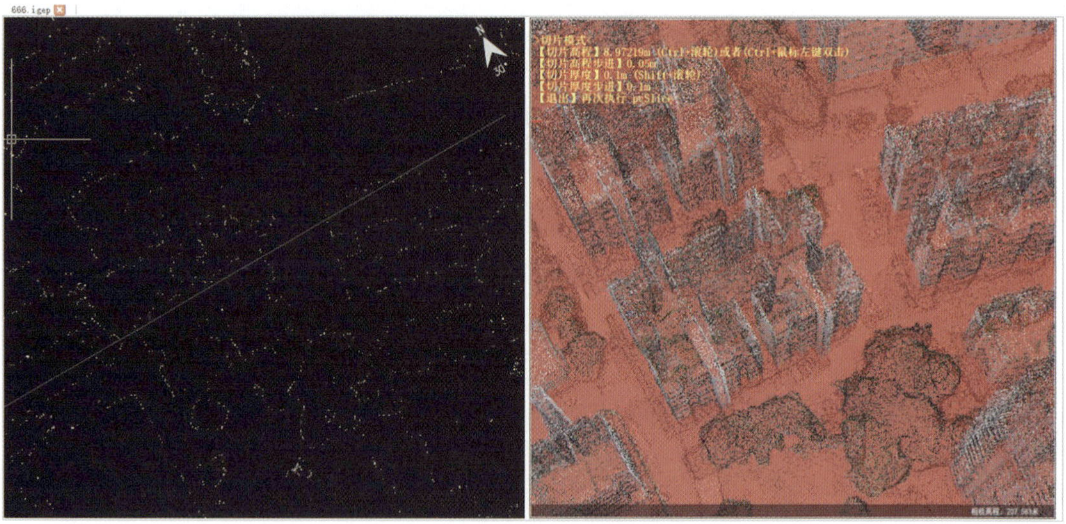

图 4.52　基于激光点云的要素采集

图 4.53　地理实体菜单

(1)地理实体-图元关系配置。为了明确地理实体的构建规则，明确实体可能包含的图元、子实体类型，系统软件支持地理实体-图元组成关系的配置。在实体构建之前，通过图 4.54 中的关系配置表完成地理实体-图元关系配置，确保在实体构建时，平台能够通过组成关系配置自动对人工框选的实体、图元进行筛选，排除不符合构建条件的数据，从而构建出地理实体。

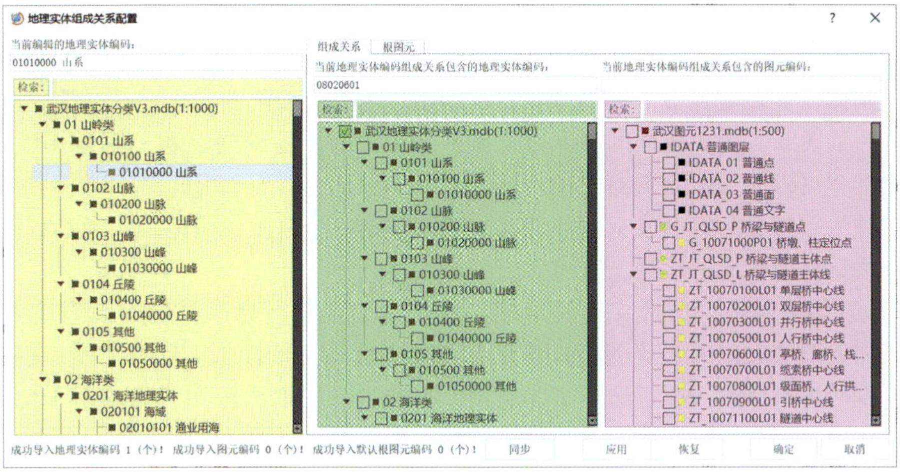

图 4.54　地理实体-图元关系配置

(2)地理实体-根图元关系配置。由于一个地理实体对应多个图元，而图元分为主体图元、根图元和构件图元三类。只有根图元是必不可少的，每个地理实体都存在唯一一个根图元。在实体构建之前，明确定义实体可能包含的根图元类型。在实体构建前，通过图 4.55 中的关系配置地理实体-根图元，实现系统构建图元时自动标识出实体的根图元，并从根图元中获取地理实体属性信息附给构建后的实体，提高作业效率。

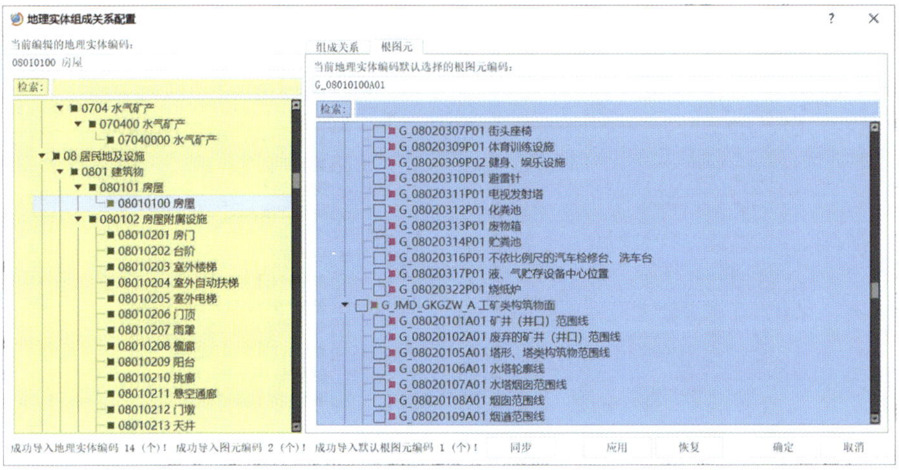

图 4.55　地理实体-根图元关系配置

(3)地理实体构建。地理实体数据采用以图元(空间数据库中表达为点、线、面、体)

为构成单元，一个地理实体由一个或多个图元构成，并可挂接社会经济及各类专题信息。

①手动构建地理实体。平台中输入地理实体编码、名称或英文拼音，可以查询到该地理实体，选中实体小类进行构建地理实体，即可在视口中选中图元或实体来构建该类地理实体，也可以在绘制了一类实体后，使用构建地理实体功能进行构建。

②批量构建地理实体。平台支持自动批量构建地理实体。第一种为单个的图元转成相应的地理实体，需要配置一个编码对应表，即某个编码类型的图元生成某个编码对应的实体，一对一的关系，生成实体的名称可选配，如果没有配置对应名称，则选用默认名称，转换规则配置可以在规则编辑器中自行配置。

第二种为范围线分组生成，该种情况适用于确定一个范围，将范围作为参数传入，通过该范围去选择要构建的地物，进而生成一个实体。

(4)地理实体编辑。平台支持对地理实体关系组成进行修改，追加地理实体或者图元，框选需要追加的范围，范围内的图元或实体将列入地理实体组成关系中。支持地理实体根图元编码进行修改，通过选择实体及图元，能自动提取出根图元编码附于地理实体。对地理实体进行删除等操作的同时，可自动同步操作与之相关的图元实体。

(5)地理实体管理。地理实体管理列表，需要按照地理实体分类中的门类、大类、中类、小类，以树形列表的方式展示当前地理实体工程中的地理实体数据。可以查看当前地理实体工程中各类地理实体的个数以及其名称，也可以对某类地理实体进行批量框选、高亮定位展示、挂接专题属性、统计等，便于对整个地理实体工程的进行批量性操作以及查看、管理。可通过地理实体组成列表中进行子父级关系及多媒体等的展示，如图 4.56 所示。

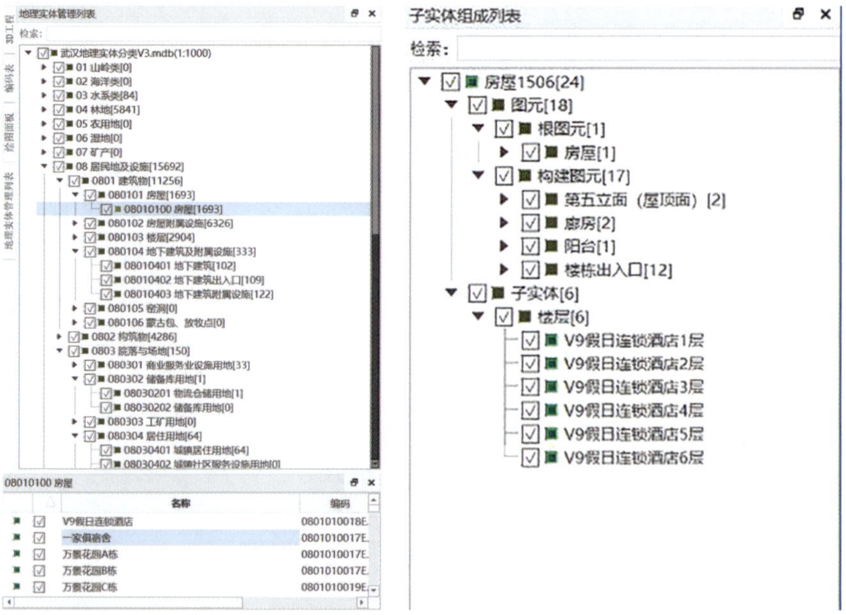

图 4.56　地理实体管理列表

10. 符号化

平台采用可自定义的符号库模板，通过定义地物符号的形状和大小，精准描述所要表达地理实体。通过加载已有符号模板或自定义的符号模板，对所要表达的地物实时符号化，属性控制面板允许对实体的扩展属性进行实时编辑。为了更准确地表达实体，增加了符号特征点控制技术，通过特征点，解决复杂符号的按图式显示问题，并将系统的符号化实体加载到视口进行显示。

地物要素的表达通过符号化来实现，绝大多数地物的表达不需要修改内部程序，只需通过用户模板中定义的符号来实现。通过模板文件定义各地物实体参数与样式，以地物实体为中心，将该地物实体相关信息联系起来。

(1)骨架线符号化。系统通过骨架线符号化技术，在准确表达地物符号的同时，不产生任何冗余辅助图元，在绘制过程中对复杂对象的采集方法进行结构性的定义。出图、入库使用同一套数据，解决库体数据和制图数据分离的局面，保证库体数据和制图数据的统一表达。

(2)符号精调。平台在骨架线技术的基础上增加了符号特征点控制技术。通过特征点，解决了复杂符号的按图式显示问题。从而精确地控制一些复杂地物的绘制，比如控制同一个实体中线型的切换(一边有墙棚房的绘制、稻田面边线的控制)、特征点处符号的消隐(电力线入户是电杆符号的消隐)等。同时，还加入了拐点设置(阶梯拐角设置)、线型裁角/批量裁角(带线宽的线与其他地物相交时使用)、线型游动技术(控制线状地物的形状)、精确控制符号的绘制。

(3)符号编辑。平台还提供符号编辑器支持符号的增删改操作。

4.7　生产示例

国家新型基础测绘建设武汉试点项目实践中，采用4.6节研发的“基础地理实体生产平台”，基于倾斜三维模型、激光点云或正射影像等数据，完成了武汉东湖新技术开发区72平方公里范围内基础地理实体的生产。

部分基础地理实体生产过程截图如图4.57~图5.65所示。

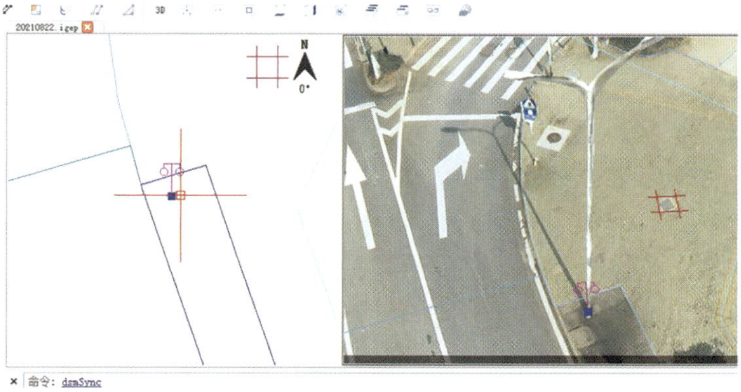

图4.57　路灯、检修井实体生产示例

图 4.58　道路实体生产示例 1

图 4.59　道路实体生产示例 2

图 4.60　道路实体生产示例 3

图 4.61 道路实体生产示例 4

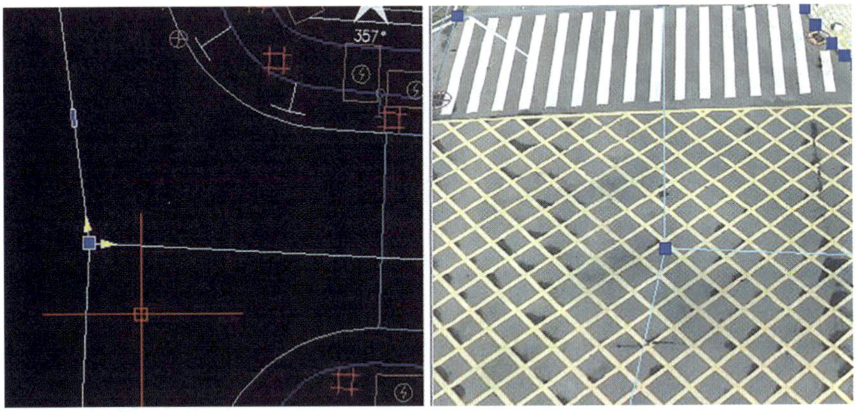

图 4.62 道路实体生产示例 5

图 4.63 房屋实体生产示例

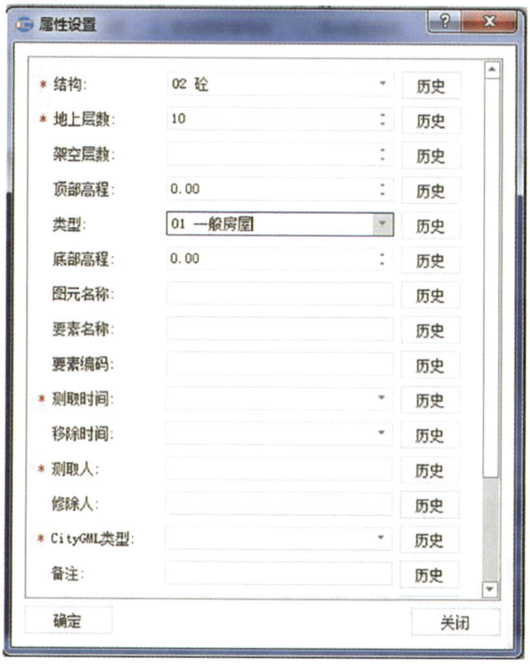

图 4.64　房屋实体生产属性设置示例

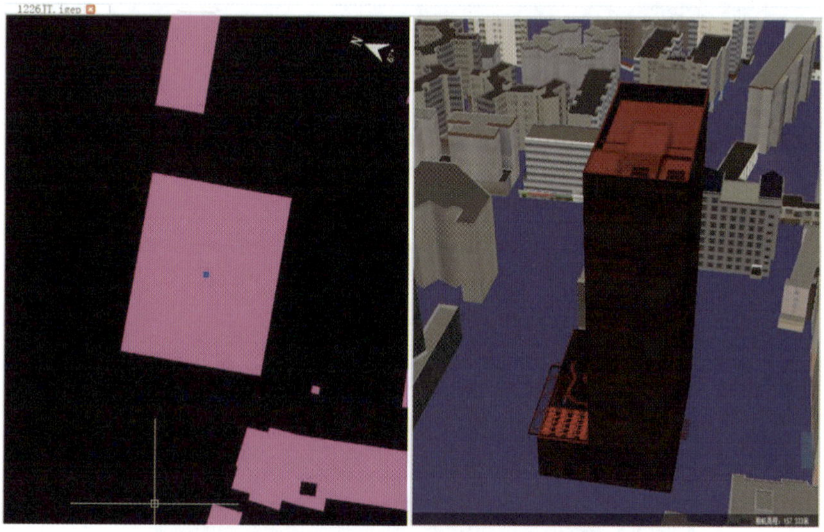

图 4.65　房屋实体二三维图元关联示例

国家新型基础测绘建设武汉试点项目实践表明，基于全息数据，能直接生产的地理实体包括房屋、快速路、主干路、过街天桥、山峰、斜坡等人眼能直接从全息数据上判读的实体，共 189 个中类；无法从全息数据上获取相关信息直接生产的基础地理实体包括地下建筑、管线、区域与界线等无明显界线和隐藏于地下的地理实体，共 152 个中类。对基于全息数据无法直接生产的基础地理实体，需要通过野外测量、实地调绘或其他资料整合等方式进行生产。

第 5 章　质量检查与入库

5.1　基础地理实体质量检查概述

基础地理实体数据是对客观现实世界的抽象和表达，包括空间实体的位置、形状、大小、性质及空间实体间的相互关系等。空间现象自身的不确定性、人类认知、表达能力的局限性，以及空间数据获取和处理等环节产生和传播的不确定性，导致地理实体数据存在不确定性，即质量问题。空间数据质量是数据的生命，它直接决定了地理信息的服务能力，直接影响各种空间分析、决策与应用的正确性和可靠性。

质量检查是空间数据质量控制的关键环节。与常规的地理要素相比，基础地理实体具有更丰富的语义信息和更复杂的关联约束关系。因此，基础地理实体数据产品质量控制更复杂，质量检查内容更繁多，检查流程更烦琐。

在质检制度方面，基础地理实体数据产品质量控制同样应实行“二级检查、一级验收”制度，即应依次通过测绘单位作业部门的过程检查、测绘单位质量管理部门的最终检查和任务承担单位委托具有相应资质的测绘地理信息成果质量检验机构进行的验收。各级检查工作应独立进行，不应省略、代替或颠倒顺序。

过程检查应该对检验批中的单位产品进行全数检查，一般不进行单位产品的质量评定；最终检查对检验批中的单位产品进行全数检查，并评定每个单位产品的质量等级；验收对检验批中的单位产品进行抽样检查，逐个评定抽样样本的质量等级，并判定相应检验批的质量。通过自查、互查的单位产品，才能进行过程检查；过程检查应逐个单位产品详查；检查出的问题、错误和复查的结果应在检查记录中记录；对于检查出的错误修改后应复查，直至检查无误，方可提交最终检查。

通过过程检查的单位产品，才能进行最终检查；最终检查应逐单位产品详查。最终检查应审核过程检查记录。检查出的问题、错误和复查的结果应记录在检查记录中；最终检查应审核过程检查记录；最终检查不合格的单位产品应退回处理，处理后再进行最终检查，直至检查合格。对于检查出的错误，修改后经复查无误，方可提交验收。最终检查完成后，应编写检查报告后，再向生产委托方提交书面验收申请。最终检查的检查报告应随产品一并提交验收。

单位产品最终检查全部合格后，才能进行验收。样本内的单位产品应逐一详查；样本外的单位产品根据需要进行概查；验收应审核最终检查记录；检查出的问题、错误和复查的结果应在检查记录中记录；验收不合格的检验批应退回处理，并在处理无误后重新提交验收；重新验收时，应重新抽样；验收合格的检验批，应对检查出的错误进行修改，并复查核实无误后方可通过验收；验收工作完成后，应编写检验报告。

在遵循的标准规范方面，当前没有专门针对基础地理实体数据生产与质量检查验收的行业标准及国家标准。为此，国家新型基础测绘武汉试点项目在基础地理实体数据生产及质量检查验收时，除了遵循附录 A～E 中的数据设计标准外，还以下列标准作为执行依据：

(1)《数字测绘成果质量检查与验收》(GB/T 18316—2008)；

(2)《测绘成果质量检查与验收》(GB/T 24356—2009)；

(3)《三维地理信息模型数据产品质量检查与验收》(CH/T 9024—2014)。

基础地理实体二维图元及三维图元质量元素及检查内容见第 5.2 及 5.3 节。

在检查方法方面，基础地理实体数据质量检查方法主要包括：程序自动检查、人机交互检查和人工检查。程序自动检查主要包括标准模板匹配检查、约束条件分析检查和计算检查等。

标准模板匹配检查：将待检查的数据与根据规范规定的结构、命名规则或代码表等建立的模板进行对比分析。该方法可用于检查数据库结构、数据表结构与相关标准的符合程度以及数据的完整性等，如属性结构、属性设置、要素分层、命名及数据格式等与规范的符合程度。

约束条件分析检查：用于对空间要素拓扑规则、字段属性值合理性、属性与要素的对应关系、属性表之间关系等约束条件的符合性进行分析检查等。

计算检查：采用计算来判断待检查项数值的精度和准确度。如房屋建筑面积可以结合占地面积和层数来估算，通过估算的数值与实际数值的比对来分析数值是否存在错误。

程序自动检查方法准确性高、速度快，适用于具体的定性或定量指标的检查，可发现成果普遍存在的结构性、逻辑性等问题。但程序自动检查存在机械性强、灵活性差等不足，无法自动准确地完成所有质量指标(尤其是抽象指标)的检查。因此，基础地理实体数据质量检查常常还需要结合遥感影像或其他数据资料，对部分自动检查发现的疑似问题进行人机交互检查，对复杂情况及人机交互检查难以确定的检查项，还需要根据项目设计书的要求，对部分数据及检查项进行人工实地核对检查。

5.2 二维图元质量检查内容

基础地理实体二维图元数据质量检查的内容主要包括：空间参考系、位置精度、属性精度、完整性、逻辑一致性、时间精度、表征质量、附件质量等。具体的检查内容及指标如表 5-1 所示，部分错误示例如表 5-2 所示。

表 5-1　　**基础地理实体二维图元数据质量检查内容与指标**

质量元素	质量子元素	检查项	检查内容	检查方法
空间参考系	大地基准	坐标系统	检查数据的坐标系统是否符合要求，通常要求采用 2000 国家坐标系	程序自动检查
	高程基准	高程基准	检查数据的高程基准是否符合要求，通常采用 1985 国家高程基准	程序自动检查
	地图投影	投影参数	检查数据的地图投影及各参数是否符合要求，通常采用高斯-克吕格投影	程序自动检查
位置精度	平面精度	平面位置中误差	检查数据平面位置中误差是否符合要求。DLG 转换为基础地理实体图元之后，平面位置中误差应与源数据 DLG 保持一致；DLG 源数据按照国家标准检查其平面位置中误差；必要时需进行外业检校	人机交互检查
		矢量接边	检查要素几何位置接边是否符合要求。对存量数据转换基础地理实体，应对传统分幅的 DLG 数据在图幅接边线两侧进行接边检查；对基于全息数据生产基础地理实体，需要检查相邻作业区基础地理实体数据几何位置接边精度是否符合要求	程序自动检查
	高程精度	高程中误差	检查高程精度、高度精度是否符合要求。如二维图元中房屋等实体的地面高程、顶面高程和房屋的高度是否正确	人机交互检查
属性精度	分类正确性	分类代码值	检查实体各图元属性分类代码值是否正确；如：房屋面根图元属于居民地及设施门类，建筑物大类，房屋中类的。其根图元的图元分类代码为 01010100A01；地铁线根图元属于交通门类，城市道路大类，轨道交通中类，地铁小类的，其图元分类代码是 02040101L01	程序自动检查
	属性正确性	属性值	包括属性空值检查(对数据库结构设计表中约束条件为 M(必填)与 C(选择性必填)规定的基础地理实体进行属性检查，判断其填值是否为空)、属性值域检查(即检查属性值是否在规定的值域范围内)、属性值逻辑正确性检验(检查属性值间是否逻辑矛盾)等。	程序自动检查
完整性	多余	实体多余	检查是否采集生产了多余的基础地理实体。通常需要对照最新的遥感影像进行人机交互检查或野外实地检核	人工检查
	遗漏	实体遗漏	检查是否遗漏应该采集生产的基础地理实体数据。通常需要对照最新的遥感影像进行人机交互检查或野外实地检核	人工检查

续表

质量元素	质量子元素	检查项	检　查　内　容	检查方法
逻致一致性	概念一致性	属性项	检查属性项定义是否符合数据规范要求，如属性字段完整性检查、属性字段命名检查、属性字段类型检查以及属性字段长度检查等	程序自动检查
		数据集	检查数据图层是否有缺失，数据图层的名称、别名是否符合标准；检查数据分层是否符合数据分层要求。根据标准，检查数据集(层)的几何类型是否正确。不同类型的基础地理实体的根图元、主体图元及构件图元的几何类型是否符合标准要求	程序自动检查
	格式一致性	数据格式	检查数据文件格式是否符合要求	人工检查
		数据文件	检查数据文件是否存在缺失、多余或无法读出等问题	人工检查
	拓扑一致性	拓扑关系	检查图元间拓扑关系是否符合要求。如：院落面根图元之间不能相互压盖；房屋面不能被院落切割等	程序自动检查
		重合	检查本应该重合的图元边线是否存在缝隙或重叠；检查不应该存在重叠的图元间是否有交叉重叠	程序自动检查
		重复	通过空间分析并结合属性信息，自动检查所有点、线、面图元是否有重复。检测标准为：属性相同，点间的间距小于 0.2m，线的重合度超过了 90%，面的重合面积超过 50%	程序自动检查
		相接	检查图元是否存在该相接但未相接，而形成悬挂点的情况	程序自动检查
		连续	检查图元是否存在断开不连续，即伪节点等问题。伪节点检查目的在于查找出具有相同属性并共享结点的所有折线图元，以便将其按空间位置和属性进行合并。如：两段道路中心线图元共享一个节点并具有相同的属性，则这两个线图元应合并为一个图元	程序自动检查
		闭合	检查是否存在应闭合但未闭合的图元，如：作为制图要素的等高线是否闭合	程序自动检查
		打断	检查图元是否存在相交应打断而未打断等现象，如：道路线主体图元中的道路中心线图元应在道路交叉口打断，以便于道路分段精细化管理；不同的河流中心线图元在河流交汇处应打断等	程序自动检查

续表

质量元素	质量子元素	检查项	检查内容	检查方法
时间精度	现势性	原始资料	检查基础地理实体转换或生产对应原始资料的现势性是否满足要求	人工检查
		成果数据	检查基础地理实体成果数据的现势性是否满足要求	人工检查
表征质量	几何表达	几何类型	对照附录 A 中的标准，检查各类基础地理实体图元的几何类型(点、线或面)是否符合要求	程序自动检查
		几何异常	检查基础地理实体几何图形是否存在诸如微小面、微短线、折刺、回头线、粘连、自相交、抖动等图形异常；微小面的阈值为 $0.1m^2$；微短线的长度阈值为 0.02m	程序自动检查
	地理表达	要素取舍	检查图元依据长度、面积或其他指标予以取舍是否符合要求	人机交互检查
		图形概括	检查基础地理实体图元合并概括是否保留了地物的空间形态特征	人机交互检查
		方向特征	检查有方向特性的基础地理实体的方向特征是否有误，如河流方向是否正确	人机交互检查
附件质量	元数据	项错漏	对照附录 E 中设计的基础地理实体元数据库结构检查元数据项是否有错漏	程序自动检查
		内容错漏	对照附录 E 中设计的基础地理实体元数据库结构检查各项元数据内容是否有错漏	程序自动检查
	附件文档	完整性	检查对应的技术设计书、技术总结报告、质量检查报告及成果资料等文档是否齐全，内容是否有缺失	人工检查
		正确性	检查对应的技术设计书、技术总结报告、质量检查报告及成果资料等文档内容是否有冲突矛盾、计算错误、表述错误	人工检查
		权威性	检查技术设计书、技术总结报告、质量检查报告及成果资料等所采用的技术参数或技术指标是否有权威的标准为依据；技术设计书是否经过审批；相关评审、质检单位及人员是否具备相应的资质等	人工检查

表 5-2 **部分错误示例**

典型错误	示例截图	备注说明
相接（悬挂点）	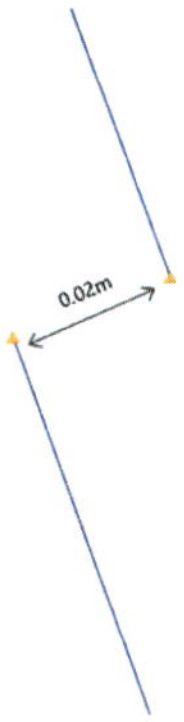	围墙线根图元端点两点距离为 0.02m，在设定阈值 0.05m 内，判定为悬挂点
连续（伪节点）	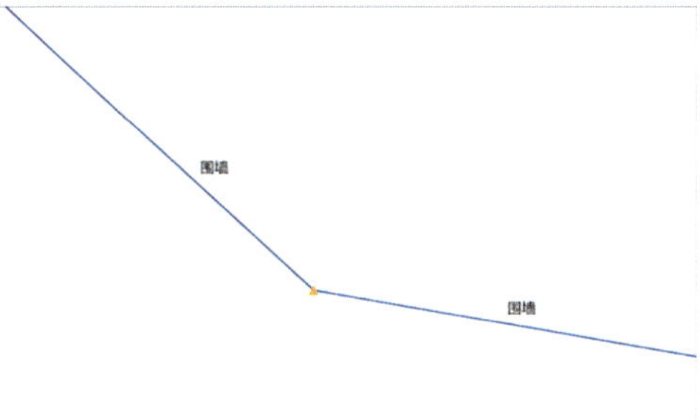	同类型同属性的垣栅类构筑物根图元在此处应合并为一个线图元，设定阈值为 0.1m
打断	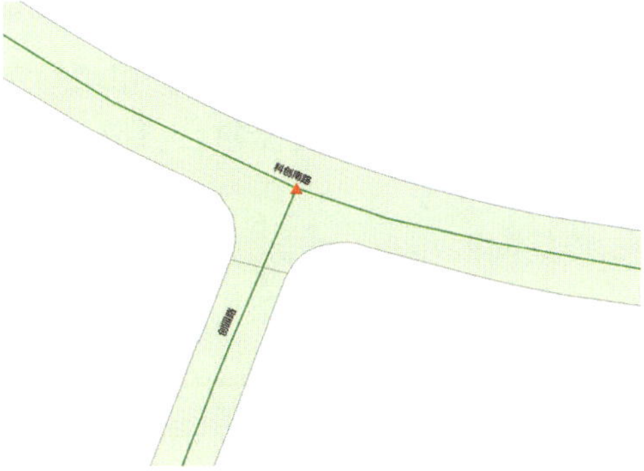	路段线主体图元在道路交叉口处没有打断，需要将道路中心线图元在此处打断
几何异常（打折线）	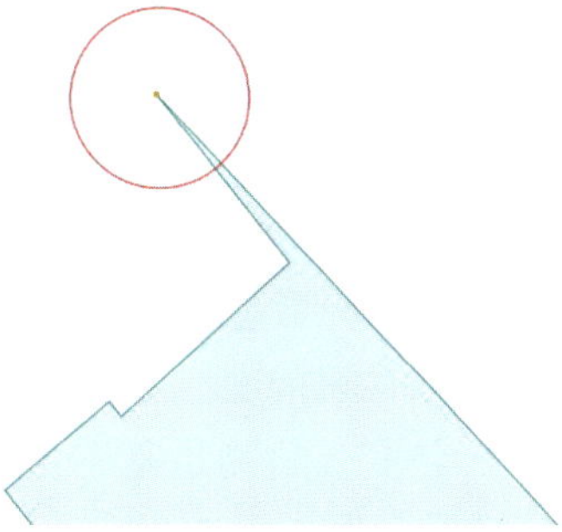	打折线设定角度阈值为 5°

续表

典型错误	示例截图	备注说明
几何异常（面裂隙）	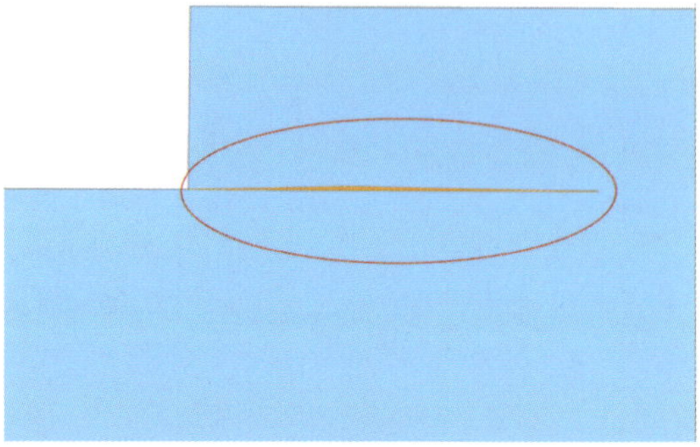	检查面要素内部是否存在面积较小且狭长的空洞。设定阈值为 0.1m^2

按照图元类型分类，各类图元的主要检查内容包括：

(1)点状图元：主要检查是否存在重复点、微距点、飞点等错误。

(2)线状图元：主要检查是否存在伪节点、悬挂点、自相交、重复线、微短线、复合线、单点线、尖锐角、微距节点、重复节点、线方向错误等。

(3)面图元：主要检查是否存在面重叠、面缝隙、微小面、复合面等错误。

(4)点与线层间：重点检查点层与线层的相交、相离等空间位置关系是否合理，点与线上节点重合是否合理。例如，邮筒、信箱的点根图元应与其线主体图元相交，且点位与线主体图元的中点重合。

(5)线与线层间：重点检查不同线与线层间的相交、相离、相切等空间位置关系是否合理，例如，路段线主体图元应与城市道路线根图元完全重合(路段与路口的面根图元图形融合后与城市道路的面根图元图形保持一致)。

(6)线与面层间：重点检查线与面层间的相交、相离、相切位置关系是否合理，涵洞线根图元必须在其面主体图元内，线根图元的端点必须在其面主体图元边界上。

(7)面与面层间：重点检查不同面与面层之间的相交、相离、相切位置关系是否合理，例如，河流面根图元与湖泊面根图元相交处，不能重复，不能存在缝隙；用地与院落图元相交处，不能存在压盖、缝隙等。

5.3　三维图元质量检查内容

三维图元主要包括：建(构)筑物、交通设施、地形、植被及绿化景观、水系、附属设施等模型。与二维图元类似，地理实体三维图元数据质量检查的内容主要包括：空间参考系、位置精度、表达精细度、逻辑一致性、时间精度、场景效果、表征质量、附件质量等。具体的检查内容及指标如表 5-3 所示，空中三角测量基本定向点残差、检查点误差、公共点较差最大限值如表 5-4 所示，部分错误示例如表 5-5 所示。

表 5-3　　地理实体三维图元数据质量检查内容与指标

质量元素	质量子元素	检查项	检查内容	检查方法
空间参考系	大地基准	坐标系统	检查数据的坐标系统是否符合要求，通常要求采用 2000 国家坐标系	人机交互检查
	高程基准	高程基准	检查数据的高程基准是否符合要求，通常采用 1985 国家高程基准	人机交互检查
	地图投影	投影参数	检查数据的地图投影及各参数是否符合要求，通常采用高斯-克吕格投影	人机交互检查
位置精度	平面和高程精度	平面和高程位置中误差	(1)检查倾斜摄影测量生成三维实体的基本定线点残差，检查点误差，公共点较差最大限值是否满足要求(详细指标参考表)； (2)对于模型三维的高程精度，还需检查房屋和地面是否贴合	人机交互检查
	相对位置	模型间相对位置	检查场景中模型相对位置关系是否有错误，如建筑与其他建筑或地貌出现悬空或穿插的情况	人机交互检查
		模型自身相对位置	检查模型附属部分与主体部分相对位置以及各附属部分相对位置是否有错误，如建筑模型中 LOGO 或窗户不应与模型主体出现悬空或穿插的情况	人机交互检查
表达精细度	模型精细度	模型精细度	检查不同类别与不同级别的模型精细度是否与应有的细节层次相一致	人机交互检查
	纹理精细度	纹理精细度	纹理应清晰，反差适中，颜色饱和，色彩鲜明，色调一致，有较丰富的层次	对模型三维，需对照影像或外业照片进行人工检查
	纹理正确性	纹理正确性	纹理要求清晰可辨、完整反映出实际图案、无扭曲变形，真实反映实体的透明度、光滑度、反光度、质感及材质等	人机交互检查
属性精度	分类正确性	分类代码值	检查模型的分类编码值是否正确	人机交互检查
逻辑一致性	概念一致性	概念一致性	检查模型及纹理命名是否满足要求	人机交互检查
	格式一致性	格式一致性	检查三维模型存储结构、模型格式和纹理格式是否满足要求。如模型文件应采用 obj 格式、纹理应采用 tif、jpg、tga 格式；数据文件有无缺失、多余，数据是否可读	人机交互检查

续表

质量元素	质量子元素	检查项	检 查 内 容	检查方法
逻辑一致性	拓扑一致性	模型拓扑一致性	检查模型之间相邻、相离、包含等空间拓扑关系是否正确	人机交互检查
	表现一致性	模型表现一致性	检查模型表现及取舍规则是否符合要求。如同一条道路两侧同一类树木的纹理是否一致；如同一小区内房屋模型的立面、楼顶等综合取舍规则是否一致	人机交互检查
时间精度	现势性	原始资料	检查三维图元生产对应原始资料的现势性是否满足要求	人机交互检查
		成果数据	检查三维图元成果数据的现势性是否满足要求；	人机交互检查
场景效果	场景完整性	场景完整性	检查模型是否有缺失、丢漏或多余；检查模型是否有破损、拉花、融蜡、变形等问题；检查模型是否有冗余面；模型覆盖范围是否符合设计要求	人机交互检查
	场景协调性	场景协调性	检查模型的颜色、质地、图案与实物纹理是否协调一致；检查场景整体色彩、明暗对比、光照效果是否协调一致；检查模型结合处是否有较大穿插、漏缝、悬浮、重叠或错漏等	对照外业照片检验立面结构及贴图
附件质量	元数据	项错漏	对照附录 E 中设计的地理实体三维元数据库结构，检查元数据项是否有错漏	人机交互检查
		内容错漏	对照附录 E 中设计的地理实体三维元数据库结构，检查各项元数据内容是否有错漏	人机交互检查
	附件文档	完整性	检查对应的技术设计书、技术总结报告、质量检查报告及成果资料等文档是否齐全，内容是否有缺失	人机交互检查
		正确性	检查对应的技术设计书、技术总结报告、质量检查报告及成果资料等文档内容是否有冲突矛盾、计算错误、表述错误	人机交互检查
		权威性	检查对应的技术设计书、技术总结报告、质量检查报告及成果资料等所采用的技术参数或技术指标是否有国家、省、市版本的标准为依据；技术设计书是否经过审批；相关评审、质检单位及人员是否具备相应的资质等	人机交互检查

表 5-4　　空中三角测量基本定向点残差、检查点误差、公共点较差最大限值

点别	平面位置中误差(m)				高程中误差(m)			
	平地	丘陵地	山地	高山地	平地	丘陵地	山地	高山地
基本定向点	0.13	0.13	0.2	0.2	0.11	0.2	0.26	0.4
检查点	0.175	0.175	0.35	0.35	0.15	0.28	0.4	0.6
公共点	0.35	0.35	0.55	0.55	0.3	0.56	0.7	1.0

表 5-5　　部分错误示例

错误类型	示例
模型不完整，有漏洞	
纹理过渡不平滑	
模型有冗余碎片	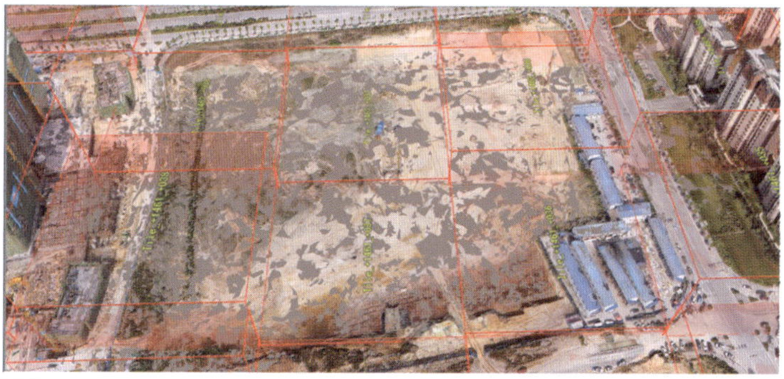

续表

错误类型	示　例
模型纹理缺失	

5.4　基于规则定制的数据质量自动检查

为提高基础地理实体数据质量检查的适用性、灵活性和可扩展性，国家新型基础测绘建设武汉试点项目设计并实现了基于规则定制的数据质量自动检查方法。该方法基于研发的检查算子库来定制检查规则，然后结合具体数据内容和检查项的不同特点，通过多个检查规则配置组合形成质量检查方案，最后通过定制的质量检查方案来实现基础地理实体数据的定制化和自动化检查。该方法涉及的检查算子、检查规则和检查方案的粒度依次从小到大，三者与具体检查业务关联接近的程度依次从远到近。

检查算子是结合数据质量检查需要设计并研发的底层基础算法。它服务于数据质量检查，但不与具体的检查数据、检查事项或检查任务关联，是通用的“代码级”功能算法。检查算子库包含众多基础通用的检查算子。部分检查算子如：计算平面上两点间的距离、计算两线段的夹角、计算线段长度、判断两线段是否相交、判断点是否在面内、点是否在线上、面与面是否包含、面面求交、面面求并、面面裁切等。

检查规则是根据数据质量检查需要和对数据质量要素的抽象，基于检查算子组合研发的通用性强、对外暴露参数及输入条件，且可重复使用的功能模块。检查规则是对成果数据应遵循的技术规定的程序化实现。结合数据检查工作需要，本书设计了拓扑检查规则集如表 5-6 所示，属性检查规则集如表 5-7 所示。

结合具体待检查的一个或多个要素图层检查项(即检查要素)，对检查规则输入项(即检查参数)进行具体的参数配置和实例化后，便形成了一项检查方案，即检查规则、检查要素和检查参数三者构成一项检查方案。检查方案定义了检查对象和检查方法，是检查规则实例化后的对象，也是可以直接用于质量检查的检查单位。检查算子、检测规则及检查方案的关系如图 5.1 所示。

表 5-6　**拓扑检查规则集**

规则对象	规　则　项
点	同层的点要素不能自重叠
线	同层的线要素不能自相交
	同层的线要素不能自重叠
	线要素的两端点不能悬挂
	线要素不能存在伪节点
	线要素不能由多个部分组成
面	同层的面要素边界之间不能有间隙
	同层的面要素不能重叠
点/点	点要素不能与另一点层中点要素重叠
点/线	点要素必须落在另一线层中线要素上
	点要素必须落在另一线层中线要素的端点
	点要素不能落在另一线层中线要素上
点/面	点要素必须落在另一面层中面要素的边界上
	点要素必须落在另一面层中面要素内部
	点要素必须落在另一面层中面要素某一节点上
线/点	线要素的端点必须与另一点层的点要素重合
线/线	线要素不能与另一线层的线要素重叠
	线要素必须与另一线层的线要素重叠
	线要素不能与另一线层的线要素相交
线/面	线要素必须与另一面层的面边界线重叠
	线要素不能与另一面层的面相交
面/点	面要素必须包含另一点层的至少一个点
	面要素不能包含另一点层中的一个点
面/线	面要素的边界必须与另一线层的线要素重合
	面要素必须与另一线层的线要素相交
	面要素不能与另一线层的线要素相交
面/面	面要素必须完全覆盖(包含)另一面层的面要素
	面要素必须被另一面层的面要素包含覆盖(包含)
	面要素必须与另一面层的面要素相互覆盖
	面要素不能与另一面层的面要素重叠
……	……

表 5-7　**属性检查规则集**

规则项	规 则 内 容
非法字符	检查指定的属性值中是否存在不应该出现的非法字符。当存在指定的一个或多个非法字符时，即为错误
非空值	检查指定的属性值是否为空值
唯一性	检查指定的属性值是否是唯一值，如果存在重复值，即为错误
值类型有效性	检查指定的属性值的数值类型是否为指定的类型(如文本型、整数型、小数型、日期型等)，如果不是指定的数值类型，即为错误
长度有效性	检查指定的属性项值的长度是否为某一固定长度，当其长度不等于设置值时，即为错误
取值范围有效性	检查属性值的范围是否在指定的范围内，如果超出指定的范围，即为错误。如地下建筑的层数小于或等于 3
枚举值有效性	检查指定的属性值是否为指定的枚举值，如果不是，即为错误。如土地所有权性质字段只能为“国有土地”“集体土地”
格式有效性	检查指定的属性值是否为指定的格式。如检查属性值是否以“G”开头。
……	……

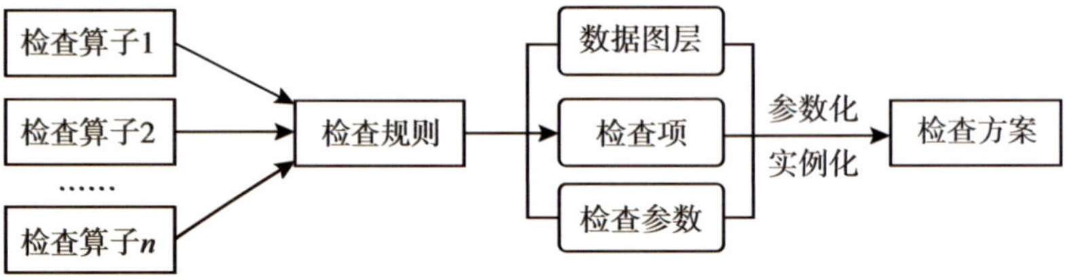

图 5.1　检查算子、检测规则及检查方案的关系

一套数据一般包含多个检查对象和质检环节，且每个检查对象和质检环节的质检要求也不尽相同。因此，通常需要针对一套具体质检数据和质检任务，对一条或多条检查规则进行逻辑组合，配置形成不同的检查方案，最后由多个检查方案共同完成一项数据检查任务。

基于上述质量检查方法，研发了数据质量检查软件模块，集成在地理实体数据管理系统中，具体见第 6 章。

5.5　基础地理实体数据入库

按照附录 A~E 中规定的数据库结构规范，建立统一的数据库，严格确保数据库数学基础、数据库格式、数据库名称、数据集名称、图层名称、图层几何类型、字段名称、字段数据类型、字段长度、字段值域等符合附录中的规范要求。对存储在临时库中质检合格的地理实体数据，可以通过“基础地理实体数据综合管理与应用平台”录入到构建的数据库中。录入后，系统将自动记录入库时间并生成入库日志。

可采用诸如 PostgreSQL 等关系型数据库，管理地理实体二维图元及其关联关系；可采用诸如 3DCityDB 等三维数据库，存储管理三维图元数据；为方便数据的跨部门及跨行业的共享应用，提高地理实体的应用价值，可通过地理实体编码关联，实现地理实体与社会、经济或人文等外部专题属性的挂接；对于 Excel 电子表格或关系数据库等形式存储的结构化外部信息，仍以结构化数据库存储；对于音频、视频、照片或档案资料（如 PDF、Doc、Txt、Html、Json 等格式）等非结构化的外部信息，可以以逻辑关联的方式，存储到 MongoDB 等非结构化数据库中。

为高效地进行数据入库，推荐数据库服务器以及用于入库的工作站硬件配置不低于：CPU 16 核，内存 62GB。操作系统是数据库管理运行的基础，是整个数据库管理系统安全可靠的保证，目前流行的主流操作系统主要有 Microsoft Windows 系列、UNIX 和 Linux 等。对操作系统的要求主要包括：良好的开放性；稳定性高，适应大数据存储和高并发访问要求；能提供良好的分布式开发环境；具有较好的适应性，能适应各种不同的硬件平台。

为确保入库后数据的安全访问，基础地理实体数据库应该从网络运行环境、用户和权限管理、数据存储与备份恢复、系统日志管理等多个方面确保数据安全。

网络安全是整个数据库系统安全运行的前提，地理实体数据库建库环境必须是采取物理隔离措施的独立涉密网，在机房环境、设备、介质、存储备份、应急响应、运行管理、病毒防治、访问控制、安全审计、信息加密与电磁泄漏防护、端口接入管理、系统及网络安全检测等方面必须满足涉密信息系统运行网络环境的要求。

为防止非法用户侵入，对数据库用户和权限严格管理，是整个系统安全运行的有效保证，所以必须制定有效的用户和权限策略。数据库用户和权限管理包括网络用户、数据库用户和权限、应用系统用户和权限三个方面的管理。

(1)网络用户管理。通过涉密网身份认证体系，设定网络用户及其相应的权限，防止非法用户登录网络，或假冒合法用户对网络进行攻击。

(2)数据库用户和权限管理。应有效管理用户账户的口令，特别是对 DBA、SYS 和 SYSTEM 等特殊账户的有效管理。针对不同用户分类，设计不同角色，赋予相应的数据应用角色和权限。

(3)应用系统用户和权限管理。一方面，应根据用户级别、身份的不同而开放不同的软件功能模块；另一方面，应根据用户级别的不同和系统功能差异，对数据访问权限进行不同设置。

数据库系统数据的备份与恢复是对数据安全管理的重要补充，无论系统数据存储管理与数据安全设计得多么完美，都必须做好数据的及时备份操作，以便系统出现故障后进行数据恢复，缩短数据服务中断的时间，并减少因此带来的损失。一方面，从数据存储的角度，可采用磁盘镜像或 RAID 技术实现数据库数据的冗余存储，减少磁盘故障导致的数据丢失，提高系统可靠性；另一方面，应及时备份数据，以便在系统出现故障、造成数据损坏时，能及时通过系统的自动备份与恢复功能进行恢复。

为确保数据安全，还应对数据库日志进行跟踪管理与审计分析，及时发现与防范非法操作、非法访问等非法行为。此外，还方便数据管理员对因系统故障或用户误操作造成的损坏数据进行修复。

第 6 章　基础地理实体数据更新及管理

6.1　基础地理实体数据更新概述

为保证基础地理数据的现势性，通常需要对基础地理实体进行适时更新。基础地理实体的更新主要有以下三种途径：一是采用“空-天-地”一体化测绘技术手段对重点区域进行专业化重点更新；二是发挥 5G 时代互联网优势，采用基于众筹、众源技术的动态、高效更新方式；三是利用城市建设项目竣工测量、“多测合一”等成果，开展区域性的管理式增量更新。在实际生产过程中，可根据具体需要，对以上三种主流更新途径以及相关依托核心技术进行联合使用，以达到快速更新基础地理实体的目的。

无论在实际生产中采取何种具体方案，基础地理实体的更新过程包含以下三个阶段(如图 6.1 所示)：变化检测；更新包生产；数据更新。变化检测主要是通过工程建设业务发现、用地审批业务发现等手段以及基于深度学习的遥感影像自动识别、公众上报、网络爬虫等技术，发现地理实体的增、删、改等信息；更新包生产是指结合发现的增、删、改等变化信息，基于地理实体数据规范，以地理实体为基本单元，生产变化的地理实体数据包，并对地理实体进行唯一编码；数据更新是指以地理实体为基本单元，基于地理实体唯一编码，利用生产的地理实体更新包对地理实体数据库进行更新。数据更新通常采用“基础地理实体数据综合管理与应用平台”自动完成，该平台结合更新包中地理实体编码与地理实体数据库中地理实体编码及空间位置关系自动判断地理实体的变化类型(新增、删除或属性更改等)。为便于历史信息的回溯管理，对于实地消亡的地理实体，该平台并没有将它们予以物理删除，而是通过对它们的“产生时间”“存续时间”“消亡时间”等时间标识信息予以更新，来达到逻辑删除的目的。

整个更新过程中，基础地理实体的变化检测处于核心地位。常用的变化检测技术方案包括：(1)基于摄影测量的变化检测；(2)基于激光点云测量的变化检测；(3)基于自发地理信息数据的变化检测。在实际变化检测工作中，可对以上代表性变化检测技术进行混合使用，从“空-天-地”多视角出发，融合多平台、多传感器优势，实现快速、全面发现基础地理实体空间信息、属性信息变化的目的。

基础地理实体更新总体技术路线如图 6.1 所示。

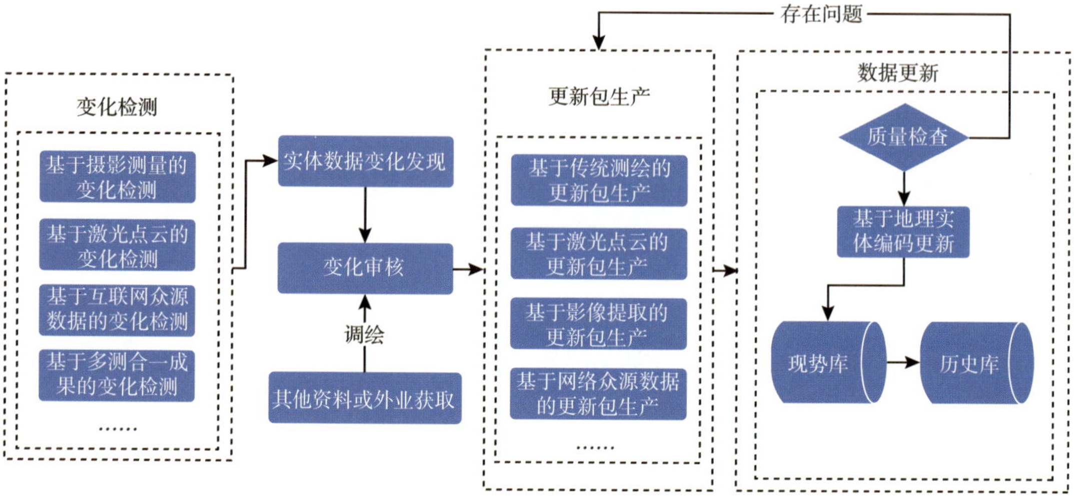

图 6.1　基础地理实体数据更新总体技术路线

6.2　基于摄影测量的变化检测

摄影测量生产的主要数据产品为 DOM、TDOM 影像，该类数据产品有较为丰富的地物纹理信息、较高的影像空间分辨率信息。针对这些特点，在基于摄影测量技术的基础地理实体变化检测过程中，变化检测关键技术，主要包括图元识别、图像变化检测两步。

6.2.1　图元识别

图元识别依赖于遥感影像分类与识别算法。在早期的遥感影像分类与识别任务中，应用较广的算法主要包括：最小距离分类法、K-均值分类算法、ISODATA 聚类法等传统监督或非监督算法。随着影像分辨率的不断提高，传统算法在分类识别精度上遭遇瓶颈。在此背景下，以支持向量机、随机森林、人工神经网络为代表的经典机器学习算法，开始在一些图元分类、识别场景中得到应用。典型图元目标识别与语义分割示例如图 6.2 所示。

近年来，深度学习得到了快速发展，受限玻尔兹曼机(RBM)、深度信念网络(DBN)、卷积神经网络(CNN)、自动编码器(AE)这四种主流深度学习模型也均较好地应用于遥感影像的分类识别中。基于深度学习的基础地理实体图元识别包含目标识别与语义分割，如图 6.2 所示。由于 CNN 模型在处理高维影像数据时有独特优势，其在两类任务场景中存在明显优势。

在目标识别方面，目前主流 CNN 学习模型通常分为两阶段算法与单阶段算法，典型的两阶段算法包括 R-CNN、Fast R-CNN、FPN 等模型，这类算法需要先进行候选框的生成、再进行边框回归。典型的单阶段算法包括 YOLO 系列、SSD、RetinaNet 等模型，这类算法直接对候选框进行定位与分类，通常具有更高的效率。

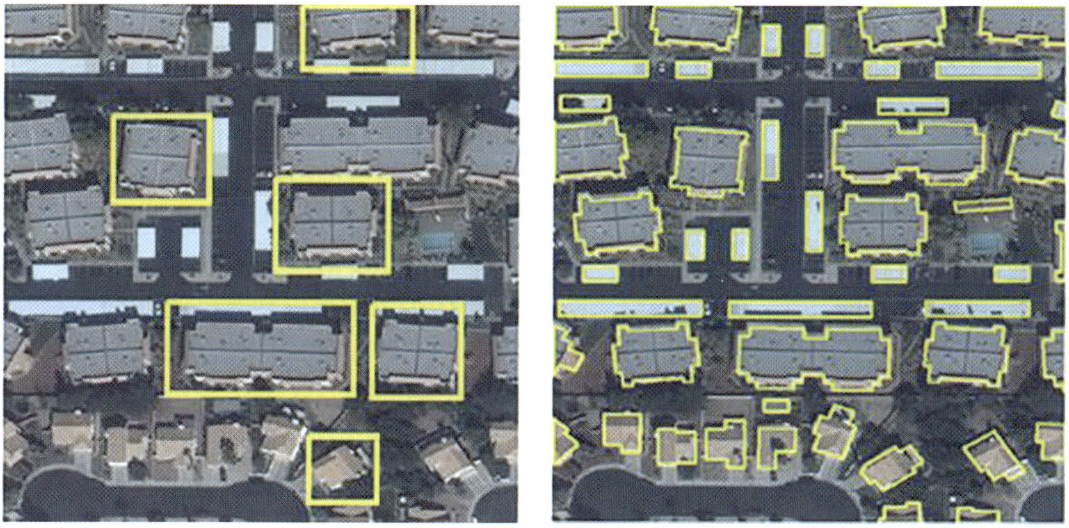

图 6.2　典型图元目标识别与语义分割示例

在语义分割方面，主流的语义分割模型通常包括两部分：用于生成特征图的基础卷积神经网络，以及将特征图尺寸恢复到输入图像尺寸的上采样部分。全卷积网络(FCN)是深度学习语义分割领域的开山之作。其他应用较为广泛的模型包括基于编码器和解码器结构的 SegNet 和 U-Net 模型，以及使用空卷积扩大感受野的 DeepLab 语义分割模型等。

6.2.2　图像变化检测

一般来说，完整的变化检测算法可以概括为以下三步：

1)预处理：通过预处理步骤进行数据的配准和辐射校正，减弱外界成像环境影响从而简化变化检测问题。

2)变化信息检测：检测多时相数据中地物的光谱、空间、纹理等特征差异，提取变化强度或"from-to"变化类型等信息。

3)精度评价：全面、准确地评价变化检测结果的精度。

在进行变化信息提取前，图像的精确配准至关重要。早期的配准方法主要采用多项式配准算法，后来提出了基于相关函数的配准算法，近年来又提出了序贯性相似度检测算法、神经网络配准法等。目前，大多数配准还是需要依据图像中的特征进行匹配。如利用点特征的算法：Moracec 算子法、Hannah 算子法、SIFT 算子法、SURF 算子法等；利用线特征的算法：Canny 算子法和 Hough 算子法；利用面特征的算法：基于数字形态学的相关算法等。

变化信息检测算法是图像变化检测算法的核心。按照算法核心策略的不同，该类算法可分为五类，如图 6.3 所示。代数运算法主要通过减法、除法等简单的代数运算方法对双时相遥感影像对应波段进行处理，得到相应的差异图，再利用阈值(自适应选择或手动确定)对差异图进行分割得到最后的变化检测结果。代数运算方法简便，能够很好地显示出影像中变化迅速的区域。比较有代表性的算法包括早期使用的影像差值法以及变化向量分析法。分类法主要包括两类分支技术，即分类后变化法和直接分类法。其中，分类后变化算法更为常用，该算法的核心原理为：对影像产品进行分类识别，然后对相应位置分类结果进行比较。变换法是通过对数据信息进行统计及转化的方法，来抑制相关信息和突出变化区域。主成分分析法和多元变化检测是此分类下使用较广的算法。深度学习法的核心原理为：从双时相或多时相甚至时间序列遥感影像中学习变化特征，然后通过变化特征对影像进行分割进而得到变化图，识别变化面元。诸如 U-Net 模型、RNN 模型中的长短时记忆网络模型(LSTM)等的深度学习模型，已经在相应变化检测实际案例中得到了较好的应用。为达到更好的变化检测效果，以上四类检测算法在具体案例中会出现组合、混用。例如，在一些案例中，为得到更好的变化检测结果，可以先通过快捷的代数运算法提取主要变化像元，再基于提取结果训练变化信息检测深度学习网络。

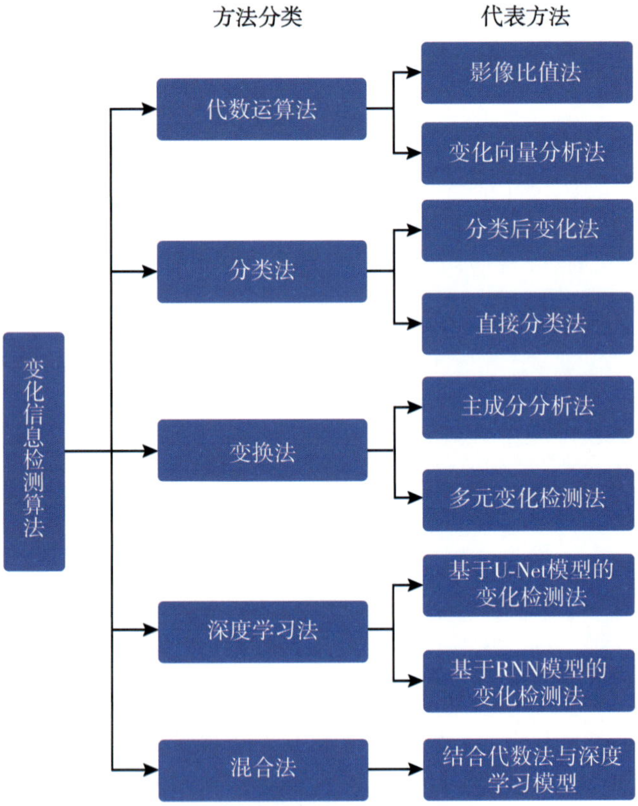

图 6.3　变化信息检测算法分类

在国家新型基础测绘建设武汉试点项目中，采用 Mask-RCNN 卷积神经网络实现了基于遥感影像的房屋建筑实体变化检测(部分结果如图 6.4 所示)。应用实践表明该方法的检测精确率达到 89%以上。

图 6.4 基于遥感影像的房屋建筑实体变化检测

6.3 基于激光点云的变化检测关键技术

与其他常用测绘技术相比，在基础地理实体的更新过程中，激光点云扫描可以以较高的精度与速度获取目标对象的三维特征变化信息。针对这些特点，基于激光点云的变化检测关键技术包括：点云配准、点云滤波、点云分类、面向不同时相点云数据的变化信息提取技术。

6.3.1 点云配准

受三维激光扫描仪性能、目标图元被遮挡情况、目标图元形状的影响，需要将扫描数据统一转换到同一坐标系下，即对收集到的点云数据进行配准。点云数据的配准一般分为粗配准与精确配准两步，如图 6.5 所示。点云的粗配准指利用标靶、控制点等人为放置的一些标志，识别不同期点云从而完成拼接。具有代表性的粗配准算法有 RANSAC 算法。对于粗配置精度不满足要求时，可以在粗配准的基础上进行精确配准。ICP 算法(迭代最近点算法)为精确配准领域使用较广的算法。其原理就是，利用一个误差函数去验证点云重叠区域是否吻合，以及吻合的程度是否使得拼接结果的误差最小，也就是利用最小二乘迭代来计算最佳坐标变换。

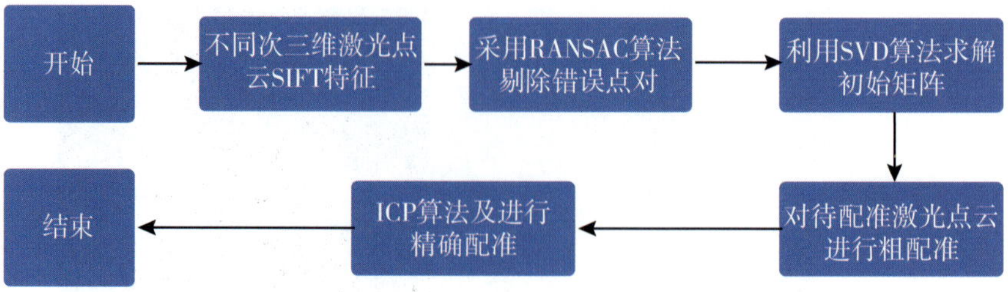

图 6.5　常用激光点云配准算法基本流程

6.3.2　点云滤波

点云滤波算法用于在三维空间中滤除点云噪音，筛选目标基础地理实体的点云信息。典型的点云滤波算法有 7 种，如表 6-1 所示。以在具体变化检测案例中，使用较多的形态学滤波算法为例，该算法核心思想是基于形态学膨胀、腐蚀算子组合而成的开、闭运算，如图 6.6 所示，识别差值点云中的噪声，对差值点云数据进行精细处理。

表 6-1　**典型点云滤波算法**

滤波算法	数据结构	判别原则	提取策略	处理过程
迭代最小二乘法	点列	表面	自上而下	迭代
渐进 TIN 加密算法	TIN	表面/区块	自上而下	迭代
形态学方法	格网内插	区块	自下而上	迭代
移动窗口法	格网内插	区块	自上而下	迭代
基于坡度的滤波算法	点列	坡度	自下而上	一次完成
样条插值法	格网内插	区块	自下而上	一次完成
移动曲面法	点列	表面	自下而上	迭代

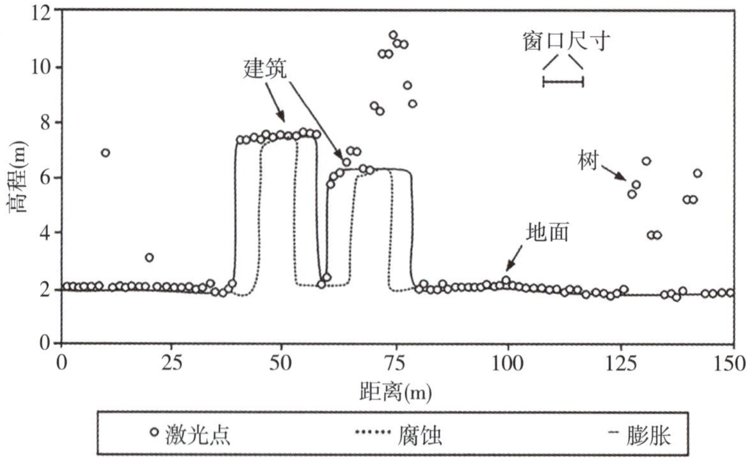

图 6.6　典型开运算滤波示意图

6.3.3 点云分类

对于点云分类算法而言，按照所选取进行数据处理的基本单元(也即基元)的不同，可将常用点云分类算法分为五类，分别为：(1)基于点基元的分类算法；(2)基于剖面基元的分类算法；(3)基于体素基元的分类算法；(4)基于对象基元的分类算法；(5)融合多基元信息的分类算法。在实际分类任务中，针对传感器载体平台、分类目标的不同，需要选择相适应的基元分类算法。例如，对于建筑物变化检测案例，多使用基于对象基元的分类算法，进行建筑物类型基础地理实体的变化提取，如图 6.7 所示。点云分类任务中，分类器的选择也非常重要，包括随机森林(Random Forest)、支持向量机(SVM)、神经元振荡网络(Neural Oscillator Network)等在内的机器学习、深度学习方法，也均被成功应用于具体的分类案例中。

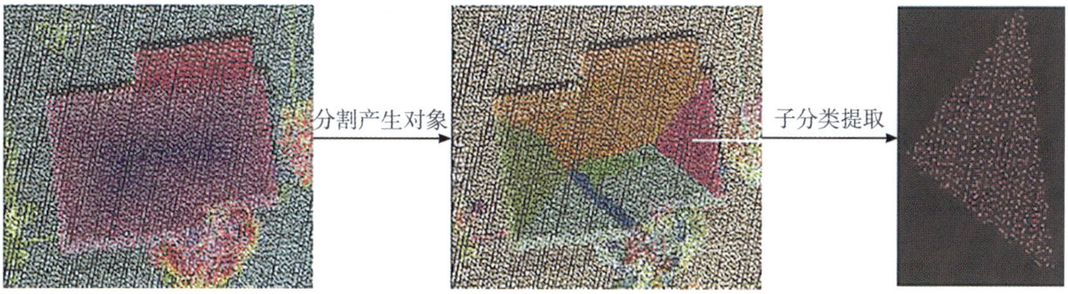

图 6.7 基于对象基元的点云分类案例示例

6.3.4 面对不同时相点云数据变化信息提取技术

面对不同时相点云数据的变化信息提取技术，是基于点云的基础地理实体变化检测的核心技术。该类算法主要分为三类：

(1)DSM 差值法，该类算法直接对不同时相点云进行差值类型运算(例如稳健影像差值法)，获取变化信息。

(2)信息融合法，该类算法会融合多平台传感器光谱、材质等多源信息，提取基础地理实体变化信息，如图 6.8 所示。

(3)分类后提取法，该类算法依托点云分类算法，在点云预分类的基础上，进行不同时相点云差值数据获取。

在国家新型基础测绘建设武汉试点项目中，采用 DSM 差值法实现了基于激光点云的房屋建筑实体的变化检测，部分结果如图 6.9 所示。该技术在定位变化发生位置的同时，可快速识别变化发生的类型(新增、拆除、降低、增高)。应用实践表明，该方法的总体变化检测精确率达到 84%以上。

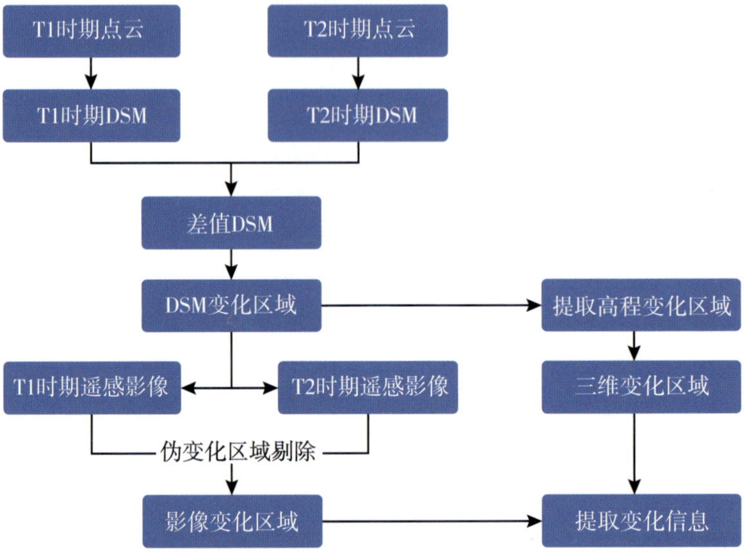

图 6.8　典型信息融合算法

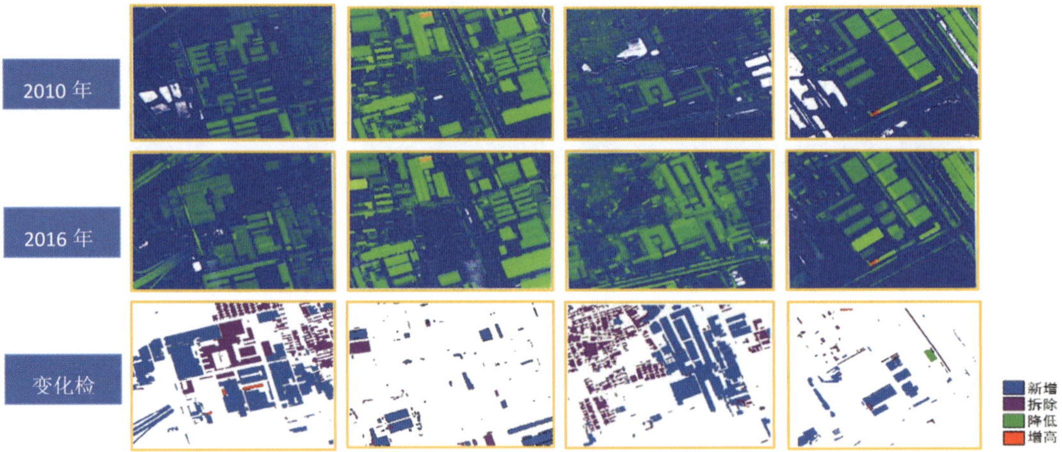

图 6.9　基于激光点云的房屋建筑实体的变化检测

6.4　基于属性类自发地理信息数据的变化检测关键技术

随着互联网的快速发展与应用普及，各类政务、新闻、生活、购物或地图网站中包含了越来越多的地理信息要素。据加州大学统计，目前全球互联网数据总存储量已超过 10 万亿 GB，而其中与地理位置相关的数据占 80%以上。这些互联网数据中涉及地理空间信息的数据称为自发地理信息(VGI)数据，又称为众源地理信息数据，是用户通过互联网共同创建、维护和应用的空间地理信息数据。与传统信息获取渠道相比，它们具有信息丰富、更新及时、获取成本低等特点和优势，可以作为测绘地理信息数据采集和更新的有益补充。

VGI 数据根据其性质可以分为以下两类：

(1)属性 VGI 数据。属性 VGI 数据主要是包含地理要素变化信息的新闻网站，其中包含文本、语音、图像与视频等信息，如政府信息门户网站(如建委、规划局等)、自媒体发布的新闻稿件。它们不包含具体的地理坐标的数值，而是以文本描述地理要素变化，如"由该公司负责建设的杨泗港快速通道四新段国博跨线桥将于明日通车……杨泗港快速通道四新段全长约 8.1km，西起汉阳的龙阳大道陶家岭，东至国博大道，与正在建设中的杨泗港长江大桥相接"。

(2)图形 VGI 数据。图形 VGI 数据是带有地理坐标的地理信息变化数据，这些数据一般存在于各类商业专题网站(如房天下、安居客、亿房、大众点评等)、VGI 地图网站(如 OpenStreetMap)中。其中，商业专题网站中包含的地理信息一般以某种格式隐藏在网页的 HTML 标识符中，以比较准确的空间坐标进行定位，如以下示例为亿房网中位于华容区丁桥 316 国道南侧的"光谷华清园"小区，其经纬度坐标为(114.30869800834，30.602458321652)：

"<dt>地址</dt><dd class="comm-adres"><em>华容区丁桥 316 国道南侧</em> <a class="comm-icon" target="_blank" _soj="com" href="http://wuhan.anjuke.com/map/sale/? #l1 = 30.602458321652&l2 = 114.30869800834&l3 = 18&commid = 653989 &commname=光谷华清园"></a>"

大部分现实空间中的自然地表或人造地物变化(如工程建设)信息，都会在一定程度上映射于互联网，并通过属性 VGI 数据表现出来。因此，通过获取、过滤、解析这些属性数据，检测基础地理实体的变化形式、程度是一种可行技术方案。该技术方案下变化检测所得结果，即可作为指导其他变化检测技术方案的辅助信息，亦可作为基础地理实体语义更新的依据。本小节将以解析传统文本型 VGI 数据为例，阐述该变化检测方案的关键技术。

6.4.1　互联网爬虫

网页内容的获取主要由爬虫技术实现，根据网络爬虫的复杂性，可将网络爬虫分为通用爬虫、限定爬虫和主题网络爬虫。通用爬虫的目标为尽可能多的采集信息页面；限定爬虫只抓取用户感兴趣的某一类网页；主题网络爬虫又称为聚焦爬虫，其目标设定为抓取与某一特定主题内容相关的网页。主题网络爬虫爬行效率高，且采集的网页与主题相关性强，是目前广泛采用的技术，主题爬虫的工作流程如图 6.10 所示。

通过网络爬虫获取到的 HTML 网页文件并不能直接揭示地理信息的变化情况，要从网页文件中获取感兴趣的信息，则需要对 HTML 文件进行解析，将网页内容转换成结构、内容清晰的形式，然后再从其中提取地理信息的变化情况。对 HTML 文件解析可以使用最原始的基于正则表达式的解析方式，正则表达式允许用户自行定制规则匹配符合各种特定规则的字符串，常用于网页内容编写规则较强部分的解析。除了正则表达式，还可以使用如 HTML Parser、XPath 和 Beautiful Soup 等在内的一系列 HTML 解析工具，这些解析工具使用起来更加方便、高效。

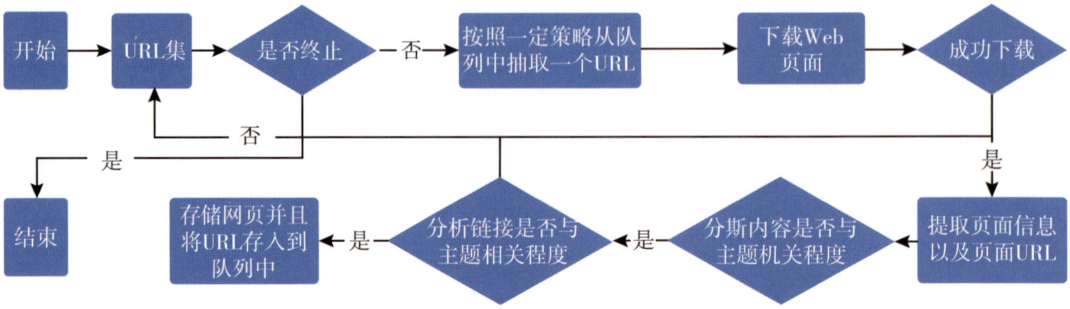

图 6.10　主题爬虫工作流程

6.4.2　基础地理实体变化语义知识库构建

基础地理实体变化语义知识库是进行基础地理实体变化信息获取和推理的基础，知识库的建立不仅是基础地理实体变化领域知识的简单罗列，还包括基础地理实体变化领域知识的表达、推理和维护等方面。基础地理实体变化语义知识库的建立主要包括：基础地理实体要素特征词汇库、基础地理实体要素变化特征词汇库、地理信息要素空间关系词汇库。

1. 基础地理实体要素特征词汇库建立

在参照附录 A 中基础地理实体分类标准基础上，选取了水系、居民地及设施、交通和管线常见地理实体，对各类中对应的要素特征词汇和典型要素进行了总结，表 6-2 中列举了其中部分基础地理实体要素的分类。

表 6-2　　**基础地理实体要素特征词汇分类示例**

要素类型	特征词汇	典 型 要 素
水系	河	河段、时令河、干涸河、河床、干河、河道、河流
	渠	沟渠、干渠、支渠、地下渠、渠首
	井	坎儿井、水井、地热井
	道	隧道、溢洪道、河道、湖道
	沟	干沟、潮水沟、水沟
	湖	湖泊、常年湖、时令湖、干涸湖
	库	水库、库区
	区	危险区、海区、行洪区、泄洪区、蓄洪区
	闸	水闸、船闸
	坝	堤坝、拦水坝、制水坝、滚水坝

续表

要素类型	特征词汇	典型要素
居民地及设施	厂	发电厂、水厂、污水处理厂、处理厂
	站	发电站、水站、污水处理站、处理站、抽水站、观测站、气象站、水文站、监测站、地面站、试验站、实验站
	场	挖掘场、盐场、饲养场、养殖场、打谷场、贮草场、游乐场、剧场、体育场、球场、游泳场、垃圾场、殡葬场
	塔	散热塔、蒸馏塔、瞭望塔、水塔、跳伞塔、发射塔、通信塔、微波塔、标志塔、宝塔、经塔
	院	医院、电影院、影院
	馆	宾馆、体育馆、游泳馆
交通	路	铁路、公路、漫水路面、高速路、高速公路、快速路
	轨	铁轨、标准轨、窄轨
	站	火车站、车站、站线、站台、汽车、地铁站、轻轨站、汽车站、加油站、加气站、收费站、客运站
	场	停车场、徒涉场
	桥	车行桥、单层桥、双层桥、并行桥、引桥、桥墩、人行桥、过街天桥、缆索桥、级面桥、拱桥、亭桥、廊桥、溜索桥、栈桥
管线	线	输电线、架空线、地下线、配电线、通信线、管线、电力线、供电线、照明线、电车线、电信线、给水管线、地上管线、地下管线、架空管线、排水管线、雨水管线、天然气管线、污水管线
	管道	油管道、地上管道、地下管道、架空管道、水管道
	塔	电线塔、铁塔

在信息爬取时，利用上述表格中的地理信息要素词汇，可以大大提高检索效率，从互联网大量复杂的信息中获取地理信息相关文本。

2. 基础地理实体要素变化特征词汇库建立

要素变化特征词汇用于表达实体发生了何种类型的变化，一般以动词形式存在，不同的基础地理实体特征词汇既可能对应完全相同的变化动词，也可以对应不完全相同或完全不相同的变化动词，表 6-3 展示了部分基础地理实体对应的变化词汇。

表 6-3　　**基础地理实体要素变化特征词汇示例**

变化词汇类型	变化词汇	地理信息要素	相似变化词汇
新生	新建	水系：库、闸 居民地及设施：小区、像、庙、寺、教堂 交通：路、道、站、地铁、轻轨、隧道、桥	开工、动工、开挖、开凿、开建
	修复	水系：库、堤、坝、闸 交通：路、道、站、地铁、轻轨、隧道、桥	复原、修葺、修整
	动工	水系：河、江、渠、湖、池 交通：站、地铁、轻轨、隧道	开工
	取代	交通：桥	落幕、淡出视线
	落成	水系：库 居民地及设施：小区、厂、站、场、地、馆、店、园、塔、台、楼、像、庙、寺、教堂 交通：路、站、地铁、轻轨、隧道、桥	完成、完工、竣工、建成
	启用	水系：闸 交通：站、地铁、轻轨、隧道	投入使用、开业
变化	改道	水系：河、江、渠、湖、池、道、隧道 交通：路、道 管线：管道、管线	
	拓宽	水系：河、江、渠、湖、池、道、隧道 居民地及设施：小区 交通：路、道	加宽、增宽
	疏浚	水系：河、江、渠、湖、池、道、隧道	
	通车	交通：路、道、口、站、地铁、轻轨、轨道、隧道、桥	竣工、完工、完成、结束
	重建	水系：库 居民地及设施：小区、房	
消失	冲塌	水系：堤、坝 交通：桥	冲毁
	消失	交通：桥	淡出视线、落幕、谢幕
	爆破	水系：堤、坝 交通：桥	淡出视线、落幕、谢幕
	谢幕	交通：桥	淡出视线、落幕
	废弃	水系：库、井、闸 居民地及设施：窑、厂、站、场、地、馆、店、园、台、楼	弃用、荒废

特定的地理信息要素有特定的变化动词，特定的变化动词也有特定的变化对象，地理信息要素与变化词汇共同作为爬虫主题关键字，可以消除要素关键字在所属类别上的歧义。如图 6.11 为以“建成”为主题词，通过网络爬虫技术所爬取的“路”相关变化信息所得到的网页结果。该网页新闻就可以辅助道路地理实体数据更新。

在国家新型基础测绘建设武汉试点项目中，基于上述关键技术，研发了基于属性类自发地理信息数据的基础地理实体变化检测软件系统，如图 6.12 所示。该系统通过后台配置的爬虫关键字及爬虫规则后，自动爬取相关的新闻网页。前台用户可结合爬取的新闻网页和互联网地图，交互式生成基础地理实体变化数据，生产基础地理实体数据更新包。

图 6.11　以“竣工”为主题词爬取的地铁相关变化网页示例

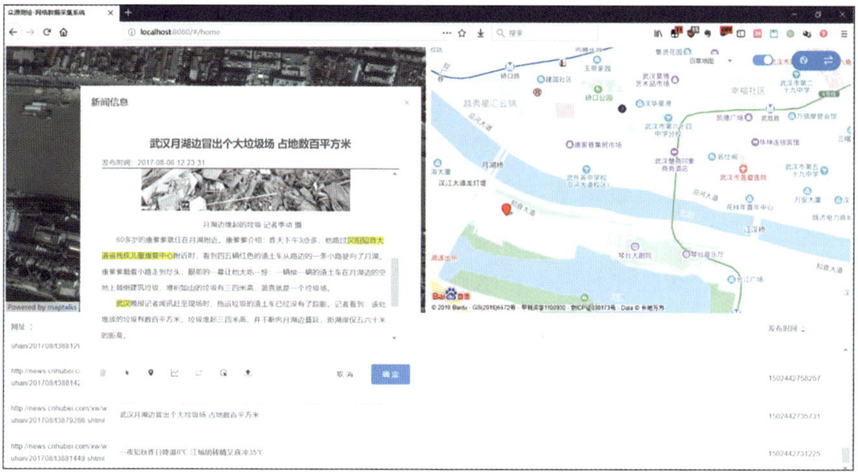

图 6.12　基础地理实体变化检测软件系统

6.5　基于图形类自发地理信息数据变化检测关键技术

伴随着互联网产业的迅猛发展，图形类 VGI 数据的组织、管理、更新技术都得到了迅猛发展。图形类 VGI 数据的获取渠道主要为互联网地图开源平台，类似平台上存储、发布的图形类 VGI 数据主要以矢量数据格式表现。该类数据与通过专业测绘技术获取的数据相比，在时效性、数据获取成本上存在明显优势，但在准确程度上却可能有较大偏差。根据以上这些特点，针对图形类 VGI 数据的变化检测通常遵循以下基本流程：VGI 数据质量评定；图形类 VGI 数据配准；变化检测。对应关键技术介绍如下。

6.5.1　数据配准

数据配准环节是基于图形类 VGI 数据的基础地理实体变化检测的基础。例如，在基于 OSM 开源矢量数据，进行道路实体更新时，为快速检测变化发生具体位置，需首先对 OSM 路网数据与库内现行图元数据进行配准。按照参与配准环节基础数据的不同，数据配准方法分为以下两大类。

1. 图形类 VGI 数据与影像配准

图形类 VGI 数据与影像类配准算法可分为三类：人工配准；半自动配准；全自动配准。三类配准方法均依赖于同名控制点、线、面状地物的选取。在实际工作中，半自动配准使用较多，相关配准方法均依赖于计算影像和矢量数据之间的近似变换关系，可采用的主要算法包括多项式纠正、共线方程纠正与仿射变换纠正等。

2. 图形类 VGI 数据与矢量数据配准

此分类下的常用的配准算法有两种，分别为：全局缓冲区增长算法，ICP(迭代最近点)算法。

典型全局缓冲区增长算法的基本思想是：将矢量弧段作为匹配基本单元，根据现实世界实体的实际宽度设定一个距离阈值，以矢量弧度为中心，距离阈值为半径生成弧段的多边形缓冲区，将缓冲区内包含的另一数据集中的弧段作为潜在匹配对象加入到匹配候选集，然后再匹配候选弧度集中搜索相似度最大的弧度作为匹配的最终结果。

当将 ICP 算法应用于图形类 VGI 数据的配准时，该算法实际用于求解两类二维点集间的空间匹配问题。其基本思想是：根据某种几何特性对两类点集进行匹配，设这些匹配点为假想的对应点，根据这种对应关系求解运动参数。然后利用这些运动参数对点群进行变换，并利用同一几何特征，确定新的对应关系。最后重复上述过程，直至迭代收敛、最终完成匹配。

6.5.2　VGI 数据相似度评价

VGI 数据相似度评价是基于 VGI 数据的基础地理实体变化检测的核心技术。针对目标数据与标准数据的相似度评价，可以作为 VGI 数据的质量评定的依据，而不同时相 VGI 数据间的相似度评价同样可以用于发现基础地理实体的变化状态、程度。根据被检测实体类型以及待检测变化类型的不同，常用的 VGI 数据相似度评价主要包括：距离相似度评价，拓扑相似度评价，几何形态相似度评价。

1. 距离相似度评价算法

距离相似度主要用于线性要素的质量检验或变化检测，常用算法包括基于 Hausdorff 距离的相似度算法与基于 Frechet 距离的相似度算法。

以下主要介绍 Hausdorff 距离的计算原理。该算法核心思想为将线相似度计算转化为点集相似度计算。对于某两个点集 $A=\{a_1, a_2, \cdots, a_3\}$，$B=\{b_1, b_2, \cdots, b_n\}$，则 A，B 点集 Hausdorff 距离计算公式为

$$H(A, B)=\max\left(h(A, B), h(B, A)\right) \tag{6-1}$$

$$h(\underset{a\in A}{A}, B)=\max\{\min_{b\in B}\|a-b\|\} \tag{6-2}$$

$$h(\underset{b\in B}{B}, A)=\max\{\min_{a\in A}\|b-a\|\} \tag{6-3}$$

Hausdorff 距离 $H(A, B)$ 是两个单向距离 $h(A, B)$ 和 $h(B, A)$ 两者中的较大者，该值越大距离相似度越高。

2. 基于拓扑相似度的评价算法

拓扑相似度主要用于矢量面状要素的质量检验或变化检测。面积算法在拓扑相似度的评价中使用较多。下式为面积算法的核心计算公式：

$$S_{\text{Area}}(A, B)=\frac{S(A\cap B)}{\min\left(S(A), S(B)\right)} \tag{6-4}$$

式中，$S(A)$，$S(B)$ 是两个空间对象的面积，$S(A\cap B)$ 是两个目标实体的重叠面积，$S_{\text{Area}}(A, B)$ 的取值为$[0, 1]$，计算值越大，两个实体间的拓扑相似度越高。

3. 基于几何形态相似度的评价算法

几何形态是空间实体的重要视觉特征，形态相似特性在变化检测过程中占有重要地位，在形态相似度检测过程中，常用算法包括：中心距离角度描述子算法、傅里叶变换描述子算法以及形状上下文描述子算法等。

以在评价矢量多边形形态相似度计算中使用较多的傅里叶变换描述子算法为例，其核心原理为：假设存在一动点在矢量多边形上移动，建立与动点坐标相关的函数，由于多边形函数为闭合图形，故该函数具有周期性，并称该周期函数为形态签名函数，对该函数进行规范化和傅里叶变化后，变化系数可以用来描述整个几何图形。通过对比不同多边形的相应变化系数，可以达到求解几何形态相似程度的目的。

在国家新型基础测绘建设武汉试点项目中，在对 OSM 数据与数据库内现势矢量道路网精确配准的基础上，采用距离相似度算法进行了部分道路实体的变化检测实践，部分结果如图 6.13 所示。

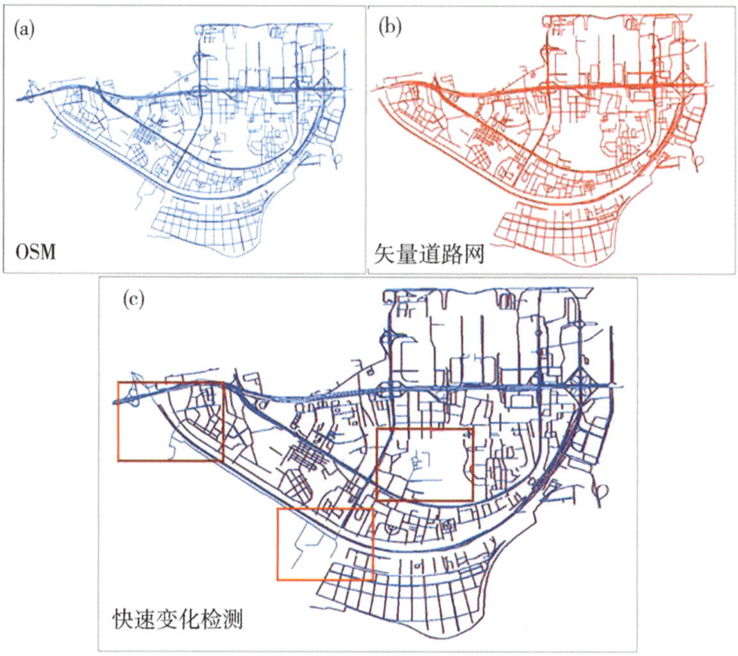

图 6.13　道路实体变化检测

6.6　基于“多测合一”审批数据的变化发现及更新

随着政府部门“放管服”改革和优化营商环境工作的深入，全国各地均由自然资源和规划部门牵头，建设、交通、园林绿化、民防、消防、房屋等其他部门共同组织开展了工程建设项目的“多测合一”工作。“多测合一”是指在当地行政区房屋建筑和城市基础设施等工程建设项目(不包括特殊工程和交通、水利、能源等领域的重大工程)整合行政审批和产权登记所需的全流程测绘服务，实现“统一标准、分类测绘、成果共用”。

具体来说，工程建设项目的全流程测绘包括立项用地规划许可、工程建设许可和施工许可阶段涉及的地形图测量、地籍测绘(土地勘测定界)，以及联合验收和产权登记阶段涉及的规划核实测量、土地核验测量、房产测绘、绿地核实测量、人防核实测量和地下管线测量等。这些与政府部门审批管理相关的测绘成果真实准确地反映了建设项目所在区域的地理实体随项目建设进度的变化情况，是地理实体数据更新的重要来源之一。

传统的数据变化发现、发布机制采取“年度汇总，年度发布”，即将全年内各种变化信息进行收集、综合汇总，然后统一发布变化信息，进行年度修测更新。该机制周期长，难以保持数据的现势性。而同一工程建设项目的“多测合一”测绘成果，具有变化更新内容明确、现势性强的特点。利用这些审批测绘成果开展区域性的管理式增量更新，能够缩短地理实体数据的更新周期。

在工程许可阶段，由于建设项目尚未正式开展，因此，该建设区域内的地理实体不一定发生变化。此时，可将该阶段的测绘成果与现有基础地理实体数据库进行比对，检测区域内的地理实体是否有变化，若发生了变化，则对现有数据库进行更新。

在联合验收和产权登记阶段，由于建设项目已经实施完成，项目建设区域内的地理实体必然发生了变化。此时，将该阶段的测绘成果提取相应的可用于更新的信息后，便可对现有基础地理实体数据库开展更新工作。

“多测合一”的测绘成果可用于更新基础地理实体的具体信息如表 6-4 所示。

表 6-4　**测绘成果更新基础地理实体数据库的可用信息表**

序号	测绘成果名称	可用于更新地理实体数据的信息
1	报建地形图	各类建(构)筑物及附属设施、地下管线及附属设施、交通及附属设施、水系及附属设施、境界、地貌、植被等各项地物、地貌要素、地理名称注记、城乡规划信息用于更新包括居民地及设施、交通、管线、水系、用地与院落、区域与界线、地貌等地理实体的几何图形与属性信息
2	地籍测绘(土地勘测定界)成果	土地及其附属物(不动产)的权属、位置、形状等信息用于更新用地与院落的类别、地理实体名称、所有(管理者)、几何图形等信息
3	规划核实测量	建设用地的性质、位置、界线用于更新用地与院落的类别、几何图形； 建筑密度、容积率用于更新城镇住宅用地的建筑密度与容积率； 建(构)筑物的平面位置、层数、使用性质、立面造型、外装材料用于更新房屋的几何图形、建筑层数、建筑用途、外形特征； 停车泊位用于更新停车位、停车楼的几何图形； 交通出入口用于更新院门的几何图形
4	土地核验测量	土地出让、租赁或划拨情况用于更新用地与院落的类别、所有(管理者)
5	房产测绘	建筑物的结构和形状，层数和建成年份，坐落的位置以及建筑物的用途用于更新房屋的几何图形、建筑层数、地址、建筑用途
6	绿地核实测量	总建设用地面积及其审批依据、原审批绿地面积、绿地率，实际测量后经折算的绿地总面积、绿地率；绿地及市政配套设施情况用于更新绿化设施的几何图形
7	人防核实测量	人防专用部位、平战两用部位等平面情况及面积明细、汇总情况用于更新地下建筑的几何图形、建筑主要用途、建筑总面积等信息
8	地下管线测量	地下管线的性质、平面位置、走向、权属单位信息、埋深、材质、规格等信息用于更新管段的类别、几何图形、权属单位、埋深、材质、断面尺寸等信息

整体技术路线如图 6.14 所示。

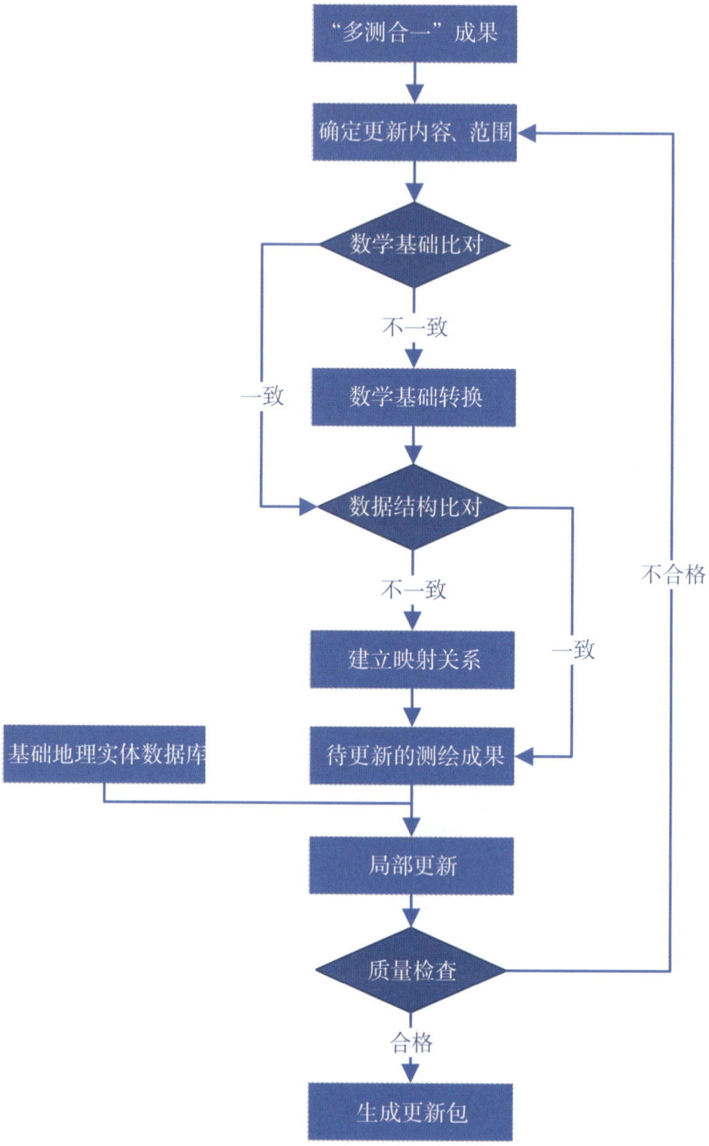

图 6.14　审批数据更新地理实体流程图

下面以规划核实测量成果为例，介绍“多测合一”成果用于地理实体数据更新的主要流程。

规划核实测量是指对竣工后的建设工程的建设位置、形状、大小及属性等地形、规划等要素进行全面的测定、采集与表述的一项测绘工作，其包含建设工程的用地面积、证上建筑总占地面积、总建筑面积、地上地下建筑面积、计容建筑面积、不计容建筑面积、容积率、建筑密度等多种信息可用于更新地理实体数据中的房屋、用地与院落等实体数据。

首先，通过规划核实测量成果获取待该成果施测区域的范围线，查看该成果的时间基准、平面基准以及高程基准是否与基础地理实体数据库的基准一致。如果不一致，则需要对该测量成果进行相应的数学转换，使其基准全部和基础地理实体数据库保持一致。

由于目前规划核实测量成果还是以要素作为基本管理对象，而新型基础测绘则是以实体为基本管理对象，两者存在明显区别。因此，需要依据基础地理实体数据库的数据标准，建立现有的规划核实测量成果数据标准与其的对应关系，对成果进行相关的信息抽取、转换等实体化改造工作，转化为待更新的测绘成果。具体来说，建设用地的性质、位置、界线用于更新用地与院落的类别、几何图形；建筑密度、容积率用于更新城镇住宅用地的建筑密度与容积率；建(构)筑物的平面位置、层数、使用性质、立面造型、外装材料用于更新房屋的几何图形、建筑层数、建筑用途、外形特征；停车泊位用于更新停车位、停车楼的几何图形；交通出入口用于更新院门的几何图形。

通过前面获取的范围线从基础地理实体数据库提取相应的数据导出，与待更新的测绘成果进行比对，获取发生变化的基础地理实体，生成数据更新包。

将生成的更新包重新导入至“基础地理实体数据综合管理与应用平台”，最终完成数据更新和历史数据管理工作。

6.7 基础地理实体数据综合管理与应用平台

为方便基础地理实体数据的高效管理、更新维护与应用服务，满足基础地理实体数据“一库多能、按需组装和定制服务”的目标，国家新型基础测绘建设武汉试点项目结合基础地理实体数据的结构特点、更新维护特点和应用服务需求，研发了一套稳定性好、通用性强、灵活性高的基础地理实体数据综合管理与应用平台(以下简称“平台”)。

6.7.1 逻辑结构设计

平台的逻辑结构设计如图 6.15 所示，包含 5 层，从下往上依次为：“硬件资源层”“数据资源层”“管理计算层”“服务接口层”和“应用层”。此外，还包括支撑平台管理运营的“保障层”。

(1)硬件资源层：对应平台运行所依赖的高性能服务器、网络、存储等硬件资源。

(2)数据资源层：对应平台管理的基础地理实体数据及其关联的海量社会经济专题数据等数据资源。

(3)管理计算层：对应平台数据管理调度、空间分析运算等功能模块。

(4)服务接口层：对应平台的数据管理与应用相关的服务接口。主要包括数据引擎服务、空间查询服务、空间分析处理服务等。

(5)应用层：对应平台的数据集成展示以及基于平台的服务接口搭建的各类 GIS 应用系统。

(6)保障层：对应保障平台运行的“标准规范体系”“运维管理体系”和“信息安全体系”等。

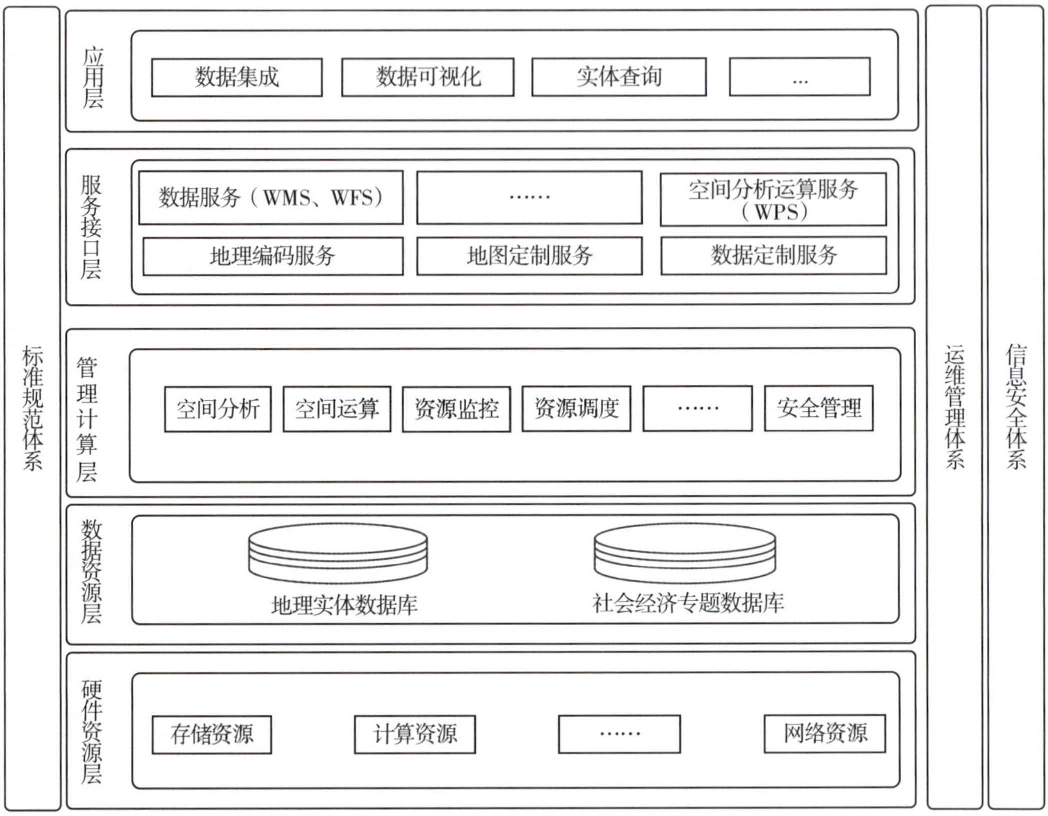

图 6.15　平台逻辑结构设计图

6.7.2　平台子系统设计

平台包含以下两个子系统：

1. 基础地理实体数据综合管理系统

该系统主要实现数据的检查、编辑、入库、更新、导入、导出、服务发布、服务更新等，其结构为 C/S 结构，其用户对象为基础地理实体数据维护管理人员。

2. 基础地理实体数据综合应用门户

该系统主要面向各类用户，实现基础地理实体数据的集成展示与在线应用，其结构为 B/S 结构，其用户对象为网络中授权的各类数据用户。

6.7.3　“基础地理实体数据综合管理系统”功能设计

1. 基础功能

(1)基本工具，主要包含系统登录及注销、浏览工具、选择工具、测量工具、视图管理等功能模块。各功能模块包含的主要功能点如下：

系统登录及注销：包含用户登录、密码修改、用户注销等；

浏览工具：平移、放大、缩小、前视图、后视图、多视联动等；

选择工具：点选、矩形选择、圆形选择、多边形选择、清空选择等；

测量工具：距离测量、面积测量、体积测量等；

视图管理：二三维联动、二三维切换、多窗口联动、全屏、窗口管理等。

(2)实体目录，为方便查看及展示，用户可通过增加节点、删除节点、修改节点等操作构建树状目录对实体数据资源进行分类分级管理。

(3)实体导航，用来展示所选中的实体记录与其他实体的关系。

(4)实体详情，用来展示实体的详细信息。

2. 数据导入

支持 Shp、mdb 等常见格式的二维数据及 obj、osjb 等常见格式的三维模型数据导入；同时也支持 PostgerSQL、SQLSERVER+SDE、Oracle+SDE 等空间数据库链接导入。

3. 实体查询

包括属性查询、空间属性组合查询、SQL 查询、缓冲区查询等。

4. 实体统计

包括属性统计、空间统计、空间属性组合统计、缓冲区统计等。

5. 数据转换

包括格式转换和投影转换。格式转换实现多种常见格式的地理信息数据格式的无损变换，包括 SHP、DXF、GDB、MDB 等国标通用数据格式，支持单个数据的格式转换以及批量数据格式转换；投影转换支持常见坐标系及自定义坐标系之间的投影变换。

6. 数据派生

包括数据关联、数据组合、多尺度数据派生等。数据关联包含基于空间关系的数据关联，基于属性字段的数据关联；数据组合即为将多种不同类型的数据组合为特定结构的数据，包括数据模板定制，可视化拖拽组合等功能；多尺度数据派生即通过地图综合缩编技术，将指定的数据缩编为任意指定比例尺的数据。

7. 数据编辑

(1)图元编辑，功能包括：绘制点、绘制线、绘制面、点/线/面节点编辑、线/面修剪、线打断、线合并、线延长、面删除、线/面分割、面/面合并、面/面求交、面/面求差等。

(2)属性编辑，包括单个图元属性编辑和批量图元属性编辑以及属性挂接等。

(3)实体编辑，包括实体组成关联关系编辑，如"地理单实体""地理组合实体"和"地理聚合实体"编辑，"父实体""子实体"等关系编辑等。

8. 数据导出

包括选择的数据导出、批量数据导出等功能。数据导出支持 Shp、mdb、obj、osgb 等常见格式；同时也支持 PostgerSQL、SQLSERVER+SDE、Oracle+SDE 等空间数据库链接导出。

9. 数据检查

支持检查规则和检查方案的灵活配置，支持多检查任务的自动并发执行。功能主要包括：规则定制、检查方案定制、检查任务管理、检查结果输出等。

10. 数据更新

包括变化发现及数据局部更新等功能。通过网络在线抓取基础地理实体图元变化信息，辅助生成基础地理实体更新包；通过 AI 结合影像、点云等数据发现图元变化信息，辅助生成基础地理实体更新包；通过导入数据更新包完成数据库的局部更新。

11. 历史数据

包括历史数据版本管理及历史回溯等。历史数据版本管理：根据实体更新时间，创建实体历史版本。历史回溯：对实体历史版本回溯，可查询历史更新版本，选择对应的版本，可进行历史对比。

12. 地图制作

包括地图符号的制作、编辑及符号库管理；图层符号设置、修改、保存等；唯一值渲染、分级渲染、热力图等形式专题地图制作；比例尺、图框、图例等图面整饰要素编辑管理；地图保持、修改、管理；地图打印等。

13. 服务管理

包括基础地理实体数据服务发布、服务更新、服务停止、服务删除、服务切片等。

14. 安全管理

包括用户管理、权限管理、日志管理、事务管理、数据库备份及恢复等。

15. 系统配置

提供数据的配置管理功能，包括实体数据标准管理、产品定制模板管理、数据质检模型管理、制图模板管理等。

6.7.4 “基础地理实体数据综合应用门户”功能设计

1. 用户注册

提供用户注册系统，使用系统的入口。

2. 用户登录

提供用户登录系统的入口。

3. 信息发布

系统管理员通过该接口发布最新的数据更新信息。

4. 信息反馈

一般数据用户通过该接口发布数据或功能需求，或对数据或功能服务的应用情况给予反馈。

5. 资源目录

服务资源目录可以按主题、按来源进行目录定位，点击可以查阅该目录下的服务资源列表。

(1)按主题展示目录。平台提供按主题方式组织并展示资源，当用户选择某一主题并展开时，就能展示与该主题有关的各种资源列表，点击各资源，就能进行数据浏览。用户可以根据主题对资源进行查找或搜索。

(2)按来源展示目录。平台提供按数据来源部门的方式组织并展示资源，当用户选择某一数据来源部门并展开时，就能展示与该部门有关的各种资源列表，点击各资源，就能进行数据浏览。用户可以根据来源部门对资源进行查找或搜索。

6. 资源检索

可以通过服务标题、名称、类型、关键字或者它们的混合查询来检索平台中注册的服务。服务查询结果以列表方式展示，列表上显示服务标题、名称、类型、发布时间及发布人等。

7. 服务详情

点击服务列表中的详情，就能打开服务详细信息。详情展示服务的以下主要信息：服务 URL、服务类型、版本、名称、坐标系统、操作方法、图层名称、图层点线面类型、包含的字段等。

8. 数据可视化

实现多时相数据组合、叠加、符号化显示，以及放大、缩小、漫游、前视图、后视图等浏览功能，并可通过动画、动态符号和颜色模拟变化；支持三维模型数据的显示，为提高系统性能宜支持模型动态加载；具有三维漫游功能，支持拖动、滑动、飞行模式；支持多视角浏览，包括平视、仰视、俯视角度；支持将多时相数据在三维上叠加、符号化显示及漫游、多视角浏览等。

9. 空间量测

对二维数据进行距离、面积量测；对三维模型数据进行空间距离量测；对三维模型数据进行水平面积量测；对三维模型数据进行体积量测。

10. 查询检索

按时间、属性和空间或其组合条件，查询与检索不同时相、不同类型和不同区域时空信息，并可提取与统计；对三维模型数据进行查询；对数据及服务资源进行目录检索；根据检索结果进行快速定位。

11. 在线制图

在线交互式或通过制图模板来制作个性化地图，并可以进行保存、分享及打印输出。

12. 数据定制

通过数据派生、组合、编辑、融合等多种方式，实现用户个性化数据的定制。

13. 接口定制

通过服务开发、服务组合等方式实现功能接口定制。

14. 应用系统定制

基于平台提供的定制模板，以“零代码”的方式进行应用系统的可视化定制。

主要参考文献

[1]蔡勇，陆藩藩．地理实体编码标准研究与实践[J]．江苏科技信息，2019，36，606(21)：37-40.

[2]李先波．基础地理实体数据整合技术研究[J]．北京测绘，2019(8)：903-906.

[3]闫国年，俞肇元，周良辰，等．地理实体分类与编码体系的构建[J]．现代测绘，2019，42(01)：6-11.

[4]刘勇．基于时空化的基础地理实体建库研究[J]．科学与信息化，2020(13)：2.

[5]彭瑞，江瑞．关于地理实体编码设计和应用的研究[J]．现代测绘，2012，35(003)：23-26.

[6]张亮，周志诚，厉芳婷，等．基于地理实体的数据库建设探讨[J]．地理空间信息，2021，19(1)：4.

[7]张翼然，贾光军，陶迎春，等．地理实体的空间组织与多态特征及其应用[J]．测绘通报，2020(8)：135-138.

[8]庄敏．地理实体匹配技术研究[D]．南京：东南大学，2016.

[9]王巧燕．基于冲突检测的时空数据批量更新机制研究[D]．杭州：浙江大学，2016.

[10]贾丹，王维．基于地理实体的基础测绘生产组织模式探索[J]．测绘通报，2017(4)：125-129.

[11]殷甲伟．基于地理实体匹配的多尺度空间数据联动更新研究[D]．武汉：武汉大学，2018.

[12]尹鹏程，王守东，宋玉兵，等．新型地理实体数据关键技术研究及应用[J]．北京测绘，2020，34(7)：881-885.

[13]彭清山，曹文涛，李海亭，等．新型基础测绘产品体系及技术实现研究[J]．城市勘测，2019(6)：5-9.

[14]陈良超，陈光，薛梅．新型三维测绘地理信息产品集成建库研究技术[J]．地理信息世界，2017，24(4)：86-91.

[15]薛梅，陈光，李锋，等．一种基于地理实体的异构三维空间数据集成方法[J]．测绘通报，2019(增)：247-252.

[16]李成名，印洁，刘晓丽，等．“实体中国”与新型基础测绘的思考[J]．测绘科学，2019，44(6)：230-234.

[17]刘朋飞，崔铁军．地理数据关联研究进展[J]．天津师范大学学报(自然科学版)，2019，39(3)：10-15.

[18]周校东，孟妮娜，谢鹏，等．地理信息图库一体更新方法[J]．测绘通报，2019(4)：111-114.
[19]楚亮，黄强．地市级地理实体数据规范化研究——以徐州市为例[J]．测绘，2018，41(2)：65-68.
[20]王东华，刘建军，张元杰，等．国家基础地理信息数据库升级改造的思考[J]．地理信息世界，2018，25(2)：1-6.
[21]潘娴斌，董旭琴，王爱爱．基础地理信息数据省、县联动更新探究——以安吉县为例[J]．测绘与空间地理信息，2019，42(3)：156-161.
[22]洪必文，曹青，张翎，等．基于自然语言形态描述的地理实体模拟表达方法[J]．地球信息科学学报，2019(10)：5-15.
[23]李元復，孙群，季晓林，等．兼顾几何连通性与名称一致性的城市道路实体构建[J]．测绘通报，2019(4)：115-118.
[24]王海波，王姬卜，黄宗财，等．结合实体词与句子语义的地理实体关系抽取[J]．测绘科学技术学报，2018，35(6)：633-636，642.
[25]闫梦宇，钟志农，景宁，等．文本地理编码关键技术研究与分析[J]．测绘通报，2019(5)：72-76.
[26]邵飞，于忠海，杨娜．一种基于EPS2008和ArcGIS的地理实体数据更新技术[J]．城市勘测，2019(4)：64-66.
[27]王云帆．一种基于空间特征的地理实体编码方法[J]．测绘通报，2018(10)：66-70.
[28]董明，邢晓娟，武润泽，等．北京市新型基础测绘顶层设计[J]．北京测绘，2017(6)：38-43.
[29]阮于洲，王晨阳．对基础测绘“十四五”规划的若干思考[J]．测绘通报，2019(11)：153-155.
[30]钟先金，吴会胜，叶哲璐，等．基于JavaEE的新型基础测绘业务信息化管理系统设计与实现[J]．测绘地理信息，2020，45(2)：1-5.
[31]车一鸣．基于基础测绘成果的新型基础测绘像控生产经验[J]．测绘与空间地理信息，2019，42(9)：204-206，209.
[32]阮于洲．论基础测绘现代化与新型基础测绘[J]．测绘与空间地理信息，2019，42(8)：234-236，240.
[33]张继贤，张莉，张鹤．面向新型基础测绘的质检任务探[J]．测绘通报，2018(7)：71-73，87.
[34]潘峰．浅析城市新型基础测绘建设内容[J]．测绘与空间地理信息，2019，42(8)：237-240.
[35]商建伟，张允涛，王骞颖，等．山东省新型基础测绘地形要素数据与制图表达[J]．测绘与空间地理信息，2018，41(1)：211-213，216.
[36]王焕萍，亢伟，张莹．新型基础测绘标准化探讨[J]．测绘标准化，2018，34(1)：1-5.

[37]肖提荣，吴玉婷，何照攀，等．新型基础测绘数据在地震应急领域生产与应用实践[J]．测绘与空间地理信息，2019，42(9)：111-114.
[38]肖建华，王祥，喻爽．新型基础测绘体系建设的几点思考[J]．城市勘测，2019(3)：5-9.
[39]魏国忠．新型基础测绘自动制图软件的设计与实现[J]．遥感信息，2019，34(3)：139-142.
[40]曹春华．重庆市"3D+"全息空间数据库建设与新时代基础测绘转型实践[J]．测绘通报，2018(12)：119-124.
[41]祁信舒，龚芳，向浩，等．湖北省新型基础测绘建设的研究[J]．地理空间信息，2019，17(10)：125-128.
[42]顾建祥，杨必胜，董震．智能化全息测绘及示范应用[J]．城市勘测，2019(3)：10-14.
[43]陈飞，龚建辉，陈中林，等．基于规则的地理国情普查质量检查系统的设计与实现[J]．测绘通报，2016(3)：122-125.
[44]翟召坤，高崟，刘建军，等．基于规则定制的地理空间数据质量检查软件设计研发[J]．地理信息世界，2021，28(1)：100-104.
[45]刘建军．基础地理信息数据质量检查软件的设计探讨[J]．测绘通报，2010(11)：18-21.
[46]叶爱东，陈金林，张鹤．一种模型驱动空间数据库质量检查平台构建[J]．测绘通报，2020(3)：113-117.
[47]张号，王炜，邓强，等．倾斜摄影实景三维模型质量评价[J]．北京测绘，2020，34(1)：56-60.
[48]段文华，许庆领．倾斜摄影实景三维模型的质量控制分析[J]．地理空间信息，2017，15(11)：93-95.
[49]刘增良，陈思，陈品祥．城市倾斜摄影实景三维模型数据质量检查方法研究与实践[J]．测绘通报，2019(2)：108-112.
[50]李德仁，肖雄武，郭丙轩，等．倾斜影像自动空三及其在城市真三维模型重建中的应用[J]．武汉大学学报(信息科学版)，2016(06)：711-721.
[51]杨必胜，董震．点云智能处理[M]．北京：科学出版社，2020：1-12.
[52]王华斌，韩旻，王光辉，等．遥感影像要素提取的可变结构卷积神经网络方法[J]．测绘学报，2019.
[53]臧玉府．多平台点云空间基准统一与按需三维建模[D]．武汉：武汉大学，2016.
[54]侯艳芳，叶泽田，杨勇．基于 POS 数据的车载面阵 CCD 影像与激光点云融合处理研究[J]．遥感信息，2011(4)：76-79.
[55]吴胜浩，钟若飞．基于移动平台的激光点云与数字影像融合方法[J]．首都师范大学学报：自然科学版，2011，32(4)：57-61.
[56]熊伟成，杨必胜，董震．面向车载激光扫描数据的道路目标精细化鲁棒提取[J]．地球

信息科学学报，2016，18(03)：376-385.
[57]韩旭，梁新美．车载激光扫描数据的结构化道路要素自动提取方法[J]．测绘通报，2018，0(12)：87-90，100.
[58]朱建章，石强，陈凤娥，等．遥感大数据研究现状与发展趋势[J]．中国图象图形学报，2016，21(11)：1425-1439.
[59]佟国峰，李勇，丁伟利，等．遥感影像变化检测算法综述[J]．中国图象图形学报，2015，20(12)：1561-1571.
[60]孙晓霞，张继贤，燕琴，等．遥感影像变化检测方法综述及展望[J]．遥感信息，2011(01)：119-123.
[61]李德仁，刘立坤，邵振峰．集成倾斜航空摄影测量和地面移动测量技术的城市环境监测[J]．武汉大学学报(信息科学版)，2015，40(04)：427-435.
[62]李德仁．利用遥感影像进行变化检测[J]．武汉大学学报(信息科学版)，2003(S1)：7-12.
[63]眭海刚，冯文卿，李文卓，等．多时相遥感影像变化检测方法综述[J]．武汉大学学报(信息科学版)，2018，43(12)：1885-1898.
[64]樊宇，王宇楠．三维激光扫描点云数据预处理技术研究[J]．科技创新导报，2011(32)：27-28.
[65]徐婉婷．基于自发地理信息的空间数据变化发现与更新方法研究[J]．建材与装饰，2015(49)：226-227.
[66]赵雷，包银丽，袁翔东．基于倾斜摄影测量技术的建筑物空间变化监测探讨[J]．地矿测绘，2015，31(04)：11-14.
[67]张应裕，周博，彭雨滕．数字城市基础地理数据更新升级技术探讨[J]．测绘与空间地理信息，2017，40(08)：103-105.
[68]陈鑫镖．遥感影像变化检测技术发展综述[J]．测绘与空间地理信息，2012，35(09)：38-41.
[69]张良培，武辰．多时相遥感影像变化检测的现状与展望[J]．测绘学报，2017，46(10)：1447-1459.
[70]李广云，李明磊，王力，等．地面激光扫描点云数据预处理综述[J]．测绘通报，2015(11)：1-3.
[71]张振超，张永生，戴晨光，等．机载激光点云与摄影测量点云非监督建筑物变化检测[J]．测绘科学技术学报，2019，36(05)：523-530.
[72]秦亮军，刘洋，欧海平，等．广州市基础地理空间数据建库及动态更新[J]．测绘工程，2010，19(05)：44-48.
[73]安晓亚，李颖，孙群，等．面向空间数据主动更新的地理事件模型研究[J]．北京大学学报(自然科学版)，2011，47(03)：491-498.
[74]鲍鹏．城市三维空间数据库增量更新机制的研究[D]．北京：北京建筑大学，2018.
[75]刘东琴．地理实体数据库构建研究[D]．青岛：山东科技大学，2010.

[76]邵蕾．网络 POI 数据增量更新技术研究[D]．兰州：兰州交通大学，2016.
[77]郑聪．潍坊市大比例尺基础地理信息数据库更新设计[D]．济南：山东大学，2014.
[78]王国良．基于时态地理对象的基础地理信息实时更新技术研究[D]．武汉：武汉大学，2013.
[79]姬存伟．空间数据更新中居民地变化信息提取与表达研究[D]．郑州：中国人民解放军信息工程大学，2013.
[80]郑承良．互联网地理信息爬虫技术研究与应用[D]．泰安：山东农业大学，2017.
[81]庞世燕．三维信息辅助的建筑物自动变化检测若干关键技术研究[D]．武汉：武汉大学，2015.
[82]张良．基于多时相机载 LiDAR 数据的三维变化检测关键技术研究[D]．武汉：武汉大学，2014.
[83]蒋梅笑．基于三维激光扫描技术的建筑物整体变形监测方法研究[D]．武汉：武汉理工大学，2018.
[84]张凯．三维激光扫描数据的空间配准研究[D]．南京：南京师范大学，2008.
[85]龚亮．机载 LiDAR 点云数据分类技术研究[D]．郑州：中国人民解放军信息工程大学，2011.
[86]于洋洋．机载激光雷达点云滤波与分类算法研究[D]．合肥：中国科学技术大学，2020.
[87]李冬森．无人机倾斜摄影测量技术在城市土地利用动态监管中的应用研究[D]．赣州：江西理工大学，2018.
[88]朱师欢．自动空三点特征高精度影像匹配研究[D]．西安：西安科技大学，2017.
[89]杨健文．基于改进 SIFT 算法的倾斜影像匹配研究[D]．徐州：中国矿业大学，2019.
[90]吕香伟．倾斜影像的特征提取及匹配研究[D]．西安：长安大学，2017.
[91]李维森．坚持创新引领 全面推进新型基础测绘建设[J]．中国测绘，2018(1)：4-9.
[92]张利明，刘建军，汪汇兵，等．新时代下新型基础测绘的若干思考[J]．中国测绘，2018(1)：10-13.
[93]张东林，郭慧宇，宋尚萍．关于新型基础测绘体系建设的思考[J]．测绘与空间地理信息，2020，43(11).
[94]王小华．关于基础地理信息元数据标准化的思考[J]．测绘标准化，2016，32(1)：5-7.
[95]魏亮，刘士彬，王杰生．基于元数据目录服务的地理空间数据共享[J]．遥感技术与应用，2005，20(6)：616-619.
[96]殷小庆，张莹，郭玉芳，严竞新．我国自然资源调查监测相关元数据标准分析[J]．测绘标准化，2021，37(2)：1-5.
[97] Akca D. Registration of point clouds using range and intensity information[J]. The International Workshop on Recording, Modeling and Visualization of Cultural Heritage, 2006：115-126.

[98] Asai T, Kanbara M, Yokoya N. 3D modeling of outdoor environments by integrating omnidirectional range and color images [C]. In Proceedings of the Fifth International Conference on 3-D Digital Imaging and Modeling (3DIM'05), Ottawa, ON, Canada. 2005: 447-454.

[99] Aiger D, Mitra N J, Cohen-Or D. 4-points congruent sets for robust pairwise surface registration[C]. ACM SIGGRAPH. ACM, 2008, 27(3): 85.

[100] Andres B, Kappes J, Beier T, Kthe U, Hamprecht F. The lazy flipper: efficient depth-limited exhaustive search in discrete graphical models [C]. European Conference on Computer Vision, 2012: 154-166.

[101] Bapat R B. Graphs and Matrices, London, Springer Hindustan Book Agency, 2011: 171.

[102] Borrmann D, Elseberg J, Lingemann K, et al. Globally consistent 3D mapping with scan matching [J]. Robotics and Autonomous Systems, 2008, 56(2): 130-142.

[103] Böhm J, Becker S. Automatic marker-free registration of terrestrial laser scans using reflectance[C]. Proceedings of 8th Conference on Optical 3D Measurment Techniques, Zurich, Switzerland, 2007: 338-344.

[104] Böhm J, Haala N, Efficient integration of aerial and terrestrial laser data for virtual city modeling using lasermaps [J]. ISPRS Workshop Laser scanning 2005. Enschede, the Netherlands, 2005: 12-14.

[105] Besl P J, McKay N D. Method for registration of 3-D shapes[C]. International Society for Optics and Photonics, Robotics-DL tentative, 1992: 586-606.

[106] Conte D, Foggia P, Sansone C, et al. Thirty years of graph matching in pattern recognition [J]. International Journal of Pattern Recognition and Artificial Intelligence, 2004, 18 (03): 265-298.

[107] Furukawa Y, Ponce J. Accurate, Dense, and Robust. Multiview Stereopsis [J]. IEEE Transactions on Pattern Analysis and Machine Intelligence, 2010, 32(8): 1362-1376.

[108] Fernandes L A F, Oliveira M M. Real-time line detection through an improved Hough transform voting scheme[J]. Pattern Recognition, 2008, 41(1): 299-314.

[109] Gao Y, Huang X, Zhang F, et al. Automatic geo-referencing mobile laser scanning data to UAV images [J]. Int. Arch. Photogramm. Remote Sens. Spatial Inf. Sci. , 2015, XL-1/W4: 41-46.

[110] Balado J, Díaz-Vilariño L, Arias P, et al. Automatic classification of urban ground elements from mobile laser scanning data [J]. Automation in Construction, 2018, 86: 226-239.

[111] Li Y, Yong B, Wu H, et al. Road detection from airborne LiDAR point clouds adaptive for variability of intensity data[J]. Optik, 2015, 126(23): 4292-4298.

[112] Vo A-V, Truong-Hong L, Laefer D F, et al. Processing of extremely high resolution LiDAR and RGB Data: outcome of the 2015 IEEE GRSS data fusion contest—part B: 3-D

contest[J]. IEEE Journal of Selected Topics in Applied Earth Observations and Remote Sensing, 2016, 9(12): 5560-5575.
[113]Soilán M, Riveiro B, Martínez-Sánchez J, et al. Segmentation and classification of road markings using MLS data[J]. ISPRS Journal of Photogrammetry and Remote Sensing, 2017, 123: 94-103.
[114]Wang Z, Zhang L, Fang T, et al. A multiscale and hierarchical feature extraction method for terrestrial laser scanning point cloud classification [J]. IEEE Transactions on Geoscience and Remote Sensing, 2015, 53(5): 2409-2425.
[115]Zhang Y, Wang J, Wang X, et al. Road-segmentation-based curb detection method for self-driving via a 3D-LiDAR sensor[J]. IEEE Transactions on Intelligent Transportation Systems, 2018, 19(12): 3981-3991.
[116]He K, Gkioxari G, P Dollár, et al. Mask R-CNN[J]. IEEE Transactions on Pattern Analysis & Machine Intelligence, 2017.
[117]Yang, J, Li H. and Jia Y Go-icp. Solving 3d registration efficiently and globally optimally [C]. In Proceedings of the IEEE International Conference on Computer Vision, 2013: 1457-1464.
[118]Grisetti, Giorgio, et al. g2o: A general framework for (hyper) graph optimization[C]. Proceedings of the IEEE International Conference on Robotics and Automation (ICRA), Shanghai, China, 2011.
[119]李洪涛，王玉，张永良．摒弃自然资源监管的传统思维[N]．中国自然资源报，2020-7-30(6).
[120]杨宏山，李俊峰，赵淮，吴晓春，谢飞，田禹东．测绘地理信息服务在秦岭生态保护中的应用研究[J]．地理信息世界，2020，27(6)：105-108.
[121]阎凤霞，黎刚．测绘技术在生态文明建设中的应用[J]．地理空间信息，2020，18(5)：109-110，119.
[122]符韶华．地理空间数据在城市精细化管理中的应用[J]．矿山测量，2015(1)：38-40.
[123]王家耀，武芳．地理信息产业转型升级的驱动力[J]．武汉大学学报：信息科学版，2019，44(1)：10-16.
[124]钱超．地理信息技术在城市精细化管理中的运用[D]．武汉：华中师范大学，2020.
[125]陆芬．地理信息提升公共安全应急能力[N]．中国自然资源报，2020-2-4(7).
[126]牛建军．地理信息系统(GIS)及其在公共卫生领域中的应用[J]．海峡预防医学杂志，2007，13(1)：25-27.
[127]王立宇．地理信息系统的综合性应用探析[J]．中国管理信息化，2015，18(8)：67.
[128]向珍君，王晖，邓小虹，等．地理信息系统在公共卫生领域的应用[J]．医学信息学杂志，2012，33(11)：22-26.
[129]刘伟，刘卫东．地理信息系统在公共卫生研究及管理中的应用[J]．中国公共卫生管

理，2006，22(1)：30-31.
[130]张民荣，薛诚．地理信息系统在自然灾害预警中的应用探讨[J]．安徽科技，2021(7)：47-49.
[131]贾华峰，李苏东，魏巍．地理信息在城市公共安全应急系统中的应用[J]．智能城市，2020(20)：94-95.
[132]杨杨，李东辉，王祖亮．基于测绘地理信息技术的生态产品价值实现机制探讨[J]．测绘技术装备，2020，22(4)：28-31.
[133]李苏东，贾华锋，魏巍．基于地理信息技术的自然灾害应急管理系统建设探讨[J]．智能城市，2020(21)：50-51.
[134]魏曦，孙艳芝．基于三维实景的城市公共安全管理平台系统设计与实现[J]．现代信息科技，2019，3(11)：28-31.
[135]段松江，唐爽，胡世林．面向自然资源监管的遥感督察系统建设研究[J]．地理空间信息，2020，18(11)：9-11.
[136]尹雅婧．新发展阶段测绘地理信息产业发展研究[J]．科技与创新，2021(13)：26-28，31.
[137]吴勤书，赵卓文，张时智．新时代测绘地理信息服务于自然资源管理的思考[J]．测绘通报，2019(增)：168-170，175.
[138]桂德竹，程鹏飞，文汉江，等．在自然资源管理中发挥测绘地理信息科技创新作用研究[J]．武汉大学学报：信息科学版，2019，44(1)：97-100.
[139]李成名，刘晓丽．智慧城市时空基础设施建设思考[J]．卫星应用，2018(10)：8-15.
[140]杨宏山，邓国庆．自然资源管理中测绘地理信息工作的若干思考[J]．测绘科学，2020，45(12)：181-190.
[141]罗爱国，李才根．自然资源管理中测绘地理信息工作的新要求[J]．地矿测绘，2021，37(2)：53-55.
[142]王洪昌，蔡姬雯，刘禹鑫，等．自然资源监管核查移动平板系统关键技术的研究与实现[J]．测绘与空间地理信息，2020，43(增)：73-75.

附录 A 基础地理实体数据采集内容与分类编码

表 A. 1 基础地理实体数据采集内容与分类编码

门类	大类	中类	小类	分类代码	含义	采集图元	图元编码	图元类型
居民地及设施	建筑物	房屋		01010100	在建筑结构上自成一体的各种类型的独立房屋	房屋	01010100A01	面
						第五立面(屋顶面)	01010100A02	面
						廊房	01010100A03	面
						飘楼	01010100A04	面
						楼栋出入口	01010100L01	线
						雨罩	01010100A05	面
						檐廊	01010100A06	面
						阳台	01010100A07	面
						挑廊	01010100A08	面
						外观形态	01010100T01	几何体
						室内结构	01010100T02	几何体
		楼层		01010200	房屋的自然层	楼层	01010200A01	面
		房屋附属设施	门顶	01010301	大门的顶盖	门顶	01010301A01	面
						外观形态	01010301T01	几何体
			柱廊	01010302	由支柱和顶盖组成供人通行的走廊	柱廊	01010302A01	面
						外观形态	01010302T01	几何体
			悬空通廊	01010303	悬在半空中的通道	悬空通廊	01010303A01	面
						外观形态	01010303T01	几何体
			门墩	01010304	起到支撑门框、门轴作用的一个构件	门墩	01010304P01	点
						门墩范围面	01010304A01	面
						外观形态	01010304T01	几何体

续表

门类	大类	中类	小类	分类代码	含义	采集图元	图元编码	图元类型
居民地及设施	建筑物	房屋附属设施	建筑物前汽车坡道、无障碍通道	01010305	建筑物门前两侧可通行的汽车的坡道或提供残疾人及其他行动不便者通行的坡道	建筑物前汽车坡道、无障碍通道	01010305A01	面
						外观形态	01010305T01	几何体
			室外楼梯	01010306	在室外依附于建筑物且作为楼层间垂直交通用的构件	室外楼梯	01010306A01	面
			室外自动扶梯	01010307	在室外用以楼层间向上或向下倾斜输送乘客的固定电力驱动设备	室外自动扶梯	01010307A01	面
			室外电梯	01010308	在室外服务于规定楼层的固定式升降设备	室外电梯	01010308A01	面
			门洞、下跨道	01010309	有顶的较长过道	门洞、下跨道	01010309A01	面
		地下建筑		01010400	建造在岩层或土层中的建筑	地下建筑范围面	01010400A01	面
						地下建筑分层范围面	01010400A02	面
						外观形态	01010400T01	几何体
						室内结构	01010400T02	几何体
		地下建筑附属设施	地下建筑出入口	01010501	地下建筑的出入口	地下建筑出入口	01010501P01	点
						地下建筑出入口范围面	01010501A01	面
						外观形态	01010501T01	几何体
						室内结构	01010501T02	几何体
			地下建筑物通风口	01010502	地下房屋、防空洞、地下停车场等地面下建筑物的通风口	地下建筑物通风口	01010502P01	点
						地下建筑物通风口范围面	01010502A01	面
						外观形态	01010502T01	几何体
						室内结构	01010502T02	几何体
		窑洞		01010600	在坡壁挖成的洞穴式居所	窑洞	01010600P01	点
						窑洞特征线	01010600L01	线
						窑洞范围面	01010600A01	面
						外观形态	01010600T01	几何体
						室内结构	01010600T02	几何体

续表

门类	大类	中类	小类	分类代码	含义	采集图元	图元编码	图元类型
居民地及设施	建筑物	蒙古包、放牧点		01010700	牧民游牧时居住的常年或季节性的活动毡房或帐篷	蒙古包、放牧点	01010700P01	点
						蒙古包、放牧点范围面	01010700A01	面
						外观形态	01010700T01	几何体
	构筑物	垣栅类构筑物	围墙	01020101	用土或砖、石砌成的起封闭阻隔作用的墙体	围墙	01020101L01	线
						外观形态	01020101T01	几何体
			栅栏、栏杆	01020102	有支柱或基座的，用铁、木、砖、石、混凝土等材料制成的起封闭阻隔作用的障碍物	栅栏、栏杆	01020102L01	线
						外观形态	01020102T01	几何体
			篱笆	01020103	较长时间保留的起封闭阻隔作用的障碍物	篱笆	01020103L01	线
						外观形态	01020103T01	几何体
			铁丝网、电网	01020104	由铁丝组成的起封闭阻隔作用的障碍物	铁丝网、电网	01020104L01	线
						外观形态	01020104T01	几何体
			院门	01020105	各单位和大的居民院落的大门	院门	01020105L01	线
						外观形态	01020105T01	几何体
		工矿类构筑物	矿井(井口)	01020201	地下开采矿物的坑道的出入口	矿井(井口)	01020201P01	点(有向点)
						矿井(井口)范围面	01020201A01	面
						外观形态	01020201T01	几何体
			管道井	01020202	用管道开采石油、天然气的井	管道井	01020202P01	点
						外观形态	01020202T01	几何体
			盐井	01020203	开采盐、卤水用的井	盐井	01020203P01	点
						外观形态	01020203T01	几何体
			塔形、塔类构筑物	01020204	不具备、不包含或不提供人类居住功能的塔形状的人工构筑物	塔形、塔类构筑物	01020204P01	点
						塔形、塔类构筑物范围面	01020204A01	面
						外观形态	01020204T01	几何体
			水塔烟囱	01020205	水塔和烟囱合为一体的构筑物	水塔烟囱	01020205A01	面
						外观形态	01020205T01	几何体
			烟囱	01020206	排放燃烧废气的中空塔形构筑物	烟囱	01020206A01	面
						外观形态	01020206T01	几何体

续表

门类	大类	中类	小类	分类代码	含义	采集图元	图元编码	图元类型
居民地及设施	构筑物	工矿类构筑物	烟道	01020207	用支架或用地形修筑的烟气通道	烟道	01020207A01	面
						外观形态	01020207T01	几何体
			放空火炬	01020208	用于燃烧石油化工生产中产生的可燃烧气体的塔形构筑物	放空火炬	01020208P01	点
						外观形态	01020208T01	几何体
			窑	01020209	烧制砖瓦、陶瓷、木炭、石灰、炭黑、焦炭、水泥等的场所	窑	01020209A01	面
						外观形态	01020209T01	几何体
			吊车	01020210	工矿区、车站、码头等具有轨道的固定的起重设备(吊车)	吊车	01020210A01	面
						外观形态	01020210T01	几何体
			起重机	01020211	用于吊起大型重物的大型机械设备	起重机	01020211P01	点
						起重机轨道范围面	01020211A01	面
						外观形态	01020211T01	几何体
			滑槽	01020212	在山谷或山地斜坡上架设或挖槽的供滑行运输的槽子	滑槽	01020212L01	线
						滑槽范围面	01020212A01	面
						外观形态	01020212T01	几何体
			装卸漏斗	01020213	工矿区、车站等装卸矿物的固定设备	漏口孔	01020213P01	点
						装卸漏斗	01020213A01	面
						外观形态	01020213T01	几何体
			露天设备	01020214	装置在室外的生产设备，如化工反应的催化裂化装置、铂重整装置等	露天设备	01020214P01	点
						露天设备范围面	01020214A01	面
						外观形态	01020214T01	几何体
			传送带	01020215	工矿区用于输送货物、有固定支柱(架)的带式传送设备	传送带	01020215L01	线
						传送带范围面	01020215A01	面
						外观形态	01020215T01	几何体
			地磅	01020216	安置在地下，台面与路面齐平的称重设备	地磅	01020216A01	面
						外观形态	01020216T01	几何体
			露天货栈、材料场	01020217	露天堆放木材、钢材等物资的专用场地	露天货栈、材料场	01020217A01	面
						外观形态	01020217T01	几何体

续表

门类	大类	中类	小类	分类代码	含义	采集图元	图元编码	图元类型
居民地及设施	构筑物	工矿类构筑物	贮煤场、水泥预制场	01020218	较固定的用于贮煤的场地及水泥预制场等	贮煤场、水泥预制场	01020218A01	面
						外观形态	01020218T01	几何体
			探槽	01020219	专用于地质勘探的由人工挖掘的沟槽	探槽	01020219L01	线
						外观形态	01020219T01	几何体
			探井	01020220	勘探各种矿床、地层岩性和地质构造情况，由地面垂直向下挖掘的井	探井	01020220P01	点
						探井范围面	01020220A01	面
						外观形态	01020220T01	几何体
			钻孔	01020221	钻机钻探的孔位	钻孔	01020221P01	点
						外观形态	01020221T01	几何体
		农业类构筑物	牲口房	01020301	喂养家畜的构筑物或构筑物的一部分，如马厩、牛棚	牲口房	01020301A01	面
						外观形态	01020301T01	几何体
			饲养场、打谷场、贮草场	01020302	较固定的分别用于饲养、打谷、贮草的场地	饲养场、打谷场、贮草场	01020302A01	面
						外观形态	01020302T01	几何体
			地窖、菜窖	01020303	用于储藏食物的地下空间	地窖、菜窖	01020303P01	点
			温室、大棚	01020304	有防寒加温和透光等功能的，供种植蔬菜、瓜果、花卉等喜温植物的房屋或棚房	温室、大棚	01020304P01	点
						温室、大棚范围面	01020304A01	面
						外观形态	01020304T01	几何体
			水磨房、水车	01020305	以流水为动力用以抽水、磨粮的磨坊和固定的水车	水磨房、水车	01020305P01	点
						外观形态	01020305T01	几何体
			风磨房、风车	01020306	以风力为动力，用以抽水、磨粮或发电的磨坊和固定的风车	风磨房、风车	01020306P01	点
						外观形态	01020306T01	几何体
			粮仓	01020307	固定的储备粮食的构筑物	粮仓	01020307P01	点
						粮仓范围面	01020307A01	面
						外观形态	01020307T01	几何体
			药浴池	01020308	在草原地区专修的供牲畜涉过的消毒液池	药浴池	01020308P01	点
						药浴池范围面	01020308A01	面
						外观形态	01020308T01	几何体

续表

门类	大类	中类	小类	分类代码	含义	采集图元	图元编码	图元类型
居民地及设施	构筑物	农业类构筑物	积肥池	01020309	用于积肥的池子、粪池、沤池、氨气池、沼气池等	积肥池	01020309P01	点
						积肥池范围面	01020309A01	面
						外观形态	01020309T01	几何体
		公共服务类构筑物	电话亭、报刊亭、售货亭、售票亭	01020401	室外销售报刊、食品、车票或是内置公用电话的固定简易房屋或设施	电话亭、报刊亭、售货亭、售票亭	01020401P01	点
						电话亭、报刊亭、售货亭、售票亭范围面	01020401A01	面
						外观形态	01020401T01	几何体
			自动取款机	01020402	银行、邮局等金融机构设立的室外自动取款机	自动取款机	01020402P01	点
						自动取款机范围面	01020402A01	面
			屋顶公共设施	01020403	建造在屋顶上，供公众使用或享用的公共建筑或设备	屋顶公共设施	01020403P01	点
						屋顶公共设施范围面	01020403A01	面
						外观形态	01020403T01	几何体
			垃圾台	01020404	固集中进行清理或堆放、填埋垃圾的场所	垃圾台	01020404P01	点
						垃圾台范围面	01020404A01	面
						外观形态	01020404T01	几何体
			宣传橱窗、广告牌、电子屏	01020405	独立、固定的大型宣传橱窗、广告牌	宣传橱窗、广告牌、电子屏	01020405P01	点
						宣传橱窗、广告牌、电子屏特征线	01020405L01	线
						外观形态	01020405T01	几何体
			邮筒、信箱	01020406	户外独立投放邮件的设施	邮筒、信箱	01020406P01	点
						大型信箱	01020406L01	线
						外观形态	01020406T01	几何体
			街头座椅	01020407	街道上供行人休息的椅子	街头座椅	01020407P01	点
						外观形态	01020407T01	几何体
			厕所	01020408	独立的、完整的、固定的厕所	厕所	01020408A01	面
						外观形态	01020408T01	几何体

续表

门类	大类	中类	小类	分类代码	含义	采集图元	图元编码	图元类型
居民地及设施	构筑物	公共服务类构筑物	健身、娱乐设施	01020409	用于体育比赛、训练、教学以及群众健身活动的固定设施	健身、娱乐设施	01020409P01	点
						健身、娱乐设施范围面	01020409A01	面
						外观形态	01020409T01	几何体
			避雷针	01020410	独立的保护室外设备免受雷击的装置	避雷针	01020410P01	点
						外观形态	01020410T01	几何体
			电视发射塔	01020411	架设广播电视天线的塔形构筑物	电视发射塔	01020411P01	点
						电视发射塔范围面	01020411A01	面
						外观形态	01020411T01	几何体
			沙坑	01020412	运动场、公园或居民小区内用于跳远运动或供儿童玩耍的填有沙土的坑	沙坑	01020412A01	面
						外观形态	01020412T01	几何体
			汽车检修台、洗车台	01020413	供汽车维修或清洗的工作台	汽车检修台、洗车台	01020413P01	点
						汽车检修台、洗车台范围面	01020413A01	面
						外观形态	01020413T01	几何体
			液、气贮存设备	01020414	贮存液体、气体的大型容器或构筑物以及有方位意义的其他类似物体，如石油罐、煤气罐、氨水库、贮氧器等	液、气贮存设备	01020414P01	点
						液、气贮存设备范围面	01020414A01	面
						外观形态	01020414T01	几何体
			球场	01020415	专供某种球类运动的活动场地	球场	01020415A01	面
						外观形态	01020415T01	几何体
			露天体育场	01020416	大型无顶盖体育运动场所	露天体育场	01020416A01	面
						露天体育场边线	01020416A02	面
						露天体育场主席台	01020416A03	面
						露天体育场看台	01020416A04	面
						体育馆出入口	01020416L01	线
						外观形态	01020416T01	几何体
			舞台、检阅台、观景台	01020417	便于观众观看的高出地面的场所	舞台、检阅台、观景台	01020417A01	面
						外观形态	01020417T01	几何体

续表

门类	大类	中类	小类	分类代码	含义	采集图元	图元编码	图元类型
居民地及设施	构筑物	公共服务类构筑物	游泳池	01020418	有固定设施的专供露天游泳的场所	游泳池	01020418A01	面
						外观形态	01020418T01	几何体
			烧纸炉	01020419	用来烧纸或烧香的炉子	烧纸炉	01020419P01	点
						外观形态	01020419T01	几何体
			普通路灯	01020420	安装在道路或广场等处提供照明的柱式灯具	普通路灯	01020420P01	点
						外观形态	01020420T01	几何体
			艺术景观灯	01020421	具有色彩鲜艳、造型独特、变化丰富等特性的、用于装饰性的景观灯具	艺术景观灯	01020421P01	点
						外观形态	01020421T01	几何体
			照射灯	01020422	采用聚光光束的方式提供照明的灯具	照射灯	01020422P01	点
						照射灯范围面	01020422A01	面
						外观形态	01020422T01	几何体
		风景名胜类构筑物	塑像、雕塑	01020501	用泥土或石膏等材料塑造的人像	塑像、雕塑	01020501P01	点
						塑像、雕塑范围面	01020501A01	面
						外观形态	01020501T01	几何体
			烽火台	01020502	古代遗留下来的供燃烧产生烟火以传递信号的高台构筑物	烽火台	01020502A01	面
						外观形态	01020502T01	几何体
			旧碉堡、旧堡地	01020503	供观察、射击、驻兵用的凸出于地面的多层工事构筑物	旧碉堡、旧堡地	01020503P01	点
						旧碉堡、旧堡地范围面	01020503A01	面
						外观形态	01020503T01	几何体
			碑、柱、墩	01020504	刻上文字纪念事业、功勋或作为标记的石头，或是土木工程中用于承载上部结构物的下部承重物	碑、柱、墩	01020504P01	点
						外观形态	01020504T01	几何体
			纪念碑	01020505	各种比较高大、有纪念意义或有方位作用的碑、柱、墩和其他类似物体	纪念碑	01020505P01	点
						纪念碑范围面	01020505A01	面
						外观形态	01020505T01	几何体
			彩门、牌坊、牌楼	01020506	起装饰作用或具有纪念意义的单门或多门的框架式构筑物	彩门、牌坊、牌楼	01020506P01	点
						彩门、牌坊、牌楼范围面	01020506A01	面
						外观形态	01020506T01	几何体

续表

门类	大类	中类	小类	分类代码	含义	采集图元	图元编码	图元类型
居民地及设施	构筑物	风景名胜类构筑物	钟楼、鼓楼、城楼、古关塞	01020507	古时遗留下来的放置大钟(鼓)面建造的古式楼宇，或建筑在城门上供远望用的楼	钟楼、鼓楼、城楼、古关塞	01020507P01	点
						钟楼、鼓楼、城楼、古关塞范围面	01020507A01	面
						外观形态	01020507T01	几何体
			亭	01020508	花园、公园或娱乐场所供游乐、休息或装饰性的有顶无墙的构筑物	亭	01020508P01	点
						亭范围面	01020508A01	面
						外观形态	01020508T01	几何体
			文物碑石	01020509	大型的具有文物保护价值的各种碑石及其他类似物体	文物碑石	01020509P01	点
						文物碑石范围面	01020509A01	面
						外观形态	01020509T01	几何体
			长城、城墙	01020510	古代建筑在城市四周作防守用的墙	长城、城墙内侧	01020510L01	线
						长城、城墙外侧	01020510L02	线
						长城、城墙	01020510A01	面
						外观形态	01020510T01	几何体
			城门	01020511	城楼下的通道	城门	01020511A01	面
						外观形态	01020511T01	几何体
		宗教类构筑物	宝塔、经塔、纪念塔	01020601	宗教或纪念性塔形构筑物	宝塔、经塔、纪念塔	01020601P01	点
						宝塔、经塔、纪念塔范围面	01020601A01	面
						外观形态	01020601T01	几何体
			敖包、经堆、玛尼堆	01020602	少数民族地区简易的进行宗教活动的场所	敖包、经堆、玛尼堆	01020602P01	点
						敖包、经堆、玛尼堆范围面	01020602A01	面
						外观形态	01020602T01	几何体
			土地庙	01020603	有偶像或牌位的各种独立小庙	土地庙	01020603P01	点
						土地庙范围面	01020603A01	面
						外观形态	01020603T01	几何体
			晒佛台	01020604	藏传佛教宗教活动时展示佛像的专用场所	晒佛台	01020604P01	点
						外观形态	01020604T01	几何体

续表

门类	大类	中类	小类	分类代码	含义	采集图元	图元编码	图元类型
居民地及设施	构筑物	其他类构筑物	岗亭、岗楼、交通巡警平台	01020701	用于值岗警卫的亭楼	岗亭、岗楼、交通巡警平台	01020701P01	点
						岗亭、岗楼、交通巡警平台范围面	01020701A01	面
			环保监测点	01020702	进行环境污染监测、环境保护的测站	环保监测点	01020702P01	点
						外观形态	01020702T01	几何体
			隔音墙	01020703	有立柱或支架，用吸音材料制成的、设置在道路、飞机场、工厂等噪声源侧旁，能够减轻噪声对附近居民的影响的轻质墙式构造物	隔音墙	01020703L01	线
						外观形态	01020703T01	几何体
			防风墙	01020704	防止风的屏障	防风墙	01020704L01	线
						外观形态	01020704T01	几何体
			照壁(影壁)	01020705	传统建筑中用于遮挡视线的墙壁	照壁(影壁)	01020705L01	线
						外观形态	01020705T01	几何体
			喷水池	01020706	公园及公共场所设置的专供喷水的地方	喷水池	01020706P01	点
						喷水池范围面	01020706A01	面
						外观形态	01020706T01	几何体
			假石山	01020707	在公共场所建造的一种山状装饰性设施	假石山	01020707P01	点
						假石山范围面	01020707A01	面
						外观形态	01020707T01	几何体
			旗杆	01020708	用于升旗的一种辅助设施	旗杆	01020708P01	点
						外观形态	01020708T01	几何体
			气象台(站)、测风塔	01020709	进行气象观察的场所	气象台(站)、测风塔	01020709P01	点
						外观形态	01020709T01	几何体
			水文站	01020710	测验河、湖、水库及沿海海域水位、流速、流量及含沙量等水文数据的场所	水文站	01020710P01	点
						外观形态	01020710T01	几何体
			卫星地面站	01020711	地面跟踪卫星轨道或接收卫星发回数据的测站设施，也含其他接收无线电信号的抛物面天线如雷达、射电望远镜等	卫星地面站	01020711P01	点
						外观形态	01020711T01	几何体

续表

门类	大类	中类	小类	分类代码	含义	采集图元	图元编码	图元类型
居民地及设施	构筑物	其他类构筑物	街头游玩景观小品	01020712	在公共场所、街头游园建造的起装饰和美化作用的小型雕塑、艺术造型，有的还具有使用功能，如可喷水的动植物、花木造型，可遮阳的艺术伞等	街头游玩景观小品	01020712P01	点
						街头游玩景观小品范围面	01020712A01	面
						外观形态	01020712T01	几何体
			光能电池板	01020713	通过吸收太阳光，将太阳辐射能通过光电效应或者光化学效应直接或间接转换成电能的装置	光能电池板	01020713P01	点
						光能电池板范围面	01020713A01	面
						外观形态	01020713T01	几何体
			支柱、墩、钢架	01020714	支撑各种建筑物、构筑物的水泥柱、钢架、石墩等支撑体	支柱、墩、钢架	01020714P01	点
						支柱、墩、钢架范围面	01020714A01	面
						外观形态	01020714T01	几何体
			指示牌、指向牌	01020715	指示方向的牌子	指示牌、指向牌	01020715P01	点
						外观形态	01020715T01	几何体
			游乐设施	01020716	用于经营目的，在封闭的区域内运行，承载游客游乐的载体	游乐设施	01020716P01	点
						游乐设施范围面	01020716A01	面
						外观形态	01020716T01	几何体
			台阶	01020717	砖、石、水泥砌成的阶梯式构筑物	台阶	01020717A01	面
						外观形态	01020717T01	几何体
	绿化设施	人工绿地		01030100	人工种植的花草地	人工绿地	01030100A01	面
						外观形态	01030100T01	几何体
		花圃花坛		01030200	用来美化庭院，种植花卉的土台	花圃花坛	01030200A01	面
						外观形态	01030200T01	几何体
		行树		01030300	沿道路、沟渠和其他线状地物一侧或两侧种植的成行树木或狭长灌木林	行树	01030300L01	线
						外观形态	01030300T01	几何体
		零星树木		01030400	杂生在灌木林、草地中或散生在田间、水边、村落附近等处的树木	零星树木	01030400P01	点
						外观形态	01030400T01	几何体

续表

门类	大类	中类	小类	分类代码	含义	采集图元	图元编码	图元类型
居民地及设施	绿化设施	独立树		01030500	有良好方位意义的或著名的单棵树	独立树	01030500P01	点
						外观形态	01030500T01	几何体
		小面积的树丛		01030600	覆盖度在40%以下的小范围树木	小面积的树丛	01030600P01	点
		成片的树丛		01030700	面积较大的成片种植的绿化树木	成片的树丛	01030700A01	面
		其他绿化设施		01030800	除人工绿地、花圃花坛、行树、零星树木、独立树以外的其他绿化设施	其他绿化设施标识点	01030800P01	点
						其他绿化设施	01030800L01	线
						其他绿化设施范围面	01030800A01	面
	硬化地表			01040000	利用水泥、沥青等材质铺设的硬化地面	硬化地表	01040000A01	面
交通	铁路	标准轨铁路		02010100	轨距为固定的1.435m，时速小于250km/h的铁路	标准轨铁路	02010100L01	线
						外观形态	02010100T01	几何体
		窄轨铁路		02010200	轨距小于1.435m的铁路	窄轨铁路	02010200L01	线
						外观形态	02010200T01	几何体
	铁路附属设施	机车转盘		02020100	供机车转换方向的设备	机车转盘	02020100A01	面
						外观形态	02020100T01	几何体
		车挡		02020200	铁路支线尽头的挡车设备	车挡	02020200P01	点
						外观形态	02020200T01	几何体
		信号灯柱		02020300	铁路上用灯光或其他信号指示火车能否通行的设备	信号灯柱	02020300P01	点
						外观形态	02020300T01	几何体
		水鹤		02020400	供机车注水的设备	水鹤	02020400P01	点
						外观形态	02020400T01	几何体
		站台		02020500	车站上下乘客或者装卸货物用的平台	站台	02020500A01	面
						外观形态	02020500T01	几何体
	公路	国道		02030100	已建成的贯通国土，具有全国性的政治、经济、国防意义、并经确定为国家级干线的公路	国道中心线	02030100L01	线
						国道	02030100A01	面
						外观形态	02030100T01	几何体

续表

门类	大类	中类	小类	分类代码	含义	采集图元	图元编码	图元类型
交通	公路	省道		02030200	具有全省政治、经济意义，连接省内中心城市和主要经济区的公路，以及不属于国道的省际间的重要公路	省道中心线	02030200L01	线
						省道	02030200A01	面
						外观形态	02030200T01	几何体
		县道		02030300	具有全县政治、经济意义，连接县城和县内主要乡(镇)、主要商品生产和集散的公路，以及不属于国道、省道的县际间公路	县道中心线	02030300L01	线
						县道	02030300A01	面
						外观形态	02030300T01	几何体
		乡道		02030400	主要为乡(镇)村经济、文化、行政服务的公路，以及不属于县道以上公路的乡镇之间以及乡镇与外部联络的公路	乡道中心线	02030400L01	线
						乡道	02030400A01	面
						外观形态	02030400T01	几何体
		村道		02030500	不属于乡道及以上公路的，建制村之间及建制村与外部联络的主要连接线或可保证晴、雨天汽车行驶的农村公路	村道中心线	02030500L01	线
						村道	02030500A01	面
						外观形态	02030500T01	几何体
		专用公路		02030600	专供特定用途服务的公路	专用公路中心线	02030600L01	线
						专用公路	02030600A01	面
						外观形态	02030600T01	几何体
		匝道		02030700	互通式立体交叉上下各层公路之间供转弯车辆行驶的连接道	匝道中心线	02030700L01	线
						匝道	02030700A01	面
						外观形态	02030700T01	几何体
	城市道路	轨道交通	地铁	02040101	城市中铺设在地下隧道中供高速、大运量的电力机车轨道交通客运线路，个别地段由地下连接到地面或架空的线路也视为地铁	地铁	02040101L01	线
						外观形态	02040101T01	几何体
			轻轨	02040102	城市中修建的高速、中运量的轨道交通客运线路	轻轨	02040102L01	线
						外观形态	02040102T01	几何体
			有轨电车	02040103	用电力驱动并在轨道上行驶的轻型轨道交通车辆	有轨电车	02040103L01	线
						外观形态	02040103T01	几何体
		高架路		02040200	城市中架空的供汽车行驶的道路	高架路中心线	02040200L01	线
						高架路	02040200A01	面
						外观形态	02040200T01	几何体

续表

门类	大类	中类	小类	分类代码	含义	采集图元	图元编码	图元类型
交通	城市道路	快速路		02040300	城市道路中设有中央分隔带，全部或部分采用立体交叉与控制出入，全封闭的，供车辆以较高速度行驶的道路	快速路中心线	02040300L01	线
						快速路	02040300A01	面
						外观形态	02040300T01	几何体
		主干路		02040400	城市道路网中路面较宽、交通流量大、起骨架作用的通道	主干路中心线	02040400L01	线
						主干路	02040400A01	面
						外观形态	02040400T01	几何体
		次干路		02040500	城市道路网中的区域性干道，交通流量较大，与主干道相连接构成完整的城市干道系统	次干路中心线	02040500L01	线
						次干路	02040500A01	面
						外观形态	02040500T01	几何体
		支路		02040600	城市中联系主、次干道或供区域内部使用的街道、巷、胡同等	支路中心线	02040600L01	线
						支路	02040600A01	面
						外观形态	02040600T01	几何体
		公园绿道(步道)		02040700	供行人和骑单车者(排斥电动车)进入的游憩线路，通常沿着河滨、溪谷、山脊、风景带等自然道路和人工廊道建立	公园绿道(步道)	02040700A01	面
						外观形态	02040700T01	几何体
		内部道路		02040800	公园、工矿、机关、学校、居民小区等内部有铺装材料的道路	内部道路	02040800L01	线
						内部道路范围面	02040800A01	面
						外观形态	02040800T01	几何体
		路段		02040900	由特定的一组人养护的一段路；在交通领域里，路段是交通网络上相邻两个节点之间的交通线路	路段中心线	02040900L01	线
						路段	02040900A01	面
						外观形态	02040900T01	几何体
		路口		02041000	两条或者两条以上道路在同一平面相交的部位	路口	02041000A01	面
						外观形态	02041000T01	几何体
		人行道		02041100	道路中用路缘石或护栏及其他类似设施加以分隔的专供行人通行的部分	人行道	02041100A01	面
						外观形态	02041100T01	几何体
	乡村道路	机耕路		02050100	路面经过简易铺修，但没有路基，一般能通过拖拉机和大车的道路，某些地区也可通行汽车	机耕路中心线	02050100L01	线
						机耕路	02050100A01	面
						外观形态	02050100T01	几何体

续表

门类	大类	中类	小类	分类代码	含义	采集图元	图元编码	图元类型
交通	乡村道路	乡村路		02050200	乡村中不能通大车、拖拉机的道路，路面不宽，有的地区用石块或者石板铺成	乡村路中心线	02050200L01	线
						乡村路	02050200A01	面
						外观形态	02050200T01	几何体
		小路、栈道		02050300	供单人、单骑行走的道路	小路、栈道	02050300L01	线
						外观形态	02050300T01	几何体
	交通场站	火车站		02060100	供铁路部门办理客、货运输业务和列车技术作业的场所	火车站	02060100P01	点
						火车站范围面	02060100A01	面
						外观形态	02060100T01	几何体
		高速公路服务区		02060200	设置在高速公路及等级公路旁，为公路使用者提供住宿（含停车）、餐饮、加油、汽车修理等服务的设施及场所	高速公路服务区	02060200P01	点
						高速公路服务区范围面	02060200A01	面
						外观形态	02060200T01	几何体
		公路收费站		02060300	设置在公路上用来向过往车辆收取通行费用的场所	公路收费站	02060300P01	点
						公路收费站范围面	02060300A01	面
						外观形态	02060300T01	几何体
		长途汽车站		02060400	汽车长途运输中，乡镇以上的供旅客上下车的场所	长途汽车站	02060400P01	点
						长途汽车站范围面	02060400A01	面
						外观形态	02060400T01	几何体
		公共汽车停车站		02060500	无房屋建筑的、供公交客车上下乘客的停靠点	公共汽车停车站	02060500P01	点
						公共汽车停车站范围面	02060500A01	面
						外观形态	02060500T01	几何体
		轨道交通站点		02060600	轨道交通运输中，供旅客上、下车的场所	轨道交通站点	02060600A01	面
						轨道交通站点分层范围面	02060600A02	面
						外观形态	02060600T01	几何体
		轨道交通区间		02060700	轨道交通运输中，两站点之间供列车通行的区域	轨道交通区间	02060700A01	面
						轨道交通区间分层范围面	02060700A02	面
						外观形态	02060700T01	几何体

续表

门类	大类	中类	小类	分类代码	含义	采集图元	图元编码	图元类型
交通	交通场站	轨道交通站点出入口		02060800	轨道交通运输中，供旅客进出地面的场所	轨道交通站点出入口	02060800P01	点
						轨道交通站点出入口范围面	02060800A01	面
						外观形态	02060800T01	几何体
		加油站、加气站		02060900	机动车辆添加动力能源的场所	加油站、加气站	02060900P01	点
						加油站、加气站范围面	02060900A01	面
						外观形态	02060900T01	几何体
	桥梁与隧道	车行桥	单层桥	02070101	跨越水面、沟壑或道路等，供车辆通行的单层架空通道	单层桥中心线	02070101L01	线
						单层桥	02070101A01	面
						外观形态	02070101T01	几何体
			并行桥	02070102	铁路、公路两用的并行桥梁	并行桥中心线	02070102L01	线
						并行桥分隔线	02070102L02	线
						并行桥	02070102A01	面
						外观形态	02070102T01	几何体
			双层桥	02070103	跨越水面、沟壑或道路等，铁路、公路两用的供车辆通行的双层架空通道	双层桥中心线	02070103L01	线
						双层桥	02070103A01	面
						外观形态	02070103T01	几何体
		过街天桥		02070200	供行人跨(穿)越街道的桥梁	过街天桥	02070200A01	面
						过街天桥楼梯	02070200A02	面
						过街天桥自动扶梯	02070200A03	面
						过街天桥电梯	02070200A04	面
						外观形态	02070200T01	几何体
		人行桥、级面桥		02070300	跨越河流、不能通行车辆，仅供行人通行的桥梁，级面桥两端砌有台阶	人行桥、级面桥	02070300L01	线
						人行桥、级面桥范围面	02070300A01	面
						外观形态	02070300T01	几何体

续表

门类	大类	中类	小类	分类代码	含义	采集图元	图元编码	图元类型
交通	桥梁与隧道	亭桥、廊桥		02070400	桥面上建有亭或类似建筑物的桥梁	亭桥、廊桥中心线	02070400L01	线
						亭桥、廊桥	02070400A01	面
						外观形态	02070400T01	几何体
		缆索桥		02070500	在河流的陡岸上固定数条平行的铁索、绳、缆、藤等，供行人或非机动车辆通行的桥梁	缆索桥	02070500L01	线
						缆索桥范围面	02070500A01	面
						外观形态	02070500T01	几何体
		栈桥		02070600	在海边、湖边、水库等伸入水域的架空桥梁	栈桥中心线	02070600L01	线
						栈桥	02070600A01	面
						外观形态	02070600T01	几何体
		引桥		02070700	连接桥和路堤的架空部分	引桥中心线	02070700L01	线
						引桥	02070700A01	面
						外观形态	02070700T01	几何体
		桥墩、柱		02070800	支撑桥的墩、柱	桥墩、柱	02070800P01	点
						桥墩、柱范围面	02070800A01	面
						外观形态	02070800T01	几何体
		隧道		02070900	建造在山岭、河流、海峡及城市等地面下的汽车或火车通道	隧道中心线	02070900L01	线
						隧道	02070900A01	面
						外观形态	02070900T01	几何体
		隧道出入口		02071000	隧道的出入口	隧道出入口	02071000L01	线
						外观形态	02071000T01	几何体
		明峒		02071100	道路上为避免塌方、流石等破坏而修筑的隧道式建筑	明峒	02071100A01	面
						外观形态	02071100T01	几何体
		互通、立交桥		02071200	两条以上的交叉道路交汇处建立的上下分层、多方向互不相扰的现代化桥梁，包括立体交叉工程中的下沉式隧道	互通、立交桥中心线	02071200L01	线
						互通、立交桥	02071200A01	面
						外观形态	02071200T01	几何体

续表

门类	大类	中类	小类	分类代码	含义	采集图元	图元编码	图元类型
交通	道路附属构筑物与设施	停车位、停车楼		02080100	设置在道路两旁或院落内部的停车位及停车楼，不包含独立停车场或停车楼	停车位、停车楼	02080100A01	面
						外观形态	02080100T01	几何体
		高速公路出入口		02080200	驶入(出)高速公路的入(出)口	高速公路出入口	02080200P01	点
						外观形态	02080200T01	几何体
		引道		02080300	连接高架路和地面道路的路段	引道中心线	02080300L01	线
						引道	02080300A01	面
						外观形态	02080300T01	几何体
		里程碑		02080400	设置在道路边的表示距线路起点距离的里程标志	里程碑	02080400P01	点
						外观形态	02080400T01	几何体
		路牌		02080500	指示道路名称的标牌	路牌	02080500P01	点
						外观形态	02080500T01	几何体
		道路标志牌		02080600	设置在道路边的指示道路通达情况的柱式标志，以及对特定目标进行引导的指示的标牌	道路标志牌	02080600P01	点
						外观形态	02080600T01	几何体
		道路标志标线	道路标志	02080701	设置在道路上用规定的图形、符号、文字、立面标记、突起路标等来表示特定管理内容和行为规则的交通设施	道路标志	02080701P01	点
			道路标线	02080702	设置在道路上用规定的线条等来表示特定管理内容和行为规则的交通设施	道路标线	02080702L01	线
			道路标识区域	02080703	设置在道路上用规定的图形区域来表示特定管理内容和行为规则的交通设施	道路标识区域	02080703A01	面
		道路分隔设施		02080800	在路面上，为分隔对向交通或分隔机动车、非机动车和行人等而设置的简易构造物	道路分隔设施	02080800L01	线
						外观形态	02080800T01	几何体
		路桩		02080900	柱形路障	路桩	02080900P01	点
						外观形态	02080900T01	几何体

续表

门类	大类	中类	小类	分类代码	含义	采集图元	图元编码	图元类型
交通	道路附属构筑物与设施	隔音设施		02081000	为减轻行车噪声对附近居民的影响而设置在铁路和公路侧旁的墙式构造物	隔音设施	02081000L01	线
						外观形态	02081000T01	几何体
		护栏		02081100	设置在路肩外侧、交通分隔带以及人行道路牙等位置的一种交通安全设施	护栏	02081100L01	线
						外观形态	02081100T01	几何体
		出租车招停点		02081200	道路边招停出租车的指示牌	出租车招扬点	02081200P01	点
						外观形态	02081200T01	几何体
		交通情报板		02081300	在道路上和路口处设置的能迅速显示“禁止通行”“前方交通阻塞”等指令和前方交通状况的道路情报牌	交通情报板	02081300P01	点
						外观形态	02081300T01	几何体
		分贝计		02081400	设置在道路边监测噪声的测量仪器	分贝计	02081400P01	点
						外观形态	02081400T01	几何体
		道路反光镜		02081500	用于道路弯道、路口、停车场、小区等处，用于扩大视野，防止视觉盲区的凹面镜	道路反光镜	02081500P01	点
						外观形态	02081500T01	几何体
		智慧路灯		02081600	通过应用先进、高效、可靠的电力线载波通信技术和无线 GPRS/CDMA 通信技术等，实现对路灯的远程集中控制与管理的路灯	智慧路灯	02081600P01	点
						外观形态	02081600T01	几何体
		自行车租赁点、存车支架		02081700	设置在街道、小区、商场边等公共场所，用于停放及租赁公共自行车的站点	自行车租赁点、存车支架	02081700P01	点
						自行车租赁点、存车支架范围面	02081700A01	面
						外观形态	02081700T01	几何体
		非机动车停放点		02081800	停放非机动车的区域、站点	非机动车停放点	02081800A01	面
						外观形态	02081800T01	几何体
		信号灯		02081900	指挥交通运行的信号灯	信号灯	02081900P01	点
						外观形态	02081900T01	几何体
		电子眼(监控设施)、交通测速器		02082000	安装在特定的公共区域，对各种事态进行电子监控的设备，或安装在道路旁的微波测速雷达	电子眼(监控设施)、交通测速器	02082000P01	点
						外观形态	02082000T01	几何体

续表

门类	大类	中类	小类	分类代码	含义	采集图元	图元编码	图元类型
交通	道路附属构筑物与设施	路肩		02082100	位于车行道外缘至路基边缘，具有一定宽度的带状部分	路肩	02082100A01	面
		路堤		02082200	基顶面高于原地面的填方路基	路堤	02082200L01	线
		路堑		02082300	低于原地面的挖方路基，从原地面向下开挖而成的路基形式	路堑	02082300L01	线
		自行车专用道		02082400	专门供自行车行驶的道路	自行车专用道	02082400A01	面
		安全岛		02082500	安装在斑马线上的安全装置，与斑马线长度相当，两端还各竖有一根反光警示桩，夜间在车灯的照耀下会发出亮光，以提醒司机注意避让	安全岛	02082500A01	面
						外观形态	02082500T01	几何体
		阶梯路		02082600	用水泥和砖、石砌成的阶梯式人行路	阶梯路	02082600A01	面
						外观形态	02082600T01	几何体
		地下人行通道		02082700	修建于地下的人行通道	地下人行通道	02082700A01	面
						外观形态	02082700T01	几何体
		盲道		02082800	专门帮助盲人行走的道路设施	盲道	02082800L01	线
						外观形态	02082800T01	几何体
	水运	渡口		02090100	载渡汽车、火车、行人过河的场所	渡口	02090100L01	线
						外观形态	02090100T01	几何体
		徒涉场		02090200	能涉水过河的场所	徒涉场	02090200L01	线
						外观形态	02090200T01	几何体
		跳墩		02090300	在浅水河中安置可跨步过河的石墩或石块	跳墩	02090300L01	线
						外观形态	02090300T01	几何体
		漫水路面		02090400	道路通过浅水河流的路段	漫水路面	02090400A01	面
						漫水路面上游	02090400L01	线
						漫水路面下游	02090400L02	线
		过河缆		02090500	在河流两岸间架设钢索，索上悬挂吊斗，可载人或物来回移动的设施	过河缆	02090500L01	线
						外观形态	02090500T01	几何体
		水运港客运、货运站		02090600	供水上乘客出入、办理票务和候船的场所、供水上货物装卸的场所	水运港客运、货运站	02090600A01	面
						外观形态	02090600T01	几何体

续表

门类	大类	中类	小类	分类代码	含义	采集图元	图元编码	图元类型
交通	水运	码头	固定码头	02090701	固定设置的供船舶停靠、旅客上下、货物装卸以及其他活动的场所	固定码头	02090701A01	面
						外观形态	02090701T01	几何体
			浮码头	02090702	能随水面的涨落而上下浮动的码头	浮码头	02090702A01	面
						外观形态	02090702T01	几何体
			栈桥式码头	02090703	通过栈桥与岸边连接的码头	栈桥式码头	02090703A01	面
						外观形态	02090703T01	几何体
			引桥式码头	02090704	前沿与船直接接触的装卸平台用引桥与后方岸线连接而组成的码头	引桥式码头	02090704A01	面
						外观形态	02090704T01	几何体
			道头式码头	02090705	以阶梯状或一定倾斜度从岸壁伸向水中的简易码头	道头式码头	02090705A01	面
						外观形态	02090705T01	几何体
		水运附属设施	灯塔	02090801	建筑在水运航线附近的岛屿、礁石或港口海岸上等显要位置，安装有发光设置，引导船只航行的塔形导航设施	灯塔	02090801P01	点
						外观形态	02090801T01	几何体
			指示标	02090802	用以指示方向和行驶地点的助航标志	指示标	02090802P01	点
						外观形态	02090802T01	几何体
			信号杆	02090803	为指示通行、水深、风讯而设立的一种助航信号标志	信号杆	02090803P01	点
						外观形态	02090803T01	几何体
			引航站、引航处	02090804	负责对进出港口的船舶进行引航的指挥塔位置或引航船会船（登船）的位置	引航站、引航处	02090804P01	点
						外观形态	02090804T01	几何体
	空运	直升机停机坪		02100100	直升机起降使用的区域	直升机停机坪标识点	02100100P01	点
						直升机停机坪	02100100A01	面
						外观形态	02100100T01	几何体
		机场		02100200	飞机起降使用的区域，通常配备有相关的建筑物和设施	机场标识点	02100200P01	点
						机场	02100200A01	面
						外观形态	02100200T01	几何体
	其他	缆车道		02110100	在陡坡上铺设铁轨，用钢缆带动车厢上下行驶的车道	缆车道	02110100L01	线
						外观形态	02110100T01	几何体
		简易轨道		02110200	在工矿区供机动牵引车、手压机式手推车行驶的固定小型铁轨	简易轨道	02110200L01	线
						外观形态	02110200T01	几何体
		索道		02110300	跨越河流、山谷和地面障碍物，用绞车牵引钢缆在支架上架空运输物质或人员的一种钢缆线	索道	02110300L01	线
						外观形态	02110300T01	几何体

续表

门类	大类	中类	小类	分类代码	含义	采集图元	图元编码	图元类型
管线	管线标识	电缆标		03010100	指示电缆埋设的专用标志	电缆标	03010100P01	点
		其他管线指示桩		03010200	指示天然气、给水、排水、热力、工业等管线地埋隐蔽工程的地面警示标志	其他管线指示桩	03010200P01	点
						外观形态	03010200T01	几何体
	给水管	给水管点	给水特征点	03020101	给水管线上具有一定特征的点位	给水特征点	03020101P01	点
			给水附属物	03020102	指给水管线的附属设施	给水附属物	03020102P01	点
						给水附属物范围面	03020102A01	面
						外观形态	03020102T01	几何体
		给水管段		03020200	两给水管点之间输水和配水的管段	给水管段	03020200L01	线
						外观形态	03020200T01	几何体
		给水独立井		03020300	给水管道偏心井	给水独立井	03020300P01	点
						给水独立井范围面	03020300A01	面
						外观形态	03020300T01	几何体
		给水管沟		03020400	输水和配水的沟道	给水管沟	03020400A01	面
						外观形态	03020400T01	几何体
	排水管	排水管点	排水特征点	03030101	排水管线上具有一定特征的点位	排水特征点	03030101P01	点
						外观形态	03030101T01	几何体
			排水附属物	03030102	排水管线的附属设施	排水附属物	03030102P01	点
						排水附属物范围面	03030102A01	面
						外观形态	03030102T01	几何体
		排水管段		03030200	两排水管点之间汇集和排放污水、废水和雨水的管段	排水管段	03030200L01	线
						外观形态	03030200T01	几何体
		排水独立井		03030300	排水管道窨井(偏心井)	排水独立井	03030300P01	点
						排水独立井范围面	03030300A01	面
						外观形态	03030300T01	几何体
		排水沟道		03030400	汇集和排放污水、废水和雨水的沟道	排水沟道	03030400A01	面
						外观形态	03030400T01	几何体

续表

门类	大类	中类	小类	分类代码	含义	采集图元	图元编码	图元类型
管线	燃气管	燃气管点	燃气特征点	03040101	燃气管线上具有一定特征的点位	燃气特征点	03040101P01	点
						外观形态	03040101T01	几何体
			燃气附属物	03040102	燃气管线的附属设施	燃气附属物	03040102P01	点
						燃气附属物范围面	03040102A01	面
						外观形态	03040102T01	几何体
		燃气管段		03040200	两燃气管点间输送可燃气体的专用管段	燃气管段	03040200L01	线
						外观形态	03040200T01	几何体
		燃气独立井		03040300	燃气管道独立(偏心)井	燃气独立井	03040300P01	点
						燃气独立井范围面	03040300A01	面
						外观形态	03040300T01	几何体
		燃气管沟		03040400	输送可燃气体的专用沟道	燃气管沟	03040400A01	面
						外观形态	03040400T01	几何体
	电力管	电力管点	电力特征点	03050101	电力管线上具有一定特征的点位	电力特征点	03050101P01	点
						外观形态	03050101T01	几何体
			电力附属物	03050102	电力管线的附属设施	电力附属物	03050102P01	点
						电力附属物范围面	03050102A01	面
						外观形态	03050102T01	几何体
		电线架		03050200	电杆上支撑架空电力线的装置	电线架	03050200L01	线
						外观形态	03050200T01	几何体
		电力管段		03050300	两电力管点间输电和配电的专用管段	电力管段	03050300L01	线
						外观形态	03050300T01	几何体
		电力独立井		03050400	电力管线独立(偏心)检修井	电力独立井	03050400P01	点
						电力独立井范围面	03050400A01	面
						外观形态	03050400T01	几何体
		电力管沟		03050500	输电和配电的专用沟道	电力管沟	03050500A01	面
						外观形态	03050500T01	几何体

续表

门类	大类	中类	小类	分类代码	含义	采集图元	图元编码	图元类型
管线	通信管	通信管点	通信特征点	03060101	通信管线上具有一定特征的点位	通信特征点	03060101P01	点
						外观形态	03060101T01	几何体
			通信附属物	03060102	通信管线的附属设施	通信附属物	03060102P01	点
						通信附属物范围面	03060102A01	面
						外观形态	03060102T01	几何体
		通信管段		03060200	两通信管点间光电通信传递的管段	通信管段	03060200L01	线
						外观形态	03060200T01	几何体
		通信独立井		03060300	通信管线（人孔、手孔）独立井	通信独立井	03060300P01	点
						通信独立井范围面	03060300A01	面
						外观形态	03060300T01	几何体
		通信管沟		03060400	光电通信传递的沟道	通信管沟	03060400A01	面
						外观形态	03060400T01	几何体
	热力管	热力管点	热力特征点	03070101	热力管线上具有一定特征的点位	热力特征点	03070101P01	点
						外观形态	03070101T01	几何体
			热力附属物	03070102	热力管线的附属设施	热力附属物	03070102P01	点
						热力附属物范围面	03070102A01	面
						外观形态	03070102T01	几何体
		热力管段		03070200	两热力管点间源输送和分配供热介质的管段	热力管段	03070200L01	线
						外观形态	03070200T01	几何体
		热力独立井		03070300	热力管线独立（偏心）井	热力独立井	03070300P01	点
						热力独立井范围面	03070300A01	面
						外观形态	03070300T01	几何体
		热力管沟		03070400	从热源输送和分配供热介质的沟道	热力管沟	03070400A01	面
						外观形态	03070400T01	几何体

续表

门类	大类	中类	小类	分类代码	含义	采集图元	图元编码	图元类型
管线	工业管	工业管点	工业特征点	03080101	工业管线上具有一定特征的点位	工业特征点	03080101P01	点
						外观形态	03080101T01	几何体
			工业附属物	03080102	工业管线的附属设施	工业附属物	03080102P01	点
						工业附属物范围面	03080102A01	面
						外观形态	03080102T01	几何体
		工业管段		03080200	两工业管点间输送工业介质的管段	工业管段	03080200L01	线
						外观形态	03080200T01	几何体
		工业独立井		03080300	工业管道独立(偏心)井	工业独立井	03080300P01	点
						工业独立井范围面	03080300A01	面
						外观形态	03080300T01	几何体
		工业管沟		03080400	输送工业介质的沟道	工业管沟	03080400A01	面
						外观形态	03080400T01	几何体
	不明管	不明管点		03090100	不明用途管线上的具有一定特征的点位	不明管点	03090100P01	点
						不明管点范围面	03090100A01	面
						外观形态	03090100T01	几何体
		不明管段		03090200	两不明管点间不明用途的管段	不明管段	03090200L01	线
						外观形态	03090200T01	几何体
		不明独立井		03090300	不明用途的独立(偏心)井	不明独立井	03090300P01	点
						不明独立井范围面	03090300A01	面
						外观形态	03090300T01	几何体
		不明管沟		03090400	不明用途的沟道	不明管沟	03090400A01	面
						外观形态	03090400T01	几何体
	综合管廊	综合管点	综合特征点	03100101	综合管廊上的具有一定特征的点位	综合特征点	03100101P01	点
			综合附属物	03100102	综合管廊的附属设施	综合附属物	03100102P01	点
						综合附属物范围面	03100102A01	面
						外观形态	03100102T01	几何体

续表

门类	大类	中类	小类	分类代码	含义	采集图元	图元编码	图元类型
管线	综合管廊	综合管段		03100200	两综合管点间的综合管段	综合管段	03100200L01	线
						外观形态	03100200T01	几何体
		综合独立井		03100300	综合管廊(沟、道)独立(偏心)井	综合独立井	03100300P01	点
						综合独立井范围面	03100300A01	面
						外观形态	03100300T01	几何体
		综合管沟		03100400	电力、通信、燃气、供热、给排水等各种工程管线集于一体的城市管道综合沟道	综合管沟	03100400A01	面
						外观形态	03100400T01	几何体
	中水管	中水管点	中水特征点	03110101	中水管道上的具有一定特征的点位	中水特征点	03110101P01	点
			中水附属物	03110102	中水管道的附属设施	中水附属物	03110102P01	点
						中水附属物范围面	03110102A01	面
						外观形态	03110102T01	几何体
		中水管段		03110200	两中水管点间的综合管段	中水管段	03110200L01	线
						外观形态	03110200T01	几何体
		中水独立井		03110300	中水管(沟、道)独立(偏心)井	中水独立井	03110300P01	点
						中水独立井范围面	03110300A01	面
						外观形态	03110300T01	几何体
		中水管沟		03110400	输送经处理后回用于民用建筑的杂用水的沟道	中水管沟	03110400A01	面
						外观形态	03110400T01	几何体
水系	流域			04010000	由分水线所包围的河流或湖泊的地面集水区和地下集水区的总和	流域	04010000A01	面
	河流	河源		04020100	河流的发源地，河流最初具有地表水流的地方	河源	04020100P01	点
		一般河流		04020200	常年(季节性)有水的地面上的自然河流	一般河流中心线	04020200L01	线
						一般河流水涯线	04020200A01	面
						一般河流常水位面	04020200A02	面
						一般河流高水位面	04020200A03	面
						外观形态	04020200T01	几何体
		干河床(干涸河)		04020300	降水或融雪后短暂时间内有水的河床，或河流改道后遗留的河道	干河床(干涸河)	04020300L01	线
						干河床(干涸河)范围面	04020300A01	面

续表

门类	大类	中类	小类	分类代码	含义	采集图元	图元编码	图元类型
水系	河流	河段	地下河段	04020401	河流流经地下的河段	地下河段	04020401L01	线
						地下河段范围面	04020401A01	面
						外观形态	04020401T01	几何体
			消失河段	04020402	常年有水的河流流经沼泽、沙地等地区，没有明显河床，或表面水流消失的地段	消失河段	04020402L01	线
						消失河段范围面	04020402A01	面
			地下河段出入口	04020403	常年有水的河流流经地下的河段在地面上的出入口	地下河段出入口	04020403L01	线
						外观形态	04020403T01	几何体
		河口		04020500	河流终点，即河流注入湖泊或其他河流的地方	河口	04020500L01	线
	湖	湖泊		04030100	陆地上洼地积水形成的水域宽阔、水量变化缓慢的水体	湖泊水涯线	04030100A01	面
						湖泊常水位面	04030100A02	面
						湖泊高水位面	04030100A03	面
						外观形态	04030100T01	几何体
		池塘		04030200	人工挖掘的积水水体，或自然形成的面积较小的洼地积水	池塘	04030200A01	面
						外观形态	04030200T01	几何体
		干涸湖		04030300	降雨或融雪后短暂时间内有水的湖盆	干涸湖	04030300A01	面
						外观形态	04030300T01	几何体
	水库及设施	水库		04040100	因建造坝、闸、堤、堰等水利工程拦蓄河川径流而形成的水体及建筑物	水库	04040100A01	面
						外观形态	04040100T01	几何体
		溢洪道		04040200	水库的泄洪水道，用以排泄水库预定蓄水高度以上的洪水	溢洪道	04040200A01	面
						外观形态	04040200T01	几何体
		泄洪洞、出水口		04040300	泄洪洞是水库坝体上修建的排水洞口	泄洪洞、出水口	04040300L01	线
						外观形态	04040300T01	几何体
	沟渠及设施	渠首		04050100	灌溉渠系源头，部分有抽水设备	渠首	04050100L01	线
						外观形态	04050100T01	几何体
		沟渠		04050200	人工修建，南方宽度≥1.0m、北方宽度≥2.0m的用于引、排、灌的渠道，包括渠槽、渠堤、护路林及小型泵站	沟渠	04050200L01	线
						沟渠范围面	04050200A01	面
						外观形态	04050200T01	几何体

续表

门类	大类	中类	小类	分类代码	含义	采集图元	图元编码	图元类型
水系	沟渠及设施	沟堑		04050300	沟渠通过高地或山隘处经人工开挖形成两侧坡面很陡的地段	沟堑	04050300L01	线
						外观形态	04050300T01	几何体
		运河		04050400	跨流域开凿的，可供调水、航运的人工水道	运河中心线	04050400L01	线
						运河	04050400A01	面
						外观形态	04050400T01	几何体
		输水渡槽（高架渠）		04050500	跨越山谷、道路或沟渠的桥梁式输水设施，如水槽或水管	输水渡槽（高架渠）	04050500A01	面
						外观形态	04050500T01	几何体
		输水隧道		04050600	修建在山体中或地下的过水渠道设施	输水隧道	04050600A01	面
						外观形态	04050600T01	几何体
		倒虹吸		04050700	渠道与铁路、公路、河流等平面交叉时，在路下或水下设置的虹吸式过水通道	倒虹吸	04050700A01	面
						外观形态	04050700T01	几何体
		涵洞		04050800	修建在道路、堤坝等构筑物下面的过水或通行通道	涵洞	04050800L01	线
						涵洞范围面	04050800A01	面
						外观形态	04050800T01	几何体
		干沟		04050900	经常无水，只在雨后短暂时期内有积水，未挖成而搁置或废弃的沟渠	干沟	04050900L01	线
						干沟范围面	04050900A01	面
						外观形态	04050900T01	几何体
		输水隧道出入口		04051000	修建在山体中或地下的过水渠道设施的出入口	输水隧道出入口	04051000L01	线
						外观形态	04051000T01	几何体
		地下渠道、暗渠出水口		04051100	地下渠、暗渠的出水口	地下渠道、暗渠出水口	04051100P01	点
		坎儿井		04051200	干旱地区引用地下水及雪水，并有竖井与之相通的地下暗渠	坎儿井	04051200L01	线
						外观形态	04051200T01	几何体
	河、湖中的岛			04060000	河流、湖泊、水库中四周环水且常年高出水面的陆地	河、湖中的岛标识点	04060000P01	点
						河、湖中的岛	04060000A01	面
						外观形态	04060000T01	几何体

续表

门类	大类	中类	小类	分类代码	含义	采集图元	图元编码	图元类型
水系	其他水系	泉		04070100	地下水集中涌出的出水口	泉	04070100P01	点
						外观形态	04070100T01	几何体
		井		04070200	由人工开凿用于取水的竖井(有大量天然水蒸气或水温60℃以上的水井)	井	04070200P01	点
						井范围面	04070200A01	面
						外观形态	04070200T01	几何体
		池		04070300	用于贮水的人工池或水窖	池	04070300A01	面
						外观形态	04070300T01	几何体
		瀑布、跌水		04070400	瀑布是指从河床断面陡坡或山壁上倾泻而下的水流；跌水是指在河渠坡度变化急剧处，用砖、石、水泥构筑的台阶，使水流集中跌落的地段	瀑布、跌水	04070400L01	线
						外观形态	04070400T01	几何体
	水利及附属设施	行、蓄、滞洪区		04080100	洪水泛滥危急时或洪水过后，用于分流、蓄洪或洪水滞留的区域	行、蓄、滞洪区	04080100A01	面
		岸	加固岸	04080201	用木桩、砖、石、水泥等材料建成的护岸构筑物	加固岸	04080201L01	线
						加固岸范围面	04080201A01	面
						外观形态	04080201T01	几何体
			未加固岸	04080202	天然形成的河、湖的边	未加固岸	04080202L01	线
						未加固岸范围面	04080202A01	面
						外观形态	04080202T01	几何体
			陡岸	04080203	岸坡比较陡峻、坡度在50°以上的地段	陡岸	04080203L01	线
						外观形态	04080203T01	几何体
		堤		04080300	有防洪、防潮作用的人工修建的挡水构筑物	堤	04080300L01	线
						堤顶范围面	04080300A01	面
						外观形态	04080300T01	几何体
		坝	滚水坝	04080401	横截河流，使河水经常或季节性地从上面溢过的坝式构筑物	滚水坝	04080401L01	线
						滚水坝上游	04080401L02	线
						滚水坝下游	04080401L03	线
						滚水坝范围面	04080401A01	面
						外观形态	04080401T01	几何体

续表

门类	大类	中类	小类	分类代码	含义	采集图元	图元编码	图元类型
水系	水利及附属设施	坝	拦水坝	04080402	拦截山谷、横截河流以抬高水位的坝式构筑物	拦水坝	04080402L01	线
						拦水坝上游	04080402L02	线
						拦水坝范围面	04080402A01	面
						外观形态	04080402T01	几何体
			防波堤、制水坝	04080403	调节水流方向或减缓水流流速，防护港口、海湾的护岸式堤坝	防波堤、制水坝	04080403L01	线
						防波堤、制水坝范围面	04080403A01	面
						外观形态	04080403T01	几何体
		闸	水闸	04080501	建在河流、水库和沟渠中，有闸门启闭，可以调节水位和控制流量的构筑物	水闸	04080501P01	点(有向点)
						水闸特征线	04080501L01	线
						水闸范围面	04080501A01	面
						外观形态	04080501T01	几何体
			船闸	04080502	两端有闸封闭，两闸之间建有人工水道，将水位升高或降低，使船在高低水道间通行的设施	船闸	04080502P01	点(有向点)
						船闸特征线	04080502L01	线
						船闸范围面	04080502A01	面
						外观形态	04080502T01	几何体
		扬水站、水轮泵、抽水站		04080600	独立安置在水源处，利用水的冲力自动扬水或利用水泵扬水以进行农田灌溉的机电设备或设施	扬水站、水轮泵、抽水站	04080600P01	点
						外观形态	04080600T01	几何体
	海洋	海域	群岛、列岛	04090101	集合的岛屿群体，彼此距离很近的许多岛屿合称为群岛，排列成线或弧形的群岛称为列岛	群岛、列岛	04090101A01	面
						外观形态	04090101T01	几何体
			岛屿、明礁	04090102	四周环海水、平均大潮高潮时高于水面的陆地	岛屿、明礁	04090102A01	面
						外观形态	04090102T01	几何体
			群礁、丛礁	04090103	彼此距离较近且呈现成群分布的岛礁群体	群礁、丛礁	04090103A01	面
						外观形态	04090103T01	几何体
			干出礁	04090104	大潮高潮面以下，深度基准面以上的礁石	干出礁	04090104A01	面
						外观形态	04090104T01	几何体
			适淹礁	04090105	深度基准面处刚好被淹没的礁石	适淹礁	04090105A01	面
						外观形态	04090105T01	几何体

续表

门类	大类	中类	小类	分类代码	含义	采集图元	图元编码	图元类型
水系	海洋	海域	暗礁	04090106	深度基准面以下的礁石	暗礁	04090106A01	面
						外观形态	04090106T01	几何体
			暗沙	04090107	表面沉积有砂砾、贝壳等松散碎屑物质的珊瑚礁体	暗沙	04090107A01	面
						外观形态	04090107T01	几何体
			危险海区	04090108	通航海域中对航行安全有危害的海面区域	危险海区	04090108A01	面
			海岸线	04090109	平均大潮高潮面的水陆分界线	海岸线	04090109L01	线
			岬角、沙嘴	04090110	岬角指向海突出的夹角状的陆地；沙嘴一般指根部与岸相连，顶端伸向海中的狭长状堆积体	岬角、沙嘴	04090110P01	点
			危险岸区	04090111	船只不能靠近的海岸多礁石地段	危险岸区	04090111A01	面
			海滨	04090112	高、低潮面之间的地带，位于陆地与大海之间的前沿线	海滨	04090112A01	面
						外观形态	04090112T01	几何体
			干出滩	04090113	海岸线至零米等深线之间的海滩地带	干出滩	04090113A01	面
						外观形态	04090113T01	几何体
			干出滩中河道	04090114	陆地河流延伸至干出滩中的河道	干出滩中河道	04090114A01	面
						外观形态	04090114T01	几何体
			干出滩中潮水沟	04090115	潮水冲击干出滩所形成的水沟	干出滩中潮水沟	04090115A01	面
						外观形态	04090115T01	几何体
			入海河口	04090116	河流终点，即河流注入海洋的地方	入海河口	04090116P01	点
			半岛	04090117	一部分伸入海洋，另一部分同大陆或更大的岛屿相连的陆地	半岛	04090117A01	面
						外观形态	04090117T01	几何体
		海底	海沟	04090201	位于海洋中的两壁较陡，水深大于 5000m 的狭长沟槽，是海底最深的地方	海沟	04090201A01	面
						外观形态	04090201T01	几何体
			海底峡谷	04090202	位于海床的大陆斜面上的谷地	海底峡谷	04090202A01	面
						外观形态	04090202T01	几何体
			海渊	04090203	深度超过 6000m、轮廓清楚的深海凹地，多数位于海沟中	海渊	04090203A01	面
						外观形态	04090203T01	几何体

续表

门类	大类	中类	小类	分类代码	含义	采集图元	图元编码	图元类型
水系	海洋	海底	海槽	04090204	位于深海底，边缘部分倾斜面缓长而幅度较宽的凹形地带	海槽	04090204A01	面
						外观形态	04090204T01	几何体
			海盆	04090205	位于海洋底部类似陆地上盆地构造的低平地带	海盆	04090205A01	面
						外观形态	04090205T01	几何体
			海底洼地	04090206	比周围海底地面低洼的近似封闭的地形	海底洼地	04090206A01	面
						外观形态	04090206T01	几何体
			海底平原	04090207	位于深海底部，坡度小于1：1000的平坦区域	海底平原	04090207A01	面
						外观形态	04090207T01	几何体
			海底扇	04090208	海洋中由浊积物堆积形成的扇状地形	海底扇	04090208A01	面
						外观形态	04090208T01	几何体
			海底高原	04090209	深海盆地上广阔的隆起地形，边缘陡峭，顶部相对平坦	海底高原	04090209A01	面
						外观形态	04090209T01	几何体
			海隆	04090210	海底平缓突起的高地，高出海底数百米，部分海隆上发育海山	海隆	04090210A01	面
						外观形态	04090210T01	几何体
			海底山地	04090211	在海底起伏很大、坡度陡峻、沟谷幽深的地形，一般多呈脉状分布	海底山地	04090211A01	面
						外观形态	04090211T01	几何体
			海山	04090212	高出周围深海底 1000m 以上的水下山地	海山	04090212A01	面
						外观形态	04090212T01	几何体
			海岭	04090213	狭长延绵的大洋底部高地，一般在海面以下，高出两侧海底可达3～4km	海岭	04090213A01	面
						外观形态	04090213T01	几何体
			海丘	04090214	深海盆地中低缓的圆丘形山地	海丘	04090214A01	面
						外观形态	04090214T01	几何体
			大陆架	04090215	大陆沿岸土地在海面下向海洋的延伸，被海水所覆盖的大陆	大陆架	04090215A01	面
						外观形态	04090215T01	几何体
			大陆坡	04090216	大陆架外缘向海一侧较陡地下降到深海底的巨大斜坡，是大陆架与深海之间的过渡地带	大陆坡	04090216A01	面
						外观形态	04090216T01	几何体

续表

门类	大类	中类	小类	分类代码	含义	采集图元	图元编码	图元类型
水系	海洋	用海	渔业用海	04090301	为开发利用渔业资源、开展海洋渔业生产所使用的海域及无居民海岛	渔业用海	04090301A01	面
			工矿通信用海	04090302	开展临海工业生产、海底电缆管道建设和矿产能源开发所使用的海域及无居民海岛	工矿通信用海	04090302A01	面
			交通运输用海	04090303	用于港口、航运、路桥等交通建设的海域及无居民海岛	交通运输用海	04090303A01	面
			游憩用海	04090304	开发利用滨海和海上旅游资源，开展海上娱乐活动的海域及无居民海岛	游憩用海	04090304A01	面
			特殊用海	04090305	用于科研教学、军事及海岸防护工程、倾倒排污等用途的海域及无居民海岛	特殊用海	04090305A01	面
			其他海域	04090306	上述地类以外的其他类型的土地，包括盐碱地、沙地、裸土地、裸岩石砾地等植被稀少的陆域自然荒野等土地以及空闲地、田坎、田间道	其他海域	04090306A01	面
用地与院落	耕地	水田		05010100	用于种植水稻、莲藕等水生农作物的耕地，包括实行水生、旱生农作物轮种的耕地	水田	05010100A01	面
		水浇地		05010200	有水源保证和灌溉设施，在一般年景能正常灌溉，种植旱生农作物(含蔬菜)的耕地，包括种植蔬菜的非工厂化的大棚用地	水浇地	05010200A01	面
		旱地		05010300	无灌溉设施，主要靠天然降水种植旱生农作物的耕地，包括没有灌溉设施，仅靠引洪淤灌的耕地	旱地	05010300A01	面

续表

门类	大类	中类	小类	分类代码	含义	采集图元	图元编码	图元类型
用地与院落	园地	果园		05020100	以种植果树为主，集约经营的多年生木本和草本作物，覆盖度大于 50%或每亩株数大于合理株数 70%的土地	果园	05020100A01	面
						外观形态	05020100T01	几何体
		茶园		05020200	以种植茶树为主，集约经营的多年生木本和草本作物，覆盖度大于 50%或每亩株数大于合理株数 70%的土地	茶园	05020200A01	面
						外观形态	05020200T01	几何体
		橡胶园		05020300	种植橡胶的园地	橡胶园	05020300A01	面
						外观形态	05020300T01	几何体
		其他园地		05020400	种植桑树、可可、咖啡、油棕、胡椒、药材等其他多年生作物的园地，包括用于育苗的土地	其他园地	05020400A01	面
						外观形态	05020400T01	几何体
	林地	乔木林地		05030100	乔木郁闭度≥0.2 的林地，不包括森林沼泽	乔木林地	05030100A01	面
						外观形态	05030100T01	几何体
		竹林地		05030200	生长竹类植物，郁闭度≥0.2 的林地	竹林地	05030200A01	面
						外观形态	05030200T01	几何体
		灌木林地		05030300	灌木覆盖度≥40%的林地，不包括灌丛沼泽	灌木林地	05030300A01	面
						外观形态	05030300T01	几何体
		其他林地		05030400	疏林地(0.1≤树木郁闭度<0.2 的林地)、未成林地，以及迹地、苗圃等林地	其他林地	05030400A01	面
						外观形态	05030400T01	几何体
	草地	天然牧草地		05040100	以天然草本植物为主，用于放牧或割草的草地，包括实施禁牧措施的草地	天然牧草地	05040100A01	面
		人工牧草地		05040200	人工种植牧草的草地，不包括种植饲草的耕地	人工牧草地	05040200A01	面
		其他草地		05040300	表层为土质，不用于放牧的草地	其他草地	05040300A01	面

续表

门类	大类	中类	小类	分类代码	含义	采集图元	图元编码	图元类型
用地与院落	湿地	森林沼泽		05050100	以乔木植物为优势群落、郁闭度≥0.1的淡水沼泽	森林沼泽	05050100A01	面
						外观形态	05050100T01	几何体
		灌丛沼泽		05050200	以灌木植物为优势群落、覆盖度≥40%的淡水沼泽	灌丛沼泽	05050200A01	面
						外观形态	05050200T01	几何体
		沼泽草地		05050300	以天然草本植物为主的沼泽化的低地草甸、高寒草甸	沼泽草地	05050300A01	面
						外观形态	05050300T01	几何体
		其他沼泽地		05050400	除森林沼泽、灌丛沼泽和沼泽草地外，地表经常过湿或有薄层积水，生长沼生或部分沼生和部分湿生、水生或盐生植物的土地，包括草本沼泽、苔藓沼泽、内陆盐沼等	其他沼泽地	05050400A01	面
		沿海滩涂		05050500	沿海大潮高潮位与低潮位之间的潮浸地带，包括海岛的滩涂，不包括已利用的滩涂	沿海滩涂	05050500A01	面
		内陆滩涂		05050600	河流、湖泊常水位至洪水位间的滩地，时令河、湖洪水位以下的滩地，水库正常蓄水位与洪水位间的滩地，包括海岛的内陆滩地，不包括已利用的滩地	内陆滩涂	05050600A01	面
		红树林地		05050700	沿海生长红树植物的土地，包括红树林苗圃	红树林地	05050700A01	面
						外观形态	05050700T01	几何体
	农业设施建设用地	乡村道路用地	村道用地	05060101	在农村范围内，乡道及乡道以上公路以外，用于村间、田间交通运输，服务于农村生活生产的对地表耕作层造成破坏的硬化型道路(含机耕道)，不包括村庄内部道路用地和田间道	村道用地	05060101A01	面
			村庄内部道路用地	05060102	村庄内的道路用地，包括其交叉口用地，不包括穿越村庄的公路	村庄内部道路用地	05060102A01	面

续表

门类	大类	中类	小类	分类代码	含义	采集图元	图元编码	图元类型
用地与院落	农业设施建设用地	种植设施建设用地		05060200	对地表耕作层造成破坏的，工厂化作物生产和为生产服务的看护房、农资农机具存放场所等，以及与生产直接关联的烘干晾晒、分拣包装、保鲜存储等设施用地，不包括直接利用地表种植的大棚、地膜等保温、保湿设施用地	种植设施建设用地	05060200A01	面
		畜禽养殖设施建设用地		05060300	对地表耕作层造成破坏的，经营性畜禽养殖生产及直接关联的圈舍、废弃物处理、检验检疫等设施用地，不包括屠宰和肉类加工场所用地等	畜禽养殖设施建设用地	05060300A01	面
		水产养殖设施建设用地		05060400	对地表耕作层造成破坏的，工厂化水产养殖生产及直接关联的硬化养殖池、看护房、粪污处置、检验检疫等设施用地	水产养殖设施建设用地	05060400A01	面
	居住用地	城镇住宅用地	一类城镇住宅用地	05070101	配套设施齐全、环境良好，以三层及以下住宅为主的住宅建筑用地及其附属道路、附属绿地、停车场等用地	一类城镇住宅用地	05070101A01	面
			二类城镇住宅用地	05070102	配套设施较齐全、环境良好，以四层及以上住宅为主的住宅建筑用地及其附属道路、附属绿地、停车场等用地	二类城镇住宅用地	05070102A01	面
			三类城镇住宅用地	05070103	配套设施较欠缺、环境较差，以需要加以改造的简陋住宅为主的住宅建筑用地及其附属道路、附属绿地、停车场等用地，包括危房、棚户区、临时住宅等用地	三类城镇住宅用地	05070103A01	面
		城镇社区服务设施用地		05070200	为城镇居住生活配套的社区服务设施用地，包括社区服务站以及托儿所、社区卫生服务站、文化活动站、小型综合体育场地、小型超市等用地，以及老年人日间照料中心(托老所)等社区养老服务设施用地，不包括中小学、幼儿园用地	城镇社区服务设施用地	05070200A01	面

续表

门类	大类	中类	小类	分类代码	含义	采集图元	图元编码	图元类型
用地与院落	居住用地	农村宅基地	一类农村宅基地	05070301	农村用于建造独户住房的土地	一类农村宅基地	05070301A01	面
			二类农村宅基地	05070302	农村用于建造集中住房的土地	二类农村宅基地	05070302A01	面
		农村社区服务设施用地		05070400	为农村生产生活配套的社区服务设施用地，包括农村社区服务站以及村委会、供销社、兽医站、农机站、托儿所、文化活动室、小型体育活动场地、综合礼堂、农村商店及小型超市、农村卫生服务站、村邮站、宗祠等用地，不包括中小学、幼儿园用地	农村社区服务设施用地	05070400A01	面
	公共管理与公共服务用地	机关团体用地		05080100	党政机关、人民团体及其相关直属机构、派出机构和直属事业单位的办公及附属设施用地	机关团体用地	05080100A01	面
		科研用地		05080200	科研机构及其科研设施用地	科研用地	05080200A01	面
		文化用地	图书与展览用地	05080301	公共图书馆、博物馆、科技馆、公共美术馆、纪念馆、规划建设展览馆等设施用地	图书与展览用地	05080301A01	面
			文化活动用地	05080302	文化馆(群众艺术馆)、文化站、工人文化宫、青少年宫(青少年活动中心)、妇女儿童活动中心(儿童活动中心)、老年活动中心、综合文化活动中心、公共剧场等设施用地	文化活动用地	05080302A01	面
		教育用地	高等教育用地	05080401	大学、学院、高等职业学校、高等专科学校、成人高校等高等学校用地，包括军事院校用地	高等教育用地	05080401A01	面
			中等职业教育用地	05080402	普通中等专业学校、成人中等专业学校、职业高中、技工学校等用地，不包括附属于普通中学内的职业高中用地	中等职业教育用地	05080402A01	面

续表

门类	大类	中类	小类	分类代码	含义	采集图元	图元编码	图元类型
用地与院落	公共管理与公共服务用地	教育用地	中小学用地	05080403	小学、初级中学、高级中学、九年一贯制学校、完全中学、十二年一贯制学校用地，包括职业初中、成人中小学、附属于普通中学内的职业高中用地	中小学用地	05080403A01	面
			幼儿园用地	05080404	对3岁以上学龄前幼儿实施保育和教育的机构用地	幼儿园用地	05080404A01	面
			其他教育用地	05080405	除以上之外的教育用地，包括特殊教育学校、专门学校(工读学校)用地	其他教育用地	05080405A01	面
		体育用地	体育场馆用地	05080501	室内外体育运动用地，包括体育场馆、游泳场馆、大中型多功能运动场地、全民健身中心等用地	体育场馆用地	05080501A01	面
			体育训练用地	05080502	为体育运动专设的训练基地用地	体育训练用地	05080502A01	面
		医疗卫生用地	医院用地	05080601	综合医院、中医医院、中西医结合医院、民族医院、各类专科医院、护理院等用地	医院用地	05080601A01	面
			基层医疗卫生设施用地	05080602	社区卫生服务中心、乡镇(街道)卫生院等用地，不包括社区卫生服务站、农村卫生服务站、村卫生室、门诊部、诊所(医务室)等用地	基层医疗卫生设施用地	05080602A01	面
			公共卫生用地	05080603	疾病预防控制中心、妇幼保健院、急救中心(站)、采供血设施等用地	公共卫生用地	05080603A01	面
		社会福利用地	老年人社会福利用地	05080701	为老年人提供居住、康复、保健等服务的养老院、敬老院、养护院等机构养老设施用地	老年人社会福利用地	05080701A01	面
			儿童社会福利用地	05080702	为孤儿、农村留守儿童、困境儿童等特殊儿童群体提供居住、抚养、照护等服务的儿童福利院、孤儿院、未成年人救助保护中心等设施用地	儿童社会福利用地	05080702A01	面

续表

门类	大类	中类	小类	分类代码	含义	采集图元	图元编码	图元类型
用地与院落	公共管理与公共服务用地	社会福利用地	残疾人社会福利用地	05080703	为残疾人提供居住、康复、护养等服务的残疾人福利院、残疾人康复中心、残疾人综合服务中心等设施用地	残疾人社会福利用地	05080703A01	面
			其他社会福利用地	05080704	除以上之外的社会福利设施用地，包括救助管理站等设施用地	其他社会福利用地	05080704A01	面
	商业服务业用地	商业用地	零售商业用地	05090101	商铺、商场、超市、服装及小商品市场等用地	零售商业用地	05090101A01	面
			批发市场用地	05090102	以批发功能为主的市场用地	批发市场用地	05090102A01	面
			餐饮用地	05090103	饭店、餐厅、酒吧等用地	餐饮用地	05090103A01	面
			旅馆用地	05090104	宾馆、旅馆、招待所、服务型公寓、有住宿功能的度假村等用地	旅馆用地	05090104A01	面
			公用设施营业网点用地	05090105	零售加油、加气、充换电站、电信、邮政、供水、燃气、供电、供热等公用设施营业网点用地	公用设施营业网点用地	05090105A01	面
		商务金融用地		05090200	金融保险、艺术传媒、研发设计、技术服务、物流管理中心等综合性办公用地	商务金融用地	05090200A01	面
		娱乐康体用地	娱乐用地	05090301	剧院、音乐厅、电影院、歌舞厅、网吧，以及绿地率小于65%的大型游乐设施用地	娱乐用地	05090301A01	面
			康体用地	05090302	高尔夫练习场、赛马场、溜冰场、跳伞场、摩托车场、射击场，以及水上运动的陆域部分等用地	康体用地	05090302A01	面
		其他商业服务业用地		05090400	除以上之外的商业服务业用地，包括以观光娱乐为目的的直升机停机坪等通用航空、汽车维修站以及宠物医院、洗车场、洗染店、照相馆、理发美容店、洗浴场所、废旧物资回收站、机动车、电子产品和日用产品修理网点、物流营业网点等用地	其他商业服务业用地	05090400A01	面

续表

门类	大类	中类	小类	分类代码	含义	采集图元	图元编码	图元类型
用地与院落	工矿用地	工业用地	一类工业用地	05100101	对居住和公共环境基本无干扰、污染和安全隐患，布局无特殊控制要求的工业用地	一类工业用地	05100101A01	面
			二类工业用地	05100102	对居住和公共环境有一定干扰、污染和安全隐患，不可布局于居住区和公共设施集中区内的工业用地	二类工业用地	05100102A01	面
			三类工业用地	05100103	对居住和公共环境有严重干扰、污染和安全隐患，布局有防护、隔离要求的工业用地	三类工业用地	05100103A01	面
		采矿用地		05100200	采矿、采石、采砂(沙)场，砖瓦窑等地面生产用地及排土(石)、尾矿堆放用地	采矿用地	05100200A01	面
		盐田		05100300	用于盐业生产的用地，包括晒盐场所、盐池及附属设施用地	盐田	05100300A01	面
	仓储用地	物流仓储用地	一类物流仓储用地	05110101	对居住和公共环境基本无干扰、污染和安全隐患，布局无特殊控制要求的物流仓储用地	一类物流仓储用地	05110101A01	面
			二类物流仓储用地	05110102	对居住和公共环境有一定干扰、污染和安全隐患，不可布局于居住区和公共设施集中区内的物流仓储用地	二类物流仓储用地	05110102A01	面
			三类物流仓储用地	05110103	用于存放易燃、易爆和剧毒等危险品，布局有防护、隔离要求的物流仓储用地	三类物流仓储用地	05110103A01	面
		储备库用地		05110200	国家和省级的粮食、棉花、石油等战略性储备库用地	储备库用地	05110200A01	面

续表

门类	大类	中类	小类	分类代码	含义	采集图元	图元编码	图元类型
用地与院落	交通运输用地	铁路用地		05120100	铁路编组站、轨道线路(含城际轨道)等用地，不包括铁路客货运站等交通场站用地	铁路用地	05120100A01	面
		公路用地		05120200	国道、省道、县道和乡道用地及附属设施用地，不包括已纳入城镇集中连片建成区，发挥城镇内部道路功能的路段，以及公路长途客货运站等交通场站用地	公路用地	05120200A01	面
		机场用地		05120300	民用及军民合用的机场用地，包括飞行区、航站区等用地，不包括净空控制范围内的其他用地	机场用地	05120300A01	面
		港口码头用地		05120400	海港和河港的陆域部分，包括用于堆场、货运码头及其他港口设施的用地，不包括港口客运码头等交通场站用地	港口码头用地	05120400A01	面
		管道运输用地		05120500	运输矿石、石油和天然气等地面管道运输用地，地下管道运输规定的地面控制范围内的用地应按其地面实际用途归类	管道运输用地	05120500A01	面
		城市轨道交通用地		05120600	独立占地的城市轨道交通地面以上部分的线路、站点用地	城市轨道交通用地	05120600A01	面
		城镇道路用地		05120700	快速路、主干路、次干路、支路、专用人行道和非机动车道等用地，包括其交叉口用地	城镇道路用地	05120700A01	面
		交通场站用地	对外交通场站用地	05120801	铁路客货运站、公路长途客运站、港口客运码头及其附属设施用地	对外交通场站用地	05120801A01	面
			公共交通场站用地	05120802	城市轨道交通车辆基地及附属设施，公共汽(电)车首末站、停车场(库)、保养场，出租汽车场站设施等用地，以及轮渡、缆车、索道等的地面部分及其附属设施用地	公共交通场站用地	05120802A01	面
			社会停车场用地	05120803	独立占地的公共停车场和停车库用地(含设有充电桩的社会停车场)，不包括其他建设用地配建的停车场和停车库用地	社会停车场用地	05120803A01	面
		其他交通设施用地		05120900	除以上之外的交通设施用地，包括教练场等用地	其他交通设施用地	05120900A01	面

续表

门类	大类	中类	小类	分类代码	含义	采集图元	图元编码	图元类型
用地与院落	公用设施用地	供水用地		05130100	取水设施、供水厂、再生水厂、加压泵站、高位水池等设施用地	供水用地	05130100A01	面
		排水用地		05130200	雨水泵站、污水泵站、污水处理、污泥处理厂等设施及其附属的构筑物用地，不包括排水河渠用地	排水用地	05130200A01	面
		供电用地		05130300	变电站、开关站、环网柜等设施用地，不包括电厂等工业用地。高压走廊下规定的控制范围内的用地应按其地面实际用途归类	供电用地	05130300A01	面
		供燃气用地		05130400	分输站、调压站、门站、供气站、储配站、气化站、灌瓶站和地面输气管廊等设施用地，不包括制气厂等工业用地	供燃气用地	05130400A01	面
		供热用地		05130500	集中供热厂、换热站、区域能源站、分布式能源站和地面输热管廊等设施用地	供热用地	05130500A01	面
		通信用地		05130600	通信铁塔、基站、卫星地球站、海缆登陆站、电信局、微波站、中继站等设施用地	通信用地	05130600A01	面
		邮政用地		05130700	邮政中心局、邮政支局(所)、邮件处理中心等设施用地	邮政用地	05130700A01	面
		广播电视设施用地		05130800	广播电视的发射、传输和监测设施用地，包括无线电收信区、发信区以及广播电视发射台、转播台、差转台、监测站等设施用地	广播电视设施用地	05130800A01	面
		环卫用地		05130900	生活垃圾、医疗垃圾、危险废物处理和处置，以及垃圾转运、公厕、车辆清洗、环卫车辆停放修理等设施用地	环卫用地	05130900A01	面
		消防用地		05131000	消防站、消防通信及指挥训练中心等设施用地	消防用地	05131000A01	面

续表

门类	大类	中类	小类	分类代码	含义	采集图元	图元编码	图元类型
用地与院落	公用设施用地	干渠		05131100	除农田水利以外，人工修建的从水源地直接引水或调水，用于工农业生产、生活和水生态调节的大型渠道	干渠	05131100A01	面
		水工设施用地		05131200	人工修建的闸、坝、堤林路、水电厂房、扬水站等常水位岸线以上的建(构)筑物用地，包括防洪堤、防洪枢纽、排洪沟(渠)等设施用地	水工设施用地	05131200A01	面
		其他公用设施用地		05131300	除以上之外的公用设施用地，包括施工、养护、维修等设施用地	其他公用设施用地	05131300A01	面
	绿地与开敞空间用地	公园绿地		05140100	向公众开放，以游憩为主要功能，兼具生态、景观、文教、体育和应急避险等功能，有一定服务设施的公园和绿地，包括综合公园、社区公园、专类公园和游园等	公园绿地	05140100A01	面
		防护绿地		05140200	具有卫生、隔离、安全、生态防护功能，游人不宜进入的绿地	防护绿地	05140200A01	面
		广场用地		05140300	以游憩、健身、纪念、集会和避险等功能为主的公共活动场地	广场用地	05140300A01	面
	特殊用地	军事设施用地		05150100	直接用于军事目的的设施用地	军事设施用地	05150100A01	面
		使领馆用地		05150200	外国驻华使领馆、国际机构办事处及其附属设施等用地	使领馆用地	05150200A01	面
		宗教用地		05150300	宗教活动场所用地	宗教用地	05150300A01	面
		文物古迹用地		05150400	具有保护价值的古遗址、古建筑、古墓葬、石窟寺、近现代史迹及纪念建筑等用地，不包括已作其他用途的文物古迹用地	文物古迹用地	05150400A01	面
		监教场所用地		05150500	监狱、看守所、劳改场、戒毒所等用地范围内的建设用地，不包括公安局等行政办公设施用地	监教场所用地	05150500A01	面

续表

门类	大类	中类	小类	分类代码	含义	采集图元	图元编码	图元类型
用地与院落	特殊用地	殡葬用地		05150600	殡仪馆、火葬场、骨灰存放处和陵园、墓地等用地	殡葬用地	05150600A01	面
		其他特殊用地		05150700	除以上之外的特殊建设用地，包括边境口岸和自然保护地等的管理与服务设施用地	其他特殊用地	05150700A01	面
	留白用地			05160000	国土空间规划确定的城镇、村庄范围内暂未明确规划用途、规划期内不开发或特定条件下开发的用地	留白用地	05160000A01	面
	其他用地	空闲地		05170100	城、镇、村庄范围内尚未使用的建设用地。空闲地仅用于国土调查监测工作	空闲地	05170100A01	面
		田坎		05170200	梯田及梯状坡地耕地中，主要用于拦蓄水和护坡，南方宽度≥1.0米、北方宽度≥2.0米的地坎	田坎	05170200A01	面
		田间道		05170300	在农村范围内，用于田间交通运输，为农业生产、农村生活服务的未对地表耕作层造成破坏的非硬化道路	田间道	05170300A01	面
		盐碱地		05170400	表层盐碱聚集，生长天然耐盐碱植物的土地。不包括沼泽地和沼泽草地	盐碱地	05170400A01	面
		沙地		05170500	表层为沙覆盖、植被覆盖度≤5%的土地。不包括滩涂中的沙地	沙地	05170500A01	面
		裸土地		05170600	表层为土质，植被覆盖度≤5%的土地。不包括滩涂中的泥滩	裸土地	05170600A01	面
		裸岩石砾地		05170700	表层为岩石或石砾，其覆盖面积≥70%的土地。不包括滩涂中的石滩	裸岩石砾地	05170700A01	面

续表

门类	大类	中类	小类	分类代码	含义	采集图元	图元编码	图元类型
用地与院落	其他用地	人工堆掘地	采掘地	05170801	露天开采对原始地表破坏后长期出露形成的地表，如露天采掘石料、沙石以及取土等活动人工形成的裸露地表	采掘地	05170801A01	面
			堆弃地	05170802	人工长期堆积弃置的各种垃圾、沙土、岩屑等(人工堆积物)覆盖的地表	堆弃地	05170802A01	面
			建筑工地	05170803	正在拆除原有建筑物或构筑物，或自然地表被破坏，正在进行土木建筑工程施工的场地区域	建筑工地	05170803A01	面
			其他人工堆掘地	05170804	上述未分类的其他人工堆掘地	其他人工堆掘地	05170804A01	面
区域与界线	领海区域	领海基线		06010100	沿海国划定领海范围起算的界线	领海基线	06010100L01	线
		领海基点		06010200	连接领海基线的点	领海基点	06010200P01	点
	行政区域	国家级行政区域		06020100	国界线内的行政区域	国家级行政区域	06020100A01	面
						国家级行政区界线	06020100L01	线
		省级行政区域		06020200	省、自治区、直辖市界线内的区域	省级行政区域	06020200A01	面
						省级行政区界线	06020200L01	线
						省级行政机构驻地	06020200P01	点
		地级行政区域		06020300	地区、自治州、盟、地级市界线内的区域	地级行政区域	06020300A01	面
						地级行政区界线	06020300L01	线
						地级行政机构驻地	06020300P01	点
		县级行政区域		06020400	县级行政区界线内的范围	县级行政区域	06020400A01	面
						县级行政区界线	06020400L01	线
						县级行政机构驻地	06020400P01	点

续表

门类	大类	中类	小类	分类代码	含义	采集图元	图元编码	图元类型
区域与界线	行政区域	乡、镇、街道级行政区域		06020500	乡、镇级行政区界线内的范围	乡、镇、街道级行政区域	06020500A01	面
						乡、镇、街道级行政区界线	06020500L01	线
						乡、镇级行政机构驻地（街道办事处）	06020500P01	点
	其他区域	村、社区		06030100	群众性自治单位，聚居的处所，是乡、镇以下的村级行政区划单位	村、社区	06030100A01	面
						村、社区界线	06030100L01	线
						村、社区委员会	06030100P01	点
		特殊地区		06030200	特殊地区的范围	特殊地区	06030200A01	面
						特殊地区界线	06030200L01	线
	界桩、界碑、界标			06040000	界线上设立的界线标志	界桩、界碑、界标	06040000P01	点
	开发区	高新技术开发区		06050100	改革开放后在一些知识密集、技术密集的大中城市和沿海地区建立的发展高新技术的产业开发区	高新技术开发区管委会	06050100P01	点
						高新技术开发区	06050100A01	面
		经济开发区		06050200	最早在沿海开放城市设立的以发展知识密集型和技术密集型工业为主的特定区域	经济开发区管委会	06050200P01	点
						经济开发区	06050200A01	面
		农业开发区		06050300	现代农业在空间地域上的聚集区	农业开发区	06050300A01	面
		出口加工区		06050400	国家划定或开辟的专门制造、加工、装配出口商品的特殊工业区	出口加工区	06050400A01	面
		边境经济合作区		06050500	中国沿边开放城市发展边境贸易和加工出口的区域	边境经济合作区	06050500A01	面

续表

门类	大类	中类	小类	分类代码	含义	采集图元	图元编码	图元类型
区域与界线	开发区	特色工业园区		06050600	具有一定规模的行业、企业、产品、原材料市场、专业营销队伍等产业链积聚地	特色工业园区	06050600A01	面
		保税区		06050700	一国海关设置的或经海关批准注册，受海关监督和管理的可以较长时间存储商品的区域	保税区	06050700A01	面
		其他类型开发区		06050800	除了所列举开发区类型以外的其他开发区域	其他类型开发区	06050800A01	面
	自然保护地	国家公园		06060100	为保留自然而划定的区域，通常由政府所拥有，目的是保护某地不受人类活动的破坏	国家公园	06060100A01	面
		自然保护区		06060200	对有代表性的生态系统、珍稀濒危野物种群天生境地集中分布区、有特殊意义的自然遗迹等保护对象所在陆地、陆地水体或者海域，依法划出一定面积予以特殊保护和管理的区域	自然保护区	06060200A01	面
		自然公园		06060300	保护重要的自然生态系统、自然遗迹和自然景观，具有生态、观赏、文化和科学价值，可持续利用的区域	自然公园	06060300A01	面
	规划控制线	生态保护红线		06070100	在生态空间范围内具有特殊重要生态功能、必须强制性严格保护的区域	生态保护红线	06070100A01	面
		永久基本农田保护红线		06070200	对基本农田实行永久性保护区域的界线	永久基本农田保护红线	06070200A01	面
		城镇开发边界		06070300	一定规划期限内城市集中连片开发建设地区的边界	城镇开发边界	06070300L01	线
		规划红线		06070400	各种用地的边界线	规划红线	06070400L01	线

续表

门类	大类	中类	小类	分类代码	含义	采集图元	图元编码	图元类型
区域与界线	规划控制线	规划绿线		06070500	城市各类绿地范围的控制线	规划绿线	06070500L01	线
		规划蓝线		06070600	水域保护区的控制线	规划蓝线	06070600L01	线
		规划紫线		06070700	国家历史文化名城内的历史文化街区和省、自治区、直辖市人民政府公布的历史文化街区的保护范围界线	规划紫线	06070700L01	线
		规划黄线		06070800	对城市发展全局有影响的、城市规划中确定的、必须控制的城市基础设施用地的控制界线	规划黄线	06070800L01	线
	界线与权籍	地籍区		06080100	便于地籍的建立和管理而划分的区域，划分原则以行政管辖范围为基础，如按街道办事处、街坊、乡(镇)等划分	地籍区	06080100A01	面
		地籍子区		06080200	在同一地籍区根据需要划分的地籍子区的范围	地籍子区	06080200A01	面
		不动产宗地		06080300	土地使用权人的权属界址范围内的地块	不动产宗地	06080300A01	面
		界址线		06080400	宗地四周的权属界线，即界址点连线构成的折线或曲线	界址线	06080400L01	线
		界址点		06080500	宗地或权属界线的转折点	界址点	06080500P01	点
	城镇(乡)体系	中心城区(主城区、核心区等)		06090100	以城镇主城区为主体，并包括邻近各功能组团以及需要加强土地用途管制的空间区域	中心城区(主城区、核心区等)	06090100A01	面
		副中心		06090200	城市核心中央商务区以外，城市经济流的高效聚集区，是城市中新兴第三产业的集中分布区	副中心	06090200A01	面
		中心镇(功能中心、外围城区)		06090300	具有较好区位优势、较强经济实力、较好基础设施、较大发展潜力、对周边地区具有一定辐射力的区域重点镇	中心镇(功能中心、外围城区)	06090300A01	面

续表

门类	大类	中类	小类	分类代码	含义	采集图元	图元编码	图元类型
区域与界线	城镇(乡)体系	特色镇、一般镇、新市镇		06090400	依赖某一特色产业和特色环境因素(如地域特色、生态特色、文化特色等)，打造的具有明确产业定位、文化内涵、旅游特征和一定社区功能的镇区	特色镇、一般镇、新市镇	06090400A01	面
	产业空间布局	现代服务业		06100100	依靠高新技术和现代管理方法、经营方式及组织形式发展起来的、主要为生产者提供中间投入的知识、技术、信息密集型服务部门	现代服务业	06100100A01	面
						现代服务业(国土规划图斑)	06100100A02	面
		先进制造业		06100200	不断吸收电子信息、计算机、机械、材料以及现代管理技术等方面的高新技术成果，并将这些先进制造技术综合应用于制造业产品的研发设计、生产制造、在线检测、营销服务和管理的全过程的制造业	先进制造业	06100200A01	面
						先进制造业(国土规划图斑)	06100200A02	面
		物流园区		06100300	物流节点集中组织和管理的场所，是具有产业发展性质的经济功能区	物流园区	06100300A01	面
						物流园区(国土规划图斑)	06100300A02	面
		创新园区		06100400	知识、技术、人才的高度集中和融科研、教育、生产为一体的科技资源开发区域	创新园区	06100400A01	面
						创新园区(国土规划图斑)	06100400A02	面
		生态产业园区		06100500	继经济技术开发区、高新技术产业开发区发展的第三代产业园区	生态产业园区	06100500A01	面
						生态产业园区(国土规划图斑)	06100500A02	面
	国土空间规划分区	生态保护与保留区	核心生态保护区	06110101	具有特殊重要生态功能或生态环境敏感脆弱、必须强制性严格保护的陆地和海洋自然区域，是陆域生态保护红线和海洋生态保护红线集中区域	核心生态保护区(国土规划图斑)	06110101A01	面
			生态保护修复区	06110102	核心生态保护区外，需进行生态保护与生态修复的陆地和海洋自然区域	生态保护修复区(国土规划图斑)	06110102A01	面
			自然保留区	06110103	不具备开发利用与建设条件，也不需要特别保护与修复的陆地自然区域	自然保留区(国土规划图斑)	06110103A01	面

续表

门类	大类	中类	小类	分类代码	含义	采集图元	图元编码	图元类型
区域与界线	国土空间规划分区	海洋特殊保护与渔业资源养护区	海洋特殊保护区	06110201	对海洋资源、环境和生态进行严格管控、强制性保护的海域和无居民海岛	海洋特殊保护区(国土规划图斑)	06110201A01	面
			海洋渔业资源养护区	06110202	为实现海洋渔业可持续发展，实施资源保护、合理捕捞等措施的海城	海洋渔业资源养护区(国土规划图斑)	06110202A01	面
		永久基本农田集中保护区		06110300	永久基本农田相对集中的区域	永久基本农田集中保护区(国土规划图斑)	06110300A01	面
		古迹遗址保护区		06110400	以历史文化资源保护为主要功能的大遗址和地下文物埋藏区域	古迹遗址保护区(国土规划图斑)	06110400A01	面
		城镇发展区	居住生活区	06110501	以住宅建筑和居住配套设施为主要功能导向的区域	居住生活区(国土规划图斑)	06110501A01	面
			综合服务区	06110502	以提供行政办公，文化、教育、医疗等服务为主要功能导向的区域	综合服务区(国土规划图斑)	06110502A01	面
			商业商务区	06110503	以提供商业、商务办公等就业岗位为主要功能导向的区域	商业商务区(国土规划图斑)	06110503A01	面
			工业物流区	06110504	以工业、仓储物流及其配套产业为主要功能导向的区域	工业物流区(国土规划图斑)	06110504A01	面
			绿地休闲区	06110505	以公园绿地、广场用地、滨水开放空间、防护绿地等为主要功能导向的区域	绿地休闲区(国土规划图斑)	06110505A01	面
			交通枢纽区	06110506	以机场、港口、铁路客货运站等大型交通设施为主要功能导向的区域	交通枢纽区(国土规划图斑)	06110506A01	面
			公用设施集中区	06110507	以垃圾填埋场、污水处理厂、水厂等大型公用设施为主要功能导向的区域	公用设施集中区(国土规划图斑)	06110507A01	面

续表

门类	大类	中类	小类	分类代码	含义	采集图元	图元编码	图元类型
区域与界线	国土空间规划分区	城镇发展区	战略预留区	06110508	应对发展不确定性、为重大战略性功能控制的留白区域	战略预留区(国土规划图斑)	06110508A01	面
			特色功能区	06110509	体现城市特定发展意图，需要实行特定管理政策的区域	特色功能区(国土规划图斑)	06110509A01	面
			城镇有条件建设区	06110510	城镇开发边界内，城、镇集中建设区外，为应对城镇发展不确定性划定的，当满足特定条件时方可进行城镇开发和集中建设的地城空间	城镇有条件建设区(国土规划图斑)	06110510A01	面
			特别用途区	06110511	城镇开发边界内，与城镇关联密切的生态涵养、休闲游憩、防护隔离、历史文化保护等地城空间	特别用途区(国土规划图斑)	06110511A01	面
		农业农村发展区	村庄建设区	06110601	城镇集中建设区外，规划重点发展的村庄用地范围	村庄建设区(国土规划图斑)	06110601A01	面
			一般农业区	06110602	以农业生产和农民生活为主要利用功能导向划定的区域	一般农业区(国土规划图斑)	06110602A01	面
			林业发展区	06110603	以规模化林业发展为主要利用功能导向划定的区域	林业发展区(国土规划图斑)	06110603A01	面
			牧业发展区	06110604	以草原畜牧业发展为主要利用功能导向划定的区域	牧业发展区(国土规划图斑)	06110604A01	面
		矿产与能源发展区		06110700	陆域油气区、采矿区、盐田区及风能、太阳能采集区等保障国家资源安全供应的区域	矿产与能源发展区(国土规划图斑)	06110700A01	面
地貌	自然地貌	山系		07010100	在一个巨大的构造单元或一个大型构造体系范围内发育形成的，在形态、成因、结构上有紧密联系的，属于同一系统的若干相邻山脉的综合体	山系	07010100A01	面
		山脉		07010200	沿一定方向延伸，包括若干条山岭和山谷组成的山体，形态像脉状且具有某种整体性质	山脉	07010200L01	线

续表

门类	大类	中类	小类	分类代码	含义	采集图元	图元编码	图元类型
地貌	自然地貌	山峰		07010300	指尖状山顶，并有一定高度，多为岩石构成，也有的是火山锥	山峰	07010300P01	点
		丘陵		07010400	形态起伏和缓，绝对高度在500m以内，相对高度不超过200m，由各种岩类组成的坡面组合体。一般无一定方向，没有明显的脉络，顶部浑圆，是山地久经侵蚀的产物	丘陵顶点	07010400P01	点
						丘陵	07010400A01	面
						外观形态	07010400T01	几何体
		岩地	陡石山	07010501	全部或大部分岩石裸露且坡度≥70°的陡峻山岭	陡石山	07010501L01	线
						外观形态	07010501T01	几何体
			露岩地	07010502	岩石露出地面且分布较集中的地段	露岩地	07010502A01	面
						外观形态	07010502T01	几何体
			岩墙	07010503	地壳裂隙被岩浆填充，冷却后成板状岩体，经长期剥蚀而露出地面的墙体	岩墙	07010503L01	线
						外观形态	07010503T01	几何体
		雪山	粒雪原	07010601	雪线以上堆积有大量粒雪的地区	粒雪原	07010601A01	面
			冰川	07010602	沿地面倾斜方向移动的巨大可塑性冰体	冰川	07010602A01	面
						外观形态	07010602T01	几何体
			冰裂隙	07010603	由于冰川本身的质量、冰川的起伏和冰川各部分运动的速度不同，在冰川表面产生的裂缝	冰裂隙	07010603A01	面
						外观形态	07010603T01	几何体
			冰陡崖	07010604	由于冰崩或其他原因而形成地冰质陡崖	冰陡崖	07010604A01	面
						外观形态	07010604T01	几何体
			冰碛	07010605	冰川运动和消融时堆积的岩石碎屑物质	冰碛	07010605A01	面
						外观形态	07010605T01	几何体
			冰塔、冰塔丛	07010606	在冰川的中下段，由于冰川逐渐消融解体而形成的林立的塔形冰柱	冰塔、冰塔丛	07010606A01	面
						外观形态	07010606T01	几何体
			冰斗湖	07010607	冰川融退后冰斗积水形成的湖泊	冰斗湖	07010607A01	面
						外观形态	07010607T01	几何体
			雪山	07010608	常年积雪的粒雪原、冰川等分布区的总称	雪山	07010608A01	面

续表

门类	大类	中类	小类	分类代码	含义	采集图元	图元编码	图元类型
地貌	自然地貌	地质灾害地貌	沙土崩崖	07010701	沙土的山坡受风化作用、碎屑向山坡下崩落的地段	沙土崩崖	07010701A01	面
			石崩崖	07010702	石质山坡受风化作用、碎屑向山坡下崩落的地段	石崩崖	07010702A01	面
			滑坡	07010703	斜坡表层岩石或碎屑堆积物由于地下水和地表水的影响，在重力作用下向下滑动的地段	滑坡	07010703A01	面
			泥石流	07010704	山坡上的大量泥沙堆积受水侵蚀突然大量坠滑而形成的，具有强大破坏力的特殊洪流	泥石流	07010704A01	面
			熔岩流	07010705	呈液态在地表流动的熔岩，其冷却后形成的固体岩石堆积	熔岩流	07010705A01	面
		土质	小草丘地	07010801	在沼泽、草原和荒漠地区长有草类或灌木的小丘成群分布的地面	小草丘地	07010801A01	面
						外观形态	07010801T01	几何体
			龟裂地	07010802	黏土地表水分被强烈蒸发后而形成坚硬网状裂隙，类似龟纹的泥裂地面	龟裂地	07010802A01	面
						外观形态	07010802T01	几何体
			白板地	07010803	土质坚硬、地面平坦无裂隙、无植被，表面呈白色的地面	白板地	07010803A01	面
						外观形态	07010803T01	几何体
			沙砾地、戈壁滩	07010804	沙和砾石混合分布或是地表几乎全为砾石覆盖的地段	沙砾地、戈壁滩	07010804A01	面
						外观形态	07010804T01	几何体
			沙泥地	07010805	沙和泥混合分布的地面	沙泥地	07010805A01	面
						外观形态	07010805T01	几何体
			石块地	07010806	岩石受风化作用而形成的石块堆积地面	石块地	07010806A01	面
						外观形态	07010806T01	几何体
			残丘地	07010807	由于风蚀或其他原因形成的成群石质(或土质)小丘	残丘地	07010807A01	面
						外观形态	07010807T01	几何体

续表

门类	大类	中类	小类	分类代码	含义	采集图元	图元编码	图元类型
地貌	自然地貌	其他自然地貌	岩峰	07010901	高耸的塔柱状岩石	岩峰	07010901P01	点
						外观形态	07010901T01	几何体
			黄土柱	07010902	分布在沟边的柱状黄土体	黄土柱	07010902P01	点
						外观形态	07010902T01	几何体
			独立石	07010903	地面上长期存在的具有方位意义的较大的独立石块	独立石	07010903P01	点
						独立石范围面	07010903A01	面
						外观形态	07010903T01	几何体
			土堆、矿渣堆、石堆	07010904	由泥土、矿渣、石块堆积而成的堆积物	土堆、矿渣堆、石堆	07010904P01	点
						土堆、矿渣堆、石堆范围面	07010904A01	面
						外观形态	07010904T01	几何体
			岩溶漏斗	07010905	在岩溶地区，受水的溶蚀或岩层塌陷而在地面形成的漏斗状或碟形的封闭洼地	岩溶漏斗	07010905P01	点
						岩溶漏斗范围面	07010905A01	面
						外观形态	07010905T01	几何体
			黄土漏斗	07010906	在黄土墚峁的边坡上地表径流下渗潜蚀带走黄土颗粒，形成的漏斗状形态	黄土漏斗	07010906P01	点
						黄土漏斗范围面	07010906A01	面
						外观形态	07010906T01	几何体
			坑穴	07010907	地表面突然凹下的部分，坑壁较陡，坑口有较明显的边缘	坑穴	07010907P01	点
						坑穴范围面	07010907A01	面
						外观形态	07010907T01	几何体
			山洞、溶洞	07010908	山洞指山体中的洞穴；溶洞指受水溶蚀作用或岩层塌陷而形成的地下空洞	山洞、溶洞	07010908P01	点
						山洞、溶洞特征线	07010908L01	线
						外观形态	07010908T01	几何体
			火山口	07010909	火山爆发后在喷出口处形成的洼地	火山口	07010909A01	面
						外观形态	07010909T01	几何体
			冲沟	07010910	地面长期被雨水急流冲蚀而形成的大小沟壑	冲沟	07010910L01	线
						外观形态	07010910T01	几何体

续表

门类	大类	中类	小类	分类代码	含义	采集图元	图元编码	图元类型
地貌	自然地貌	其他自然地貌	地裂缝	07010911	由地壳运动引起的地裂或采掘矿物后的采空区塌陷造成的地表裂缝	地裂缝	07010911L01	线
						地裂缝范围面	07010911A01	面
						外观形态	07010911T01	几何体
			陡崖、陡坎	07010912	形态壁立、难以攀登的陡峭崖壁或各种天然形成的坎	陡崖、陡坎	07010912L01	线
						外观形态	07010912T01	几何体
	人工地貌	斜坡		07020100	地面线与水平面呈一定夹角的地貌区	斜坡	07020100A01	面
						斜坡特征线	07020100L01	线
						外观形态	07020100T01	几何体
		人工陡坎		07020200	人工修筑的坡度≥70 度以上的陡峻地段	人工陡坎	07020200L01	线
						外观形态	07020200T01	几何体
		石垄		07020300	在山坡或河滩地上，用大小不同的石块，由人工堆积而成的狭长石围	石垄	07020300L01	线
						石垄范围面	07020300A01	面
						外观形态	07020300T01	几何体
		岸垄、土垄		07020400	在山坡或河滩地上，由人工堆积的狭长土围	岸垄、土垄	07020400L01	线
						外观形态	07020400T01	几何体
		防风固沙方格		07020500	治理沙漠，减少沙漠化危害的石方格沙障地	防风固沙方格	07020500A01	面
						外观形态	07020500T01	几何体
		挡土墙		07020600	支承路基填土或山坡土体，防止填土或土体变形失稳的构造物	挡土墙	07020600L01	线
						外观形态	07020600T01	几何体
		防火带		07020700	林区、草原中为防止火灾蔓延而开辟的空道	防火带	07020700L01	线
						外观形态	07020700T01	几何体
		梯田坎		07020800	在丘陵山坡上沿等高线方向修筑的条状阶台式或波浪式断面的田地	梯田坎	07020800L01	线
						外观形态	07020800T01	几何体

续表

门类	大类	中类	小类	分类代码	含义	采集图元	图元编码	图元类型
矿产	能源矿产			08010000	赋存于地表或者地下的，由地质作用形成的，呈固态、气态和液态的，具有提供现实意义或潜在意义能源价值的天然富集物。一般指煤、煤成气、石煤、油页岩、石油、天然气、油砂、天然沥青、铀、钍、地热和页岩气等能源矿产	能源矿产	08010000A01	面
						外观形态	08010000T01	几何体
	金属矿产			08020000	从中提取某种供工业利用的金属元素或化合物的矿产。一般指黑色金属、有色金属、贵金属、稀有金属、稀土金属、稀散金属等金属矿产	金属矿产	08020000A01	面
						外观形态	08020000T01	几何体
	非金属矿产			08030000	在经济上有用的某种非金属元素，或可直接利用矿物、岩石的某种化学、物理或工艺性质的矿产资源。一般指元素类、矿物类、宝石类、岩石类、黏土类等非金属矿产	非金属矿产	08030000A01	面
						外观形态	08030000T01	几何体
	水气矿产			08040000	蕴含有某种水、气并经开发可被人们利用的矿产。一般指地下水、矿泉水、二氧化碳气、硫化氢气、氦气、氡气等水气矿产	水气矿产	08040000A01	面
						外观形态	08040000T01	几何体

附录 B　基础地理实体数据分层设计

门类	大类	中类	小类	图元名称	图元层名	基础地理实体层名
居民地及设施	建筑物	房屋		房屋	G_JMD_FW_A	ENTITY_JMD
				第五立面(屋顶面)	GJ_JMD_FW_A	
				廊房	GJ_JMD_FW_A	
				飘楼	GJ_JMD_FW_A	
				楼栋出入口	GJ_JMD_FW_L	
				雨罩	GJ_JMD_FW_A	
				檐廊	GJ_JMD_FW_A	
				阳台	GJ_JMD_FW_A	
				挑廊	GJ_JMD_FW_A	
		楼层		楼层	G_JMD_LC_A	
		房屋附属设施	门顶	门顶	G_JMD_FWFS_A	
			柱廊	柱廊	G_JMD_FWFS_A	
			悬空通廊	悬空通廊	G_JMD_FWFS_A	
			门墩	门墩	G_JMD_FWFS_P	
				门墩范围面	ZT_JMD_FWFS_A	
			建筑物前汽车坡道、无障碍通道	建筑物前汽车坡道、无障碍通道	G_JMD_FWFS_A	
			室外楼梯	室外楼梯	G_JMD_FWFS_A	
			室外自动扶梯	室外自动扶梯	G_JMD_FWFS_A	
			室外电梯	室外电梯	G_JMD_FWFS_A	
			门洞、下跨道	门洞、下跨道	G_JMD_FWFS_A	
		地下建筑		地下建筑范围面	G_JMD_DXJZW_A	
				地下建筑分层范围面	ZT_JMD_DXJZW_A	

续表

门类	大类	中类	小类	图元名称	图元层名	基础地理实体层名
居民地及设施	建筑物	地下建筑附属设施	地下建筑出入口	地下建筑出入口	G_JMD_DXFS_P	ENTITY_JMD
				地下建筑出入口范围面	ZT_JMD_DXFS_A	
			地下建筑物通风口	地下建筑物通风口	G_JMD_DXFS_P	
				地下建筑物通风口范围面	ZT_JMD_DXFS_A	
		窑洞		窑洞	G_JMD_JZW_P	
				窑洞特征线	ZT_JMD_JZW_L	
				窑洞范围面	ZT_JMD_JZW_A	
		蒙古包、放牧点		蒙古包、放牧点	G_JMD_JZW_P	
				蒙古包、放牧点范围面	ZT_JMD_JZW_A	
	构筑物	垣栅类构筑物	围墙	围墙	G_JMD_YSGZW_L	
			栅栏、栏杆	栅栏、栏杆	G_JMD_YSGZW_L	
			篱笆	篱笆	G_JMD_YSGZW_L	
			铁丝网、电网	铁丝网、电网	G_JMD_YSGZW_L	
			院门	院门	G_JMD_YSGZW_L	
		工矿类构筑物	矿井(井口)	矿井(井口)	G_JMD_GKGZW_P	
				矿井(井口)范围面	ZT_JMD_GKGZW_A	
			管道井	管道井	G_JMD_GKGZW_P	
			盐井	盐井	G_JMD_GKGZW_P	
			塔形、塔类构筑物	塔形、塔类构筑物	G_JMD_GKGZW_P”	
				塔形、塔类构筑物范围面	ZT_JMD_GKGZW_A	
			水塔烟囱	水塔烟囱	G_JMD_GKGZW_A	
			烟囱	烟囱	G_JMD_GKGZW_A	
			烟道	烟道	G_JMD_GKGZW_A	
			放空火炬	放空火炬	G_JMD_GKGZW_P	
			窑	窑	G_JMD_GKGZW_A	
			吊车	吊车	G_JMD_GKGZW_A	
			起重机	起重机	G_JMD_GKGZW_P	
				起重机轨道范围面	ZT_JMD_GKGZW_A	

续表

门类	大类	中类	小类	图元名称	图元层名	基础地理实体层名
居民地及设施	构筑物	工矿类构筑物	滑槽	滑槽	G_JMD_GKGZW_L	ENTITY_JMD
				滑槽范围面	ZT_JMD_GKGZW_A	
			装卸漏斗	漏口孔	GJ_JMD_GKGZW_P	
				装卸漏斗	G_JMD_GKGZW_A	
			露天设备	露天设备	G_JMD_GKGZW_P	
				露天设备范围面	ZT_JMD_GKGZW_A	
			传送带	传送带	G_JMD_GKGZW_L	
				传送带范围面	ZT_JMD_GKGZW_A	
			地磅	地磅	G_JMD_GKGZW_A	
			露天货栈、材料场	露天货栈、材料场	G_JMD_GKGZW_A	
			贮煤场、水泥预制场	贮煤场、水泥预制场	G_JMD_GKGZW_A	
			探槽	探槽	G_JMD_GKGZW_L	
			探井	探井	G_JMD_GKGZW_P	
				探井范围面	ZT_JMD_GKGZW_A	
			钻孔	钻孔	G_JMD_GKGZW_P	
		农业类构筑物	牲口房	牲口房	G_JMD_NYGZW_A	
			饲养场、打谷场、贮草场	饲养场、打谷场、贮草场	G_JMD_NYGZW_A	
			地窖、菜窖	地窖、菜窖	G_JMD_NYGZW_P	
			温室、大棚	温室、大棚	G_JMD_NYGZW_P	
				温室、大棚范围面	ZT_JMD_NYGZW_A	
			水磨坊、水车	水磨坊、水车	G_JMD_NYGZW_P	
			风磨坊、风车	风磨坊、风车	G_JMD_NYGZW_P	
			粮仓	粮仓	G_JMD_NYGZW_P	
				粮仓范围面	ZT_JMD_NYGZW_A	
			药浴池	药浴池	G_JMD_NYGZW_P	
				药浴池范围面	ZT_JMD_NYGZW_A	
			积肥池	积肥池	G_JMD_NYGZW_P	
				积肥池范围面	ZT_JMD_NYGZW_A	

续表

门类	大类	中类	小类	图元名称	图元层名	基础地理实体层名
居民地及设施	构筑物	公共服务类构筑物	电话亭、报刊亭、售货亭、售票亭	电话亭、报刊亭、售货亭、售票亭	G_JMD_GGFWGZW_P	ENTITY_JMD
				电话亭、报刊亭、售货亭、售票亭范围面	ZT_JMD_GGFWGZW_A	
			自动取款机	自动取款机	G_JMD_GGFWGZW_P	
				自动取款机范围面	ZT_JMD_GGFWGZW_A	
			屋顶公共设施	屋顶公共设施	G_JMD_GGFWGZW_P	
				屋顶公共设施范围面	ZT_JMD_GGFWGZW_A	
			垃圾台	垃圾台	G_JMD_GGFWGZW_P	
				垃圾台范围面	ZT_JMD_GGFWGZW_A	
			宣传橱窗、广告牌、电子屏	宣传橱窗、广告牌、电子屏	G_JMD_GGFWGZW_P	
				宣传橱窗、广告牌、电子屏特征线	ZT_JMD_GGFWGZW_L	
			邮筒、信箱	邮筒、信箱	G_JMD_GGFWGZW_P	
				大型信箱	ZT_JMD_GGFWGZW_L	
			街头座椅	街头座椅	G_JMD_GGFWGZW_P	
			厕所	厕所	G_JMD_GGFWGZW_A	
			健身、娱乐设施	健身、娱乐设施	G_JMD_GGFWGZW_P	
				健身、娱乐设施范围面	ZT_JMD_GGFWGZW_A	
			避雷针	避雷针	G_JMD_GGFWGZW_P	
			电视发射塔	电视发射塔	G_JMD_GGFWGZW_P	
				电视发射塔范围面	ZT_JMD_GGFWGZW_A	
			沙坑	沙坑	G_JMD_GGFWGZW_A	
			汽车检修台、洗车台	汽车检修台、洗车台	G_JMD_GGFWGZW_P	
				汽车检修台、洗车台范围面	ZT_JMD_GGFWGZW_A	
			液、气贮存设备	液、气贮存设备	G_JMD_GGFWGZW_P	
				液、气贮存设备范围面	ZT_JMD_GGFWGZW_A	
			球场	球场	G_JMD_GGFWGZW_A	

续表

门类	大类	中类	小类	图元名称	图元层名	基础地理实体层名
居民地及设施	构筑物	公共服务类构筑物	露天体育场	露天体育场	G_JMD_GGFWGZW_A	ENTITY_JMD
				露天体育场边线	GJ_JMD_GGFWGZW_A	
				露天体育场主席台	GJ_JMD_GGFWGZW_A	
				露天体育场看台	GJ_JMD_GGFWGZW_A	
				体育馆出入口	GJ_JMD_GGFWGZW_L	
			舞台、检阅台、观景台	舞台、检阅台、观景台	G_JMD_GGFWGZW_A	
			游泳池	游泳池	G_JMD_GGFWGZW_A	
			烧纸炉	烧纸炉	G_JMD_GGFWGZW_P	
			普通路灯	普通路灯	G_JMD_GGFWGZW_P	
			艺术景观灯	艺术景观灯	G_JMD_GGFWGZW_P	
			照射灯	照射灯	G_JMD_GGFWGZW_P	
				照射灯范围面	ZT_JMD_GGFWGZW_A	
		风景名胜类构筑物	塑像、雕塑	塑像、雕塑	G_JMD_FJMSGZW_P	
				塑像、雕塑范围面	ZT_JMD_FJMSGZW_A	
			烽火台	烽火台	G_JMD_FJMSGZW_A	
			旧碉堡、旧堡地	旧碉堡、旧堡地	G_JMD_FJMSGZW_P	
				旧碉堡、旧堡地范围面	ZT_JMD_FJMSGZW_A	
			碑、柱、墩	碑、柱、墩	G_JMD_FJMSGZW_P	
			纪念碑	纪念碑	G_JMD_FJMSGZW_P	
				纪念碑范围面	ZT_JMD_FJMSGZW_A	
			彩门、牌坊、牌楼	彩门、牌坊、牌楼	G_JMD_FJMSGZW_P	
				彩门、牌坊、牌楼范围面	ZT_JMD_FJMSGZW_A	
			钟楼、鼓楼、城楼、古关塞	钟楼、鼓楼、城楼、古关塞	G_JMD_FJMSGZW_P	
				钟楼、鼓楼、城楼、古关塞范围面	ZT_JMD_FJMSGZW_A	
			亭	亭	G_JMD_FJMSGZW_P	
				亭范围面	ZT_JMD_FJMSGZW_A	
			文物碑石	文物碑石	G_JMD_FJMSGZW_P	
				文物碑石范围面	ZT_JMD_FJMSGZW_A	

续表

门类	大类	中类	小类	图元名称	图元层名	基础地理实体层名
居民地及设施	构筑物	风景名胜类构筑物	长城、城墙	长城、城墙内侧	GJ_JMD_FJMSGZW_L	ENTITY_JMD
				长城、城墙外侧	GJ_JMD_FJMSGZW_L	
				长城、城墙	G_JMD_FJMSGZW_A	
			城门	城门	G_JMD_FJMSGZW_A	
		宗教类构筑物	宝塔、经塔、纪念塔	宝塔、经塔、纪念塔	G_JMD_ZJGZW_P	
				宝塔、经塔、纪念塔范围面	ZT_JMD_ZJGZW_A	
			敖包、经堆、玛尼堆	敖包、经堆、玛尼堆	G_JMD_ZJGZW_P	
				敖包、经堆、玛尼堆范围面	ZT_JMD_ZJGZW_A	
			土地庙	土地庙	G_JMD_ZJGZW_P	
				土地庙范围面	ZT_JMD_ZJGZW_A	
			晒佛台	晒佛台	G_JMD_ZJGZW_P	
		其他类构筑物	岗亭、岗楼、交通巡警平台	岗亭、岗楼、交通巡警平台	G_JMD_QTGZW_P	
				岗亭、岗楼、交通巡警平台范围面	ZT_JMD_QTGZW_A	
			环保监测点	环保监测点	G_JMD_QTGZW_P	
			隔音墙	隔音墙	G_JMD_QTGZW_L	
			防风墙	防风墙	G_JMD_QTGZW_L	
			照壁(影壁)	照壁(影壁)	G_JMD_QTGZW_L	
			喷水池	喷水池	G_JMD_QTGZW_P	
				喷水池范围面	ZT_JMD_QTGZW_A	
			假石山	假石山	G_JMD_QTGZW_P	
				假石山范围面	ZT_JMD_QTGZW_A	
			旗杆	旗杆	G_JMD_QTGZW_P	
			气象台(站)、测风塔	气象台(站)、测风塔	G_JMD_QTGZW_P	
			水文站	水文站	G_JMD_QTGZW_P	
			卫星地面站	卫星地面站	G_JMD_QTGZW_P	
			街头游玩景观小品	街头游玩景观小品	G_JMD_QTGZW_P	
				街头游玩景观小品范围面	ZT_JMD_QTGZW_A	

续表

门类	大类	中类	小类	图元名称	图元层名	基础地理实体层名
居民地及设施	构筑物	其他类构筑物	光能电池板	光能电池板	G_JMD_QTGZW_P	ENTITY_JMD
				光能电池板范围面	ZT_JMD_QTGZW_A	
			支柱、墩、钢架	支柱、墩、钢架	G_JMD_QTGZW_P	
				支柱、墩、钢架范围面	ZT_JMD_QTGZW_A	
			指示牌、指向牌	指示牌、指向牌	G_JMD_QTGZW_P	
			游乐设施	游乐设施	G_JMD_QTGZW_P	
				游乐设施范围面	ZT_JMD_QTGZW_A	
			台阶	台阶	G_JMD_QTGZW_A	
	绿化设施	人工绿地		人工绿地	G_JMD_LHSS_A	
		花圃花坛		花圃花坛	G_JMD_LHSS_A	
		行树		行树	G_JMD_LHSS_L	
		零星树木		零星树木	G_JMD_LHSS_P	
		独立树		独立树	G_JMD_LHSS_P	
		小面积的树丛		小面积的树丛	G_JMD_LHSS_P	
		成片的树丛		成片的树丛	G_JMD_LHSS_A	
		其他绿化设施		其他绿化设施标识点	ZT_JMD_LHSS_P	
				其他绿化设施	G_JMD_LHSS_L	
				其他绿化设施范围面	ZT_JMD_LHSS_A	
	硬化地表			硬化地表	G_JMD_YHDB_A	
交通	铁路	标准轨铁路		标准轨铁路	G_JT_TL_L	ENTITY_JT
		窄轨铁路		窄轨铁路	G_JT_TL_L	
	铁路附属设施	机车转盘		机车转盘	G_JT_TLFS_A	
		车挡		车挡	G_JT_TLFS_P	
		信号灯柱		信号灯柱	G_JT_TLFS_P	
		水鹤		水鹤	G_JT_TLFS_P	
		站台		站台	G_JT_TLFS_A	

续表

门类	大类	中类	小类	图元名称	图元层名	基础地理实体层名
交通	公路	国道		国道中心线	ZT_JT_GL_L	
				国道	G_JT_GL_A	
		省道		省道中心线	ZT_JT_GL_L	
				省道	G_JT_GL_A	
		县道		县道中心线	ZT_JT_GL_L	
				县道	G_JT_GL_A	
		乡道		乡道中心线	ZT_JT_GL_L	
				乡道	G_JT_GL_A	
		村道		村道中心线	ZT_JT_GL_L	
				村道	G_JT_GL_A	
		专用公路		专用公路中心线	ZT_JT_GL_L	
				专用公路	G_JT_GL_A	
		匝道		匝道中心线	ZT_JT_ZD_L	
				匝道	G_JT_ZD_A	
	城市道路	轨道交通	地铁	地铁	G_JT_GDJT_L	
			轻轨	轻轨	G_JT_GDJT_L	
			有轨电车	有轨电车	G_JT_GDJT_L	
		高架路		高架路中心线	ZT_JT_CSDL_L	
				高架路	G_JT_CSDL_A	
		快速路		快速路中心线	ZT_JT_CSDL_L	
				快速路	G_JT_CSDL_A	
		主干路		主干路中心线	ZT_JT_CSDL_L	
				主干路	G_JT_CSDL_A	
		次干路		次干路中心线	ZT_JT_CSDL_L	
				次干路	G_JT_CSDL_A	
		支路		支路中心线	ZT_JT_CSDL_L	
				支路	G_JT_CSDL_A	
		公园绿道（步道）		公园绿道(步道)	G_JT_CSDL_A	

续表

门类	大类	中类	小类	图元名称	图元层名	基础地理实体层名
交通	城市道路	内部道路		内部道路	G_JT_CSDL_L	
				内部道路范围面	ZT_JT_CSDL_A	
		路段		路段中心线	ZT_JT_LD_L	
				路段	G_JT_LD_A	
		路口		路口	G_JT_LK_A	
		人行道		人行道	G_JT_RXD_A	
	乡村道路	机耕路		机耕路中心线	ZT_JT_XCDL_L	
				机耕路	G_JT_XCDL_A	
		乡村路		乡村路中心线	ZT_JT_XCDL_L	
				乡村路	G_JT_XCDL_A	
		小路、栈道		小路、栈道	G_JT_XCDL_L	
	交通场站	火车站		火车站	G_JT_JTCZ_P	
				火车站范围面	ZT_JT_JTCZ_A	
		高速公路服务区		高速公路服务区	G_JT_JTCZ_P	
				高速公路服务区范围面	ZT_JT_JTCZ_A	
		公路收费站		公路收费站	G_JT_JTCZ_P	
				公路收费站范围面	ZT_JT_JTCZ_A	
		长途汽车站		长途汽车站	G_JT_JTCZ_P	
				长途汽车站范围面	ZT_JT_JTCZ_A	
		公共汽车停车站		公共汽车停车站	G_JT_JTCZ_P	
				公共汽车停车站范围面	GJ_JT_JTCZ_A	
		轨道交通站点		轨道交通站点	G_JT_JTCZ_A	
				轨道交通站点分层范围面	GJ_JT_JTCZ_A	
		轨道交通区间		轨道交通区间	G_JT_JTCZ_A	
				轨道交通区间分层范围面	GJ_JT_JTCZ_A	
		轨道交通站点出入口		轨道交通站点出入口	G_JT_JTCZ_P	
				轨道交通站点出入口范围面	ZT_JT_JTCZ_A	
		加油站、加气站		加油站、加气站	G_JT_JTCZ_P	
				加油站、加气站范围面	ZT_JT_JTCZ_A	

续表

门类	大类	中类	小类	图元名称	图元层名	基础地理实体层名
交通	桥梁与隧道	车行桥	单层桥	单层桥中心线	ZT_JT_QLSD_L	ENTITY_JT
				单层桥	G_JT_QLSD_A	
			并行桥	并行桥中心线	ZT_JT_QLSD_L	
				并行桥分隔线	GJ_JT_QLSD_L	
				并行桥	G_JT_QLSD_A	
			双层桥	双层桥中心线	ZT_JT_QLSD_L	
				双层桥	G_JT_QLSD_A	
		过街天桥		过街天桥	G_JT_QLSD_A	
				过街天桥楼梯	GJ_JT_QLSD_A	
				过街天桥自动扶梯	GJ_JT_QLSD_A	
				过街天桥电梯	GJ_JT_QLSD_A	
		人行桥、级面桥		人行桥、级面桥	G_JT_QLSD_L	
				人行桥、级面桥范围面	ZT_JT_QLSD_A	
		亭桥、廊桥		亭桥、廊桥中心线	ZT_JT_QLSD_L	
				亭桥、廊桥	G_JT_QLSD_A	
		缆索桥		缆索桥	G_JT_QLSD_L	
				缆索桥范围面	ZT_JT_QLSD_A	
		栈桥		栈桥中心线	ZT_JT_QLSD_L	
				栈桥	G_JT_QLSD_A	
		引桥		引桥中心线	ZT_JT_QLSD_L	
				引桥	G_JT_QLSD_A	
		桥墩、柱		桥墩、柱	G_JT_QLSD_P	
				桥墩、柱范围面	ZT_JT_QLSD_A	
		隧道		隧道中心线	ZT_JT_QLSD_L	
				隧道	G_JT_QLSD_A	
		隧道出入口		隧道出入口	G_JT_QLSD_L	
		明峒		明峒	G_JT_QLSD_A	
		互通、立交桥		互通、立交桥中心线	ZT_JT_QLSD_L	
				互通、立交桥	G_JT_QLSD_A	

续表

门类	大类	中类	小类	图元名称	图元层名	基础地理实体层名
交通	道路附属构筑物与设施	停车位、停车楼		停车位、停车楼	G_JT_DLFS_A	ENTITY_JT
		高速公路出入口		高速公路出入口	G_JT_DLFS_P	
		引道		引道中心线	ZT_JT_DLFS_L	
				引道	G_JT_DLFS_A	
		里程碑		里程碑	G_JT_DLFS_P	
		路牌		路牌	G_JT_DLFS_P	
		道路标志牌		道路标志牌	G_JT_DLFS_P	
		道路标志标线	道路标志	道路标志	G_JT_DLBZBX_P	
			道路标线	道路标线	G_JT_DLBZBX_L	
			道路标识区域	道路标识区域	G_JT_DLBZBX_A	
		道路分隔设施		道路分隔设施	G_JT_DLFS_L	
		路桩		路桩	G_JT_DLFS_P	
		隔音设施		隔音设施	G_JT_DLFS_L	
		护栏		护栏	G_JT_DLFS_L	
		出租车招扬点		出租车招扬点	G_JT_DLFS_P	
		交通情报板		交通情报板	G_JT_DLFS_P	
		分贝计		分贝计	G_JT_DLFS_P	
		道路反光镜		道路反光镜	G_JT_DLFS_P	
		智慧路灯		智慧路灯	G_JT_DLFS_P	
		自行车租赁点、存车支架		自行车租赁点、存车支架	G_JT_DLFS_P	
				自行车租赁点、存车支架范围面	ZT_JT_DLFS_A	
		非机动车停放点		非机动车停放点	G_JT_DLFS_A	
		信号灯		信号灯	G_JT_DLFS_P	
		电子眼（监控设施）、交通测速器		电子眼（监控设施）、交通测速器	G_JT_DLFS_P	
		路肩		路肩	G_JT_DLFS_A	
		路堤		路堤	G_JT_DLFS_L	
		路堑		路堑	G_JT_DLFS_L	

续表

门类	大类	中类	小类	图元名称	图元层名	基础地理实体层名
交通	道路附属构筑物与设施	自行车专用道		自行车专用道	G_JT_DLFS_A	ENTITY_JT
		安全岛		安全岛	G_JT_DLFS_A	
		阶梯路		阶梯路	G_JT_DLFS_A	
		地下人行通道		地下人行通道	G_JT_DLFS_A	
		盲道		盲道	G_JT_DLFS_L	
	水运	渡口		渡口	G_JT_SY_L	
		徒涉场		徒涉场	G_JT_SY_L	
		跳墩		跳墩	G_JT_SY_L	
		漫水路面		漫水路面	G_JT_SY_A	
				漫水路面上游	GJ_JT_SY_L	
				漫水路面下游	GJ_JT_SY_L	
		过河缆		过河缆	G_JT_SY_L	
		水运港客运、货运站		水运港客运、货运站	G_JT_SY_A	
		码头	固定码头	固定码头	G_JT_SY_A	
			浮码头	浮码头	G_JT_SY_A	
			栈桥式码头	栈桥式码头	G_JT_SY_A	
			引桥式码头	引桥式码头	G_JT_SY_A	
			道头式码头	道头式码头	G_JT_SY_A	
		水运附属设施	灯塔	灯塔	G_JT_SYFS_P	
			指示标	指示标	G_JT_SYFS_P	
			信号杆	信号杆	G_JT_SYFS_P	
			引航站、引航处	引航站、引航处	G_JT_SYFS_P	
	空运	直升机停机坪		直升机停机坪标识点	ZT_JT_KY_P	
				直升机停机坪	G_JT_KY_A	
		机场		机场标识点	ZT_JT_KY_P	
				机场	G_JT_KY_A	
	其他	缆车道		缆车道	G_JT_QT_L	
		简易轨道		简易轨道	G_JT_QT_L	
		索道		索道	G_JT_QT_L	

续表

门类	大类	中类	小类	图元名称	图元层名	基础地理实体层名
管线	管线标识	电缆标		电缆标	G_GX_GXBS_P	ENTITY_GX
		其他管线指示桩		其他管线指示桩	G_GX_GXBS_P	
	给水管	给水管点	给水特征点	给水特征点	G_GX_JSG_P	
			给水附属物	给水附属物	G_GX_JSG_P	
				给水附属物范围面	ZT_GX_JSG_A	
		给水管段		给水管段	G_GX_JSGD_L	
		给水独立井		给水独立井	G_GX_JSDLJ_P	
				给水独立井范围面	ZT_GX_JSDLJ_A	
		给水管沟		给水管沟	G_GX_JSGG_A	
	排水管	排水管点	排水特征点	排水特征点	G_GX_PSG_P	
			排水附属物	排水附属物	G_GX_PSG_P	
				排水附属物范围面	ZT_GX_PSG_A	
		排水管段		排水管段	G_GX_PSGD_L	
		排水独立井		排水独立井	G_GX_PSDLJ_P	
				排水独立井范围面	ZT_GX_PSDLJ_A	
		排水沟道		排水沟道	G_GX_PSGG_A	
	燃气管	燃气管点	燃气特征点	燃气特征点	G_GX_RQG_P	
			燃气附属物	燃气附属物	G_GX_RQG_P	
				燃气附属物范围面	ZT_GX_RQG_A	
		燃气管段		燃气管段	G_GX_RQGD_L	
		燃气独立井		燃气独立井	G_GX_RQDLJ_P	
				燃气独立井范围面	ZT_GX_RQDLJ_A	
		燃气管沟		燃气管沟	G_GX_RQGG_A	
	电力管	电力管点	电力特征点	电力特征点	G_GX_DLG_P	
			电力附属物	电力附属物	G_GX_DLG_P	
				电力附属物范围面	ZT_GX_DLG_A	
		电线架		电线架	G_GX_DXJ_L	
		电力管段		电力管段	G_GX_DLGD_L	

续表

门类	大类	中类	小类	图元名称	图元层名	基础地理实体层名
管线	电力管	电力独立井		电力独立井	G_GX_DLDLJ_P	ENTITY_GX
				电力独立井范围面	ZT_GX_DLDLJ_A	
		电力管沟		电力管沟	G_GX_DLGG_A	
	通信管	通信管点	通信特征点	通信特征点	G_GX_TXG_P	
			通信附属物	通信附属物	G_GX_TXG_P	
				通信附属物范围面	ZT_GX_TXG_A	
		通信管段		通信管段	G_GX_TXGD_L	
		通信独立井		通信独立井	G_GX_TXDLJ_P	
				通信独立井范围面	ZT_GX_TXDLJ_A	
		通信管沟		通信管沟	G_GX_TXGG_A	
	热力管	热力管点	热力特征点	热力特征点	G_GX_RLG_P	
			热力附属物	热力附属物	G_GX_RLG_P	
				热力附属物范围面	ZT_GX_RLG_A	
		热力管段		热力管段	G_GX_RLGD_L	
		热力独立井		热力独立井	G_GX_RLDLJ_P	
				热力独立井范围面	ZT_GX_RLDLJ_A	
		热力管沟		热力管沟	G_GX_RLGG_A	
	工业管	工业管点	工业特征点	工业特征点	G_GX_GYG_P	
			工业附属物	工业附属物	G_GX_GYG_P	
				工业附属物范围面	ZT_GX_GYG_A	
		工业管段		工业管段	G_GX_GYGD_L	
		工业独立井		工业独立井	G_GX_GYDLJ_P	
				工业独立井范围面	ZT_GX_GYDLJ_A	
		工业管沟		工业管沟	G_GX_GYGG_A	
	不明管	不明管点		不明管点	G_GX_BMG_P	
				不明管点范围面	ZT_GX_BMG_A	
		不明管段		不明管段	G_GX_BMGD_L	
		不明独立井		不明独立井	G_GX_BMDLJ_P	
				不明独立井范围面	ZT_GX_BMDLJ_A	
		不明管沟		不明管沟	G_GX_BMGG_L	

续表

门类	大类	中类	小类	图元名称	图元层名	基础地理实体层名
管线	综合管廊	综合管点	综合特征点	综合特征点	G_GX_ZHGL_P	ENTITY_GX
			综合附属物	综合附属物	G_GX_ZHGL_P	
				综合附属物范围面	ZT_GX_ZHGL_A	
		综合管段		综合管段	G_GX_ZHGD_L	
		综合独立井		综合独立井	G_GX_ZHDLJ_P	
				综合独立井范围面	ZT_GX_ZHDLJ_A	
		综合管沟		综合管沟	G_GX_ZHGG_A	
	中水管	中水管点	中水特征点	中水特征点	G_GX_ZSG_P	
			中水附属物	中水附属物	G_GX_ZSG_P	
				中水附属物范围面	ZT_GX_ZSG_A	
		中水管段		中水管段	G_GX_ZSGD_L	
		中水独立井		中水独立井	G_GX_ZSDLJ_P	
				中水独立井范围面	ZT_GX_ZSDLJ_A	
		中水管沟		中水管沟	G_GX_ZSGG_A	
水系	流域			流域	G_SX_LY_A	ENTITY_SX
	河流	河源		河源	G_SX_HL_P	
		一般河流		一般河流中心线	G_SX_HL_L	
				一般河流水涯线	ZT_SX_HL_A	
				一般河流常水位面	ZT_SX_HL_A	
				一般河流高水位面	ZT_SX_HL_A	
		干河床（干涸河）		干河床（干涸河）	G_SX_HL_L	
				干河床（干涸河）范围面	ZT_SX_HL_A	
		河段	地下河段	地下河段	G_SX_HL_L	
				地下河段范围面	ZT_SX_HL_A	
			消失河段	消失河段	G_SX_HL_L	
				消失河段范围面	ZT_SX_HL_A	
			地下河段出入口	地下河段出入口	G_SX_HL_L	
		河口		河口	G_SX_HL_L	

续表

门类	大类	中类	小类	图元名称	图元层名	基础地理实体层名
水系	湖	湖泊		湖泊水涯线	G_SX_HP_A	ENTITY_SX
				湖泊常水位面	ZT_SX_HP_A	
				湖泊高水位面	ZT_SX_HP_A	
		池塘		池塘	G_SX_HP_A	
		干涸湖		干涸湖	G_SX_HP_A	
	水库及设施	水库		水库	G_SX_SK_A	
		溢洪道		溢洪道	G_SX_SK_A	
		泄洪洞、出水口		泄洪洞、出水口	G_SX_SK_L	
	沟渠及设施	渠首		渠首	G_SX_GQ_L	
		沟渠		沟渠	G_SX_GQ_L	
				沟渠范围面	ZT_SX_GQ_A	
		沟堑		沟堑	G_SX_GQ_L	
		运河		运河中心线	ZT_SX_GQ_L	
				运河	G_SX_GQ_A	
		输水渡槽（高架渠）		输水渡槽（高架渠）	G_SX_GQ_A	
		输水隧道		输水隧道	G_SX_GQ_A	
		倒虹吸		倒虹吸	G_SX_GQ_A	
		涵洞		涵洞	G_SX_GQ_L	
				涵洞范围面	ZT_SX_GQ_A	
		干沟		干沟	G_SX_GQ_L	
				干沟范围面	ZT_SX_GQ_A	
		输水隧道出入口		输水隧道出入口	G_SX_GQ_L	
		地下渠道、暗渠出水口		地下渠道、暗渠出水口	G_SX_GQ_P	
		坎儿井		坎儿井	G_SX_GQ_L	

续表

门类	大类	中类	小类	图元名称	图元层名	基础地理实体层名
水系	河、湖中的岛			河、湖中的岛标识点	ZT_SX_HHD_P	ENTITY_SX
				河、湖中的岛	G_SX_HHD_A	
	其他水系	泉		泉	G_SX_QT_P	
		井		井	G_SX_QT_P	
				井范围面	ZT_SX_QT_A	
		池		池	G_SX_QT_A	
		瀑布、跌水		瀑布、跌水	G_SX_QT_L	
	水利及附属设施	行、蓄、滞洪区		行、蓄、滞洪区	G_SX_SL_A	
		岸	加固岸	加固岸	G_SX_SL_L	
				加固岸范围面	ZT_SX_SL_A	
			未加固岸	未加固岸	G_SX_SL_L	
				未加固岸范围面	ZT_SX_SL_A	
			陡岸	陡岸	G_SX_SL_L	
		堤		堤	G_SX_SL_L	
				堤顶范围面	ZT_SX_SL_A	
		坝	滚水坝	滚水坝	G_SX_SL_L	
				滚水坝上游	GJ_SX_SL_L	
				滚水坝下游	GJ_SX_SL_L	
				滚水坝范围面	ZT_SX_SL_A	
			拦水坝	拦水坝	G_SX_SL_L	
				拦水坝上游	GJ_SX_SL_L	
				拦水坝范围面	ZT_SX_SL_A	
			防波堤、制水坝	防波堤、制水坝	G_SX_SL_L	
				防波堤、制水坝范围面	ZT_SX_SL_A	

续表

门类	大类	中类	小类	图元名称	图元层名	基础地理实体层名
水系	水利及附属设施	闸	水闸	水闸	G_SX_SL_P	ENTITY_SX
				水闸特征线	ZT_SX_SL_L	
				水闸范围面	ZT_SX_SL_A	
			船闸	船闸	G_SX_SL_P	
				船闸特征线	ZT_SX_SL_L	
				船闸范围面	ZT_SX_SL_A	
		扬水站、水轮泵、抽水站		扬水站、水轮泵、抽水站	G_SX_SL_P	
	海洋	海域	群岛、列岛	群岛、列岛	G_SX_HY_A	
			岛屿、明礁	岛屿、明礁	G_SX_HY_A	
			群礁、丛礁	群礁、丛礁	G_SX_HY_A	
			干出礁	干出礁	G_SX_HY_A	
			适淹礁	适淹礁	G_SX_HY_A	
			暗礁	暗礁	G_SX_HY_A	
			暗沙	暗沙	G_SX_HY_A	
			危险海区	危险海区	G_SX_HY_A	
			海岸线	海岸线	G_SX_HY_L	
			岬角、沙嘴	岬角、沙嘴	G_SX_HY_P	
			危险岸区	危险岸区	G_SX_HY_A	
			海滨	海滨	G_SX_HY_A	
			干出滩	干出滩	G_SX_HY_A	
			干出滩中河道	干出滩中河道	G_SX_HY_A	
			干出滩中潮水沟	干出滩中潮水沟	G_SX_HY_A	
			入海河口	入海河口	G_SX_HY_P	
			半岛	半岛	G_SX_HY_A	

续表

门类	大类	中类	小类	图元名称	图元层名	基础地理实体层名
水系	海洋	海底	海沟	海沟	G_SX_HD_A	ENTITY_SX
			海底峡谷	海底峡谷	G_SX_HD_A	
			海渊	海渊	G_SX_HD_A	
			海槽	海槽	G_SX_HD_A	
			海盆	海盆	G_SX_HD_A	
			海底洼地	海底洼地	G_SX_HD_A	
			海底平原	海底平原	G_SX_HD_A	
			海底扇	海底扇	G_SX_HD_A	
			海底高原	海底高原	G_SX_HD_A	
			海隆	海隆	G_SX_HD_A	
			海底山地	海底山地	G_SX_HD_A	
			海山	海山	G_SX_HD_A	
			海岭	海岭	G_SX_HD_A	
			海丘	海丘	G_SX_HD_A	
			大陆架	大陆架	G_SX_HD_A	
			大陆坡	大陆坡	G_SX_HD_A	
		用海	渔业用海	渔业用海	G_SX_YH_A	
			工矿通信用海	工矿通信用海	G_SX_YH_A	
			交通运输用海	交通运输用海	G_SX_YH_A	
			游憩用海	游憩用海	G_SX_YH_A	
			特殊用海	特殊用海	G_SX_YH_A	
			其他海域	其他海域	G_SX_YH_A	
用地与院落	耕地	水田		水田	G_YD_GD_A	ENTITY_YDYL
		水浇地		水浇地	G_YD_GD_A	
		旱地		旱地	G_YD_GD_A	
	园地	果园		果园	G_YD_YD_A	
		茶园		茶园	G_YD_YD_A	
		橡胶园		橡胶园	G_YD_YD_A	
		其他园地		其他园地	G_YD_YD_A	

续表

门类	大类	中类	小类	图元名称	图元层名	基础地理实体层名
用地与院落	林地	乔木林地		乔木林地	G_YD_LD_A	ENTITY_YDYL
		竹林地		竹林地	G_YD_LD_A	
		灌木林地		灌木林地	G_YD_LD_A	
		其他林地		其他林地	G_YD_LD_A	
	草地	天然牧草地		天然牧草地	G_YD_CD_A	
		人工牧草地		人工牧草地	G_YD_CD_A	
		其他草地		其他草地	G_YD_CD_A	
	湿地	森林沼泽		森林沼泽	G_YD_SD_A	
		灌丛沼泽		灌丛沼泽	G_YD_SD_A	
		沼泽草地		沼泽草地	G_YD_SD_A	
		其他沼泽地		其他沼泽地	G_YD_SD_A	
		沿海滩涂		沿海滩涂	G_YD_SD_A	
		内陆滩涂		内陆滩涂	G_YD_SD_A	
		红树林地		红树林地	G_YD_SD_A	
	农业设施建设用地	乡村道路用地	村道用地	村道用地	G_YD_XCDL_A	
			村庄内部道路用地	村庄内部道路用地	G_YD_XCDL_A	
		种植设施建设用地		种植设施建设用地	G_YD_ZZ_A	
		畜禽养殖设施建设用地		畜禽养殖设施建设用地	G_YD_CQYZ_A	
		水产养殖设施建设用地		水产养殖设施建设用地	G_YD_SCYZ_A	
	居住用地	城镇住宅用地	一类城镇住宅用地	一类城镇住宅用地	G_YD_CZZZ_A	
			二类城镇住宅用地	二类城镇住宅用地	G_YD_CZZZ_A	
			三类城镇住宅用地	三类城镇住宅用地	G_YD_CZZZ_A	
		城镇社区服务设施用地		城镇社区服务设施用地	G_YD_CZSQFW_A	
		农村宅基地	一类农村宅基地	一类农村宅基地	G_YD_NCZJD_A	
			二类农村宅基地	二类农村宅基地	G_YD_NCZJD_A	
		农村社区服务设施用地		农村社区服务设施用地	G_YD_NCSQFW_A	
				机关团体用地	G_YD_JGTT_A	

续表

门类	大类	中类	小类	图元名称	图元层名	基础地理实体层名
用地与院落	公共管理与公共服务用地	机关团体用地		机关团体用地	G_YD_JGTT_A	ENTITY_YDYL
		科研用地		科研用地	G_YD_KY_A	
		文化用地	图书与展览用地	图书与展览用地	G_YD_WH_A	
			文化活动用地	文化活动用地	G_YD_WH_A	
		教育用地	高等教育用地	高等教育用地	G_YD_JY_A	
			中等职业教育用地	中等职业教育用地	G_YD_JY_A	
			中小学用地	中小学用地	G_YD_JY_A	
			幼儿园用地	幼儿园用地	G_YD_JY_A	
			其他教育用地	其他教育用地	G_YD_JY_A	
		体育用地	体育场馆用地	体育场馆用地	G_YD_TY_A	
			体育训练用地	体育训练用地	G_YD_TY_A	
		医疗卫生用地	医院用地	医院用地	G_YD_YLWS_A	
			基层医疗卫生设施用地	基层医疗卫生设施用地	G_YD_YLWS_A	
			公共卫生用地	公共卫生用地	G_YD_YLWS_A	
		社会福利用地	老年人社会福利用地	老年人社会福利用地	G_YD_SHFL_A	
			儿童社会福利用地	儿童社会福利用地	G_YD_SHFL_A	
			残疾人社会福利用地	残疾人社会福利用地	G_YD_SHFL_A	
			其他社会福利用地	其他社会福利用地	G_YD_SHFL_A	
	商业服务业用地	商业用地	零售商业用地	零售商业用地	G_YD_SY_A	
			批发市场用地	批发市场用地	G_YD_SY_A	
			餐饮用地	餐饮用地	G_YD_SY_A	
			旅馆用地	旅馆用地	G_YD_SY_A	
			公用设施营业网点用地	公用设施营业网点用地	G_YD_SY_A	
		商务金融用地		商务金融用地	G_YD_SWJR_A	
		娱乐康体用地	娱乐用地	娱乐用地	G_YD_YLKT_A	
			康体用地	康体用地	G_YD_YLKT_A	
		其他商业服务业用地		其他商业服务业用地	G_YD_QTSY_A	

续表

<table>
<tr><th>门类</th><th>大类</th><th>中类</th><th>小类</th><th>图元名称</th><th>图元层名</th><th>基础地理实体层名</th></tr>
<tr><td rowspan="29">用地与院落</td><td rowspan="5">工矿用地</td><td rowspan="3">工业用地</td><td>一类工业用地</td><td>一类工业用地</td><td>G_YD_GY_A</td><td rowspan="29">ENTITY_YDYL</td></tr>
<tr><td>二类工业用地</td><td>二类工业用地</td><td>G_YD_GY_A</td></tr>
<tr><td>三类工业用地</td><td>三类工业用地</td><td>G_YD_GY_A</td></tr>
<tr><td>采矿用地</td><td></td><td>采矿用地</td><td>G_YD_CK_A</td></tr>
<tr><td>盐田</td><td></td><td>盐田</td><td>G_YD_YT_A</td></tr>
<tr><td rowspan="4">仓储用地</td><td rowspan="3">物流仓储用地</td><td>一类物流仓储用地</td><td>一类物流仓储用地</td><td>G_YD_WLCC_A</td></tr>
<tr><td>二类物流仓储用地</td><td>二类物流仓储用地</td><td>G_YD_WLCC_A</td></tr>
<tr><td>三类物流仓储用地</td><td>三类物流仓储用地</td><td>G_YD_WLCC_A</td></tr>
<tr><td>储备库用地</td><td></td><td>储备库用地</td><td>G_YD_CBK_A</td></tr>
<tr><td rowspan="11">交通运输用地</td><td>铁路用地</td><td></td><td>铁路用地</td><td>G_YD_TL_A</td></tr>
<tr><td>公路用地</td><td></td><td>公路用地</td><td>G_YD_GL_A</td></tr>
<tr><td>机场用地</td><td></td><td>机场用地</td><td>G_YD_JC_A</td></tr>
<tr><td>港口码头用地</td><td></td><td>港口码头用地</td><td>G_YD_GKMT_A</td></tr>
<tr><td>管道运输用地</td><td></td><td>管道运输用地</td><td>G_YD_GDYS_A</td></tr>
<tr><td>城市轨道交通用地</td><td></td><td>城市轨道交通用地</td><td>G_YD_CSGDJT_A</td></tr>
<tr><td>城镇道路用地</td><td></td><td>城镇道路用地</td><td>G_YD_CZDL_A</td></tr>
<tr><td rowspan="3">交通场站用地</td><td>对外交通场站用地</td><td>对外交通场站用地</td><td>G_YD_JTCZ_A</td></tr>
<tr><td>公共交通场站用地</td><td>公共交通场站用地</td><td>G_YD_JTCZ_A</td></tr>
<tr><td>社会停车场用地</td><td>社会停车场用地</td><td>G_YD_JTCZ_A</td></tr>
<tr><td>其他交通设施用地</td><td></td><td>其他交通设施用地</td><td>G_YD_QTJT_A</td></tr>
<tr><td rowspan="7">公用设施用地</td><td>供水用地</td><td></td><td>供水用地</td><td>G_YD_GYSS_A</td></tr>
<tr><td>排水用地</td><td></td><td>排水用地</td><td>G_YD_GYSS_A</td></tr>
<tr><td>供电用地</td><td></td><td>供电用地</td><td>G_YD_GYSS_A</td></tr>
<tr><td>供燃气用地</td><td></td><td>供燃气用地</td><td>G_YD_GYSS_A</td></tr>
<tr><td>供热用地</td><td></td><td>供热用地</td><td>G_YD_GYSS_A</td></tr>
<tr><td>通信用地</td><td></td><td>通信用地</td><td>G_YD_GYSS_A</td></tr>
<tr><td>邮政用地</td><td></td><td>邮政用地</td><td>G_YD_GYSS_A</td></tr>
</table>

续表

门类	大类	中类	小类	图元名称	图元层名	基础地理实体层名
用地与院落	公用设施用地	广播电视设施用地		广播电视设施用地	G_YD_GYSS_A	ENTITY_YDYL
		环卫用地		环卫用地	G_YD_GYSS_A	
		消防用地		消防用地	G_YD_GYSS_A	
		干渠		干渠	G_YD_GYSS_A	
		水工设施用地		水工设施用地	G_YD_GYSS_A	
		其他公用设施用地		其他公用设施用地	G_YD_GYSS_A	
	绿地与开敞空间用地	公园绿地		公园绿地	G_YD_LDKCKJ_A	
		防护绿地		防护绿地	G_YD_LDKCKJ_A	
		广场用地		广场用地	G_YD_LDKCKJ_A	
	特殊用地	军事设施用地		军事设施用地	G_YD_TS_A	
		使领馆用地		使领馆用地	G_YD_TS_A	
		宗教用地		宗教用地	G_YD_TS_A	
		文物古迹用地		文物古迹用地	G_YD_TS_A	
		监教场所用地		监教场所用地	G_YD_TS_A	
		殡葬用地		殡葬用地	G_YD_TS_A	
		其他特殊用地		其他特殊用地	G_YD_TS_A	
	留白用地			留白用地	G_YD_LB_A	
	其他用地	空闲地		空闲地	G_YD_QT_A	
		田坎		田坎	G_YD_QT_A	
		田间道		田间道	G_YD_QT_A	
		盐碱地		盐碱地	G_YD_QT_A	
		沙地		沙地	G_YD_QT_A	
		裸土地		裸土地	G_YD_QT_A	
		裸岩石砾地		裸岩石砾地	G_YD_QT_A	
		人工堆掘地	采掘地	采掘地	G_YD_QT_A	
			堆弃地	堆弃地	G_YD_QT_A	
			建筑工地	建筑工地	G_YD_QT_A	
			其他人工堆掘地	其他人工堆掘地	G_YD_QT_A	

续表

门类	大类	中类	小类	图元名称	图元层名	基础地理实体层名
区域与界线	领海区域	领海基线		领海基线	G_QJ_LHQY_L	ENTITY_QJ
		领海基点		领海基点	G_QJ_LHQY_P	
	行政区域	国家级行政区域		国家级行政区域	G_QJ_XZQY_A	
				国家级行政区界线	ZT_QJ_XZQY_L	
		省级行政区域		省级行政区域	G_QJ_XZQY_A	
				省级行政区界线	ZT_QJ_XZQY_L	
				省级行政机构驻地	ZT_QJ_XZQY_P	
		地级行政区域		地级行政区域	G_QJ_XZQY_A	
				地级行政区界线	ZT_QJ_XZQY_L	
				地级行政机构驻地	ZT_QJ_XZQY_P	
		县级行政区域		县级行政区域	G_QJ_XZQY_A	
				县级行政区界线	ZT_QJ_XZQY_L	
				县级行政机构驻地	ZT_QJ_XZQY_P	
		乡、镇、街道级行政区域		乡、镇、街道级行政区域	G_QJ_XZQY_A	
				乡、镇、街道级行政区界线	ZT_QJ_XZQY_L	
				乡、镇级行政机构驻地(街道办事处)	ZT_QJ_XZQY_P	
	其他区域	村、社区		村、社区	G_QJ_QTQY_A	
				村、社区界线	ZT_QJ_QTQY_L	
				村、社区委员会	ZT_QJ_QTQY_P	
		特殊地区		特殊地区	G_QJ_QTQY_A	
				特殊地区界线	ZT_QJ_QTQY_L	
	界桩、界碑、界标			界桩、界碑、界标	G_QJ_JZ_P	
	开发区	高新技术开发区		高新技术开发区管委会	ZT_QJ_KFQ_P	
				高新技术开发区	G_QJ_KFQ_A	

续表

门类	大类	中类	小类	图元名称	图元层名	基础地理实体层名
区域与界线	开发区	经济开发区		经济开发区管委会	ZT_QJ_KFQ_P	ENTITY_QJ
				经济开发区	G_QJ_KFQ_A	
		农业开发区		农业开发区	G_QJ_KFQ_A	
		出口加工区		出口加工区	G_QJ_KFQ_A	
		边境经济合作区		边境经济合作区	G_QJ_KFQ_A	
		特色工业园区		特色工业园区	G_QJ_KFQ_A	
		保税区		保税区	G_QJ_KFQ_A	
		其他类型开发区		其他类型开发区	G_QJ_KFQ_A	
	自然保护地	国家公园		国家公园	G_QJ_ZRBHD_A	
		自然保护区		自然保护区	G_QJ_ZRBHD_A	
		自然公园		自然公园	G_QJ_ZRBHD_A	
	规划控制线	生态保护红线		生态保护红线	G_QJ_GHKZX_A	
		永久基本农田保护红线		永久基本农田保护红线	G_QJ_GHKZX_A	
		城镇开发边界		城镇开发边界	G_QJ_GHKZX_L	
		规划红线		规划红线	G_QJ_GHKZX_L	
		规划绿线		规划绿线	G_QJ_GHKZX_L	
		规划蓝线		规划蓝线	G_QJ_GHKZX_L	
		规划紫线		规划紫线	G_QJ_GHKZX_L	
		规划黄线		规划黄线	G_QJ_GHKZX_L	
	界线与权籍	地籍区		地籍区	G_QJ_JXQJ_A	
		地籍子区		地籍子区	G_QJ_JXQJ_A	
		不动产宗地		不动产宗地	G_QJ_JXQJ_A	
		界址线		界址线	G_QJ_JXQJ_L	
		界址点		界址点	G_QJ_JXQJ_P	
	城镇(乡)体系	中心城区(主城区、核心区等)		中心城区(主城区、核心区等)	G_QJ_CZTX_A	
		副中心		副中心	G_QJ_CZTX_A	
		中心镇(功能中心、外围城区)		中心镇(功能中心、外围城区)	G_QJ_CZTX_A	
		特色镇、一般镇、新市镇		特色镇、一般镇、新市镇	G_QJ_CZTX_A	

续表

门类	大类	中类	小类	图元名称	图元层名	基础地理实体层名
区域与界线	产业空间布局	现代服务业		现代服务业	G_QJ_CYKJBJ_A	ENTITY_QJ
				现代服务业(国土规划图斑)	ZT_QJ_CYKJBJ_A	
		先进制造业		先进制造业	G_QJ_CYKJBJ_A	
				先进制造业(国土规划图斑)	ZT_QJ_CYKJBJ_A	
		物流园区		物流园区	G_QJ_CYKJBJ_A	
				物流园区(国土规划图斑)	ZT_QJ_CYKJBJ_A	
		创新园区		创新园区	G_QJ_CYKJBJ_A	
				创新园区(国土规划图斑)	ZT_QJ_CYKJBJ_A	
		生态产业园区		生态产业园区	G_QJ_CYKJBJ_A	
				生态产业园区(国土规划图斑)	ZT_QJ_CYKJBJ_A	
	国土空间规划分区	生态保护与保留区	核心生态保护区	核心生态保护区(国土规划图斑)	G_QJ_STBHYBLQ_A	
			生态保护修复区	生态保护修复区(国土规划图斑)	G_QJ_STBHYBLQ_A	
			自然保留区	自然保留区(国土规划图斑)	G_QJ_STBHYBLQ_A	
		海洋特殊保护与渔业资源养护区	海洋特殊保护区	海洋特殊保护区(国土规划图斑)	G_QJ_HYBHQ_A	
			海洋渔业资源养护区	海洋渔业资源养护区(国土规划图斑)	G_QJ_HYBHQ_A	
		永久基本农田集中保护区		永久基本农田集中保护区(国土规划图斑)	G_QJ_YJNTBHQ_A	
		古迹遗址保护区		古迹遗址保护区(国土规划图斑)	G_QJ_GJYZBHQ_A	
		城镇发展区	居住生活区	居住生活区(国土规划图斑)	G_QJ_CZFZQ_A	
			综合服务区	综合服务区(国土规划图斑)	G_QJ_CZFZQ_A	
			商业商务区	商业商务区(国土规划图斑)	G_QJ_CZFZQ_A	
			工业物流区	工业物流区(国土规划图斑)	G_QJ_CZFZQ_A	
			绿地休闲区	绿地休闲区(国土规划图斑)	G_QJ_CZFZQ_A	

续表

门类	大类	中类	小类	图元名称	图元层名	基础地理实体层名
区域与界线	国土空间规划分区	城镇发展区	交通枢纽区	交通枢纽区(国土规划图斑)	G_QJ_CZFZQ_A	ENTITY_QJ
			公用设施集中区	公用设施集中区(国土规划图斑)	G_QJ_CZFZQ_A	
			战略预留区	战略预留区(国土规划图斑)	G_QJ_CZFZQ_A	
			特色功能区	特色功能区(国土规划图斑)	G_QJ_CZFZQ_A	
			城镇有条件建设区	城镇有条件建设区(国土规划图斑)	G_QJ_CZFZQ_A	
			特别用途区	特别用途区(国土规划图斑)	G_QJ_CZFZQ_A	
		农业农村发展区	村庄建设区	村庄建设区(国土规划图斑)	G_QJ_NYNCFZQ_A	
			一般农业区	一般农业区(国土规划图斑)	G_QJ_NYNCFZQ_A	
			林业发展区	林业发展区(国土规划图斑)	G_QJ_NYNCFZQ_A	
			牧业发展区	牧业发展区(国土规划图斑)	G_QJ_NYNCFZQ_A	
		矿产与能源发展区		矿产与能源发展区(国土规划图斑)	G_QJ_KCYNYFZQ_A	
地貌	自然地貌	山系		山系	G_DM_SX_A	ENTITY_DM
		山脉		山脉	G_DM_SM_L	
		山峰		山峰	G_DM_SF_P	
		丘陵		丘陵顶点	ZT_DM_QL_P	
				丘陵	G_DM_QL_A	
		岩地	陡石山	陡石山	G_DM_YD_L	
			露岩地	露岩地	G_DM_YD_A	
			岩墙	岩墙	G_DM_YD_L	
		雪山	粒雪原	粒雪原	G_DM_XS_A	
			冰川	冰川	G_DM_XS_A	
			冰裂隙	冰裂隙	G_DM_XS_A	
			冰陡崖	冰陡崖	G_DM_XS_A	
			冰碛	冰碛	G_DM_XS_A	
			冰塔、冰塔丛	冰塔、冰塔丛	G_DM_XS_A	
			冰斗湖	冰斗湖	G_DM_XS_A	
			雪山	雪山	G_DM_XS_A	

续表

门类	大类	中类	小类	图元名称	图元层名	基础地理实体层名
地貌	自然地貌	地质灾害地貌	沙土崩崖	沙土崩崖	G_DM_DZZH_A	ENTITY_DM
			石崩崖	石崩崖	G_DM_DZZH_A	
			滑坡	滑坡	G_DM_DZZH_A	
			泥石流	泥石流	G_DM_DZZH_A	
			熔岩流	熔岩流	G_DM_DZZH_A	
		土质	小草丘地	小草丘地	G_DM_TZ_A	
			龟裂地	龟裂地	G_DM_TZ_A	
			白板地	白板地	G_DM_TZ_A	
			沙砾地、戈壁滩	沙砾地、戈壁滩	G_DM_TZ_A	
			沙泥地	沙泥地	G_DM_TZ_A	
			石块地	石块地	G_DM_TZ_A	
			残丘地	残丘地	G_DM_TZ_A	
		其他自然地貌	岩峰	岩峰	G_DM_QTZRDM_P	
			黄土柱	黄土柱	G_DM_QTZRDM_P	
			独立石	独立石	G_DM_QTZRDM_P	
				独立石范围面	ZT_DM_QTZRDM_A	
			土堆、矿渣堆、石堆	土堆、矿渣堆、石堆	G_DM_QTZRDM_P	
				土堆、矿渣堆、石堆范围面	ZT_DM_QTZRDM_A	
			岩溶漏斗	岩溶漏斗	G_DM_QTZRDM_P	
				岩溶漏斗范围面	ZT_DM_QTZRDM_A	
			黄土漏斗	黄土漏斗	G_DM_QTZRDM_P	
				黄土漏斗范围面	ZT_DM_QTZRDM_A	
			坑穴	坑穴	G_DM_QTZRDM_P	
				坑穴范围面	ZT_DM_QTZRDM_A	
			山洞、溶洞	山洞、溶洞	G_DM_QTZRDM_P	
				山洞、溶洞特征线	ZT_DM_QTZRDM_L	
			火山口	火山口	G_DM_QTZRDM_A	
			冲沟	冲沟	G_DM_QTZRDM_L	
			地裂缝	地裂缝	G_DM_QTZRDM_L	
				地裂缝范围面	ZT_DM_QTZRDM_A	
			陡崖、陡坎	陡崖、陡坎	G_DM_QTZRDM_L	

续表

门类	大类	中类	小类	图元名称	图元层名	基础地理实体层名
地貌	人工地貌	斜坡		斜坡	G_DM_RGDM_A	ENTITY_DM
				斜坡特征线	GJ_DM_RGDM_L	
		人工陡坎		人工陡坎	G_DM_RGDM_L	
		石垄		石垄	G_DM_RGDM_L	
				石垄范围面	ZT_DM_RGDM_A	
		岸垄、土垄		岸垄、土垄	G_DM_RGDM_L	
		防风固沙方格		防风固沙方格	G_DM_RGDM_A	
		挡土墙		挡土墙	G_DM_RGDM_L	
		防火带		防火带	G_DM_RGDM_L	
		梯田坎		梯田坎	G_DM_RGDM_L	
矿产	能源矿产			能源矿产	G_KC_KC_A	ENTITY_KC
	金属矿产			金属矿产	G_KC_KC_A	
	非金属矿产			非金属矿产	G_KC_KC_A	
	水气矿产			水气矿产	G_KC_KC_A	

附录 C　基础地理实体数据库结构设计

1. 居民地及设施数据库结构

表 C. 1　　　　　　**房屋(面)专有属性(属性表名：G_JMD_FW_A)**

序号	属性项名称	拼音简称	字段类型	约束条件	属性值域
1	建筑类型	JZLX	Char(10)	M	01 一般房屋/02 突出房屋/03 简易房屋/04 棚房/05 破坏房屋/06 架空房、吊脚楼/07 裙楼/08 艺术建筑
2	建筑结构	JZJG	Char(10)	C	一般房屋、突出房屋、(架空房、吊脚楼)、裙楼：01 钢/02 砼/03 混/04 砖/05 木/06 竹/07 土
3	建筑层数	JZCS	Int(8)	M	
4	建筑用途	JZYT	Char(20)	C	
5	建筑状态	JZZT	Char(10)	C	01 已建成/02 在建/03 待拆
6	建筑年代	JZND	Char(20)	C	
7	外形特征	WXTZ	Char(10)	O	01 平顶/02 斜顶/03 玻璃幕墙/04 立体绿化
8	地址	DZ	Char(255)	M	

注：简易房屋、棚房、破坏房屋不填写建筑结构；建筑年代填写到年；建筑层数填写该房屋最高层数。

表 C.2　　　**第五立面(屋顶面)(面)专有属性(属性表名：GJ_JMD_FW_A)**

序号	属性项名称	拼音简称	字段类型	约束条件	属性值域
1	类型	LX	Char(10)	M	01 一般房屋/02 突出房屋/03 简易房屋//04 建筑中的房屋/05 四面有墙的棚房/06 无墙的棚房/07 破坏房屋/08 架空房、吊脚楼/09 裙楼/10 艺术建筑
2	结构	JG	Char(10)	C	一般房屋、突出房屋、(架空房、吊脚楼)、裙楼：01 钢/02 砼/03 混/04 砖/05 木/06 竹/07 土
3	地上层数	DSCS	Int(8)	M	
4	架空层数	JKCS	Char(50)	C	
5	顶部高程	DBGC	Double(16，2)	C	
6	底部高程	DIBGC	Double(16，2)	C	

表 C.3　　　**房屋附属设施(点)专有属性(属性表名：G_JMD_FWFS_P)**

序号	属性项名称	拼音简称	字段类型	约束条件	属性值域
1	图示角度	TSJD	Double(4，1)	O	

表 C.4　　　**地下建筑(面)专有属性(属性表名：G_JMD_DXJZW_A)**

序号	属性项名称	拼音简称	字段类型	约束条件	属性值域
1	地下层数	DXCS	Int(8)	M	
2	建筑形式	JZXS	Char(10)	O	01 单建式/02 附建式
3	建筑年代	JZND	Char(20)	O	
4	建筑状态	JZZT	Char(10)	M	01 已建成/02 在建
5	权属单位	XMQSDW	Char(100)	O	
6	管理单位	XMGLDW	Char(100)	O	
7	建筑主要用途	JZZYYT	Char(10)	M	
8	地下停车场车位数	DXTCCCWS	Int(8)	O	
9	轮廓面代表墙体类型	XMLKMDBQTLX	Char(10)	O	01 内墙/02 外墙

续表

序号	属性项名称	拼音简称	字段类型	约束条件	属性值域
10	大类类别	DLLB	Char(10)	M	01 地下固体废弃物输送设施 FQ/02 地下公共服务设施 GF/03 地下工业及仓储设施 GC/04 地下防灾减灾设施 FZ/05 地下交通设施 JT/06 地下居住设施 JZ/07 地下市政设施 SZ/08 其他地下设施 QT
11	室内地坪	SNDP	Char(50)	O	
12	建筑总面积	JZZMJ	Double(16, 3)	O	

表 C.5　**地下建筑分层范围线(面)专有属性(属性表名：ZT_JMD_DXJZW_A)**

序号	属性项名称	拼音简称	字段类型	约束条件	属性值域
1	所在地层	SZDC	Char(50)	M	
2	分层轮廓面代表墙体类型	FCLKMDBQTLX	Char(10)	O	01 内墙/02 外墙
3	地层高程	DCGC	Double(16, 2)	O	
4	地层层高	DCCG	Double(16, 2)	O	
5	净空高	JKG	Double(16, 2)	O	
6	地层面积	DCMJ	Double(16, 3)	M	
7	地层主要用途	DCZYYT	Char(10)	M	
8	地层停车场车位数	DCTCCCWS	Int(8)	O	
9	最大净空高	ZDJKG	Double(16, 2)	O	
10	最小净空高	ZXJKG	Double(16, 2)	O	
11	大类类别	DLLB	Char(10)	M	01 地下固体废弃物输送设施 FQ/02 地下公共服务设施 GF/03 地下工业及仓储设施 GC/04 地下防灾减灾设施 FZ/05 地下交通设施 JT/06 地下居住设施 JZ/07 地下市政设施 SZ/08 其他地下设施 QT

表 C.6 **地下建筑附属设施(点)专有属性(属性表名：G_JMD_DXFS_P)**

序号	属性项名称	拼音简称	字段类型	约束条件	属性值域
1	类型	LX	Char(10)	C	地下建筑物通风口：01 天窗/02 其他通风口
2	图示角度	TSJD	Double(4，1)	O	

表 C.7 **楼层(面)专有属性(属性表名：G_JMD_LC_A)**

序号	属性项名称	拼音简称	字段类型	约束条件	属性值域
1	所在楼层	SZLC	Int(8)	M	
2	楼层分布	LCFB	Char(255)	O	

表 C.8 **垣栅类构筑物(线)专有属性(属性表名：G_JMD_YSGZW_L)**

序号	属性项名称	拼音简称	字段类型	约束条件	属性值域
1	类别	LB	Char(10)	O	篱笆：01 一般篱笆/02 活树篱笆 铁丝网、电网：01 通电/02 不通电
2	关联院落	GLYL	Char(255)	C	
3	车行性质	CXXZ	Char(10)	C	院门：01 出口/02 入口/03 出入口
4	通行类型	TXLX	Char(10)	C	院门：01 人行/02 车行/03 人车混行
5	状态	ZT	Char(10)	C	院门：01 开放/02 封闭

表 C.9 **工矿类构筑物(点)专有属性(属性表名：G_JMD_GKGZW_P)**

序号	属性项名称	拼音简称	字段类型	约束条件	属性值域
1	类别	LB	Char(10)	C	矿井(井口)：01 铁/02 煤/03 铜/04 硫 管道井：01 油/02 气 露天设备：01 反应锅/02 化工的催化裂化设备/03 铂重整装置/04 其他 塔形、塔类构筑物：01 散热/02 伞/03 蒸馏/04 瞭望/05 水/06 微波/07 通信/08 无线/09 其他
2	图示角度	TSJD	Double(4，1)	O	

续表

序号	属性项名称	拼音简称	字段类型	约束条件	属性值域
3	类型	LX	Char(10)	C	矿井(井口)：01 竖井(圆)/02 竖井(方)/03 斜井/04 平峒/05 小矿井
4	状态	ZT	Char(10)	C	矿井(井口)、盐井：01 在用/02 废弃

表 C.10　　**工矿类构筑物(线)专有属性(属性表名：G_JMD_GKGZW_L)**

序号	属性项名称	拼音简称	字段类型	约束条件	属性值域
1	宽度	KD	Double(6，1)	O	
2	类型	LX	Char(10)	C	传送带：01 地面上/02 架空/03 地面下

表 C.11　　**工矿类构筑物(面)专有属性(属性表名：G_JMD_GKGZW_A)**

序号	属性项名称	拼音简称	字段类型	约束条件	属性值域
1	类别	LB	Char(10)	C	窑：01 砖瓦/02 陶器/03 瓷器/04 石灰/05 木炭/06 炭黑/07 焦炭/08 水泥
2	类型	LX	Char(10)	C	窑：01 堆式窑/02 台式窑、屋式窑 烟道：01 一般/02 架空 吊车：01 龙门吊/02 天吊 装卸漏斗：01 在墙上/02 在坑内 露天货栈、材料厂：01 有平台的/02 无平台的 贮煤场、水泥预制场：01 贮煤场/02 水泥预制场
3	状态	ZT	Char(10)	C	窑：01 在用/02 废弃

表 C.12　　**农业类构筑物(面)专有属性(属性表名：G_JMD_NYGZW_A)**

序号	属性项名称	拼音简称	字段类型	约束条件	属性值域
1	类型	LX	Char(10)	C	饲养场、打谷场、贮草场：01 饲养场/02 打谷场/03 贮草场

表C.13　农业类构筑物(点)专有属性(属性表名：G_JMD_NYGZW_P)

序号	属性项名称	拼音简称	字段类型	约束条件	属性值域
1	类别	LB	Char(10)	C	水磨坊、水车：01发电/02磨粮/03抽水 风磨坊、风车：01风磨房/02风车 温室、大棚：01菜/02果/03花 积肥池：01积肥池/02粪池/03沤池/04氨水池/05沼气池/06其他类积肥
2	图示角度	TSJD	Double(4，1)	O	

表C.14　公共服务类构筑物(点)专有属性(属性表名：G_JMD_GGFWGZW_P)

序号	属性项名称	拼音简称	字段类型	约束条件	属性值域
1	类别	LB	Char(10)	C	电话亭、报刊亭、售货亭、售票亭：01报刊亭/02售货亭/03售票亭/04电话亭 液、气贮存设备：01油/02煤气/03燃气/04氨/05氧/06水/07其他 照射灯：01杆式/02桥式/03塔式
2	类型	LX	Char(10)	C	屋顶公共设施：01直升机停机坪/02游泳池/03花园/04运动场/05健身设施/06停车场/07光能电池板 宣传橱窗、广告牌、电子屏：01单柱/02多柱
3	比高	BG	Double(16，1)	O	

表C.15　公共服务类构筑物(面)专有属性(属性表名：G_JMD_GGFWGZW_A)

序号	属性项名称	拼音简称	字段类型	约束条件	属性值域
1	铺设材料	PSCL	Char(10)	C	球场：01塑胶/02绿地/03水泥/04其他

表C.16　　风景名胜类构筑物(点)专有属性(属性表名：G_JMD_FJMSGZW_P)

序号	属性项名称	拼音简称	字段类型	约束条件	属性值域
1	类别	LB	Char(10)	C	钟楼、鼓楼、城楼、古关塞：01钟楼/02鼓楼/03城楼/04古关塞
2	图示角度	TSJD	Double(4，1)	O	

表C.17　　其他类构筑物(点)专有属性(属性表名：G_JMD_QTGZW_P)

序号	属性项名称	拼音简称	字段类型	约束条件	属性值域
1	类型	LX	Char(10)	O	水文站：01水文站/02流量站/03验潮站/04水位站 卫星地面站：01雷达/02射电望远镜 环保监测点：01地表水/02大气/03酸雨/04噪声/05土壤/06放射性
2	图示角度	TSJD	Double(4，1)	O	

表C.18　　绿化设施(点)专有属性(属性表名：G_JMD_LHSS_P)

序号	属性项名称	拼音简称	字段类型	约束条件	属性值域
1	类型	LX	Char(10)	C	独立树：01针叶/02阔叶/03棕榈、椰子、槟榔/04果树/05特殊针叶/06特殊阔叶/07特殊棕榈、椰子、槟榔/08特殊果树 小面积的树丛：01小面积的竹林/02独立的灌木丛
2	树高	SG	Double(4，1)	O	

表C.19　　绿化设施(线)专有属性(属性表名：G_JMD_LHSS_L)

序号	属性项名称	拼音简称	字段类型	约束条件	属性值域
1	类型	LX	Char(10)	C	01灌木行树/02乔木行树/03狭长的竹丛/04狭长的灌木林

表 C. 20 **硬化地表(面)专有属性(属性表名：G_JMD_YHDB_A)**

序号	属性项名称	拼音简称	字段类型	约束条件	属性值域
1	材质	CZ	Char(10)	M	01 沥/02 砾/03 地砖/04 木/05 水泥/06 泥/07 石板/08 碎石/09 植草砖/10 塑胶/11 其他

2. 交通数据库结构

表 C. 21 **铁路(线)专有属性(属性表：G_JT_TL_L)**

序号	属性项名称	拼音简称	字段类型	约束条件	属性值域
1	位置	WZ	Char(10)	C	01 高架/02 地面
2	类型	LX	Char(10)	C	01 普通/02 高速(时速小于 250km/h 为一般，时速大于等于 250km/h 为高速)
3	起点	QD	Char(50)	C	
4	终点	ZD	Char(50)	C	
5	单双线	DSX	Char(10)	C	01 单线/02 双线
6	上下行方向	SXXFX	Char(10)	C	01 上行/02 下行/03 并行

表 C. 22 **铁路附属设施(点)专有属性(属性表名：G_JT_TLFS_P)**

序号	属性项名称	拼音简称	字段类型	约束条件	属性值域
1	图示角度	TSJD	Double(4，1)	O	
2	类型	LX	Char(10)	O	信号灯柱：01 矮柱/02 高柱/03 壁板

表 C. 23 **公路(线)专有属性(属性表名：ZT_JT_GL_L)**

序号	属性项名称	拼音简称	字段类型	约束条件	属性值域
1	类型	LX	Char(50)	C	
2	编号	BH	Char(50)	O	

续表

序号	属性项名称	拼音简称	字段类型	约束条件	属性值域
3	技术等级	JSDJ	Char(10)	C	01 高速/02 一级/03 二级/04 三级/05 四级/06 等外
4	路面材料	LMCL	Char(10)	O	01 沥/02 水泥/03 碎石/04 石块/05 加固土/06 改善土
5	平均宽度	PJKD	Double(16.2)	C	
6	长度	CD	Double(16.2)	C	

表 C.24　　**匝道(面)专有属性(属性表名：G_JT_ZD_A)**

序号	属性项名称	拼音简称	字段类型	约束条件	属性值域
1	类型	LX	Char(10)	C	01 平面/02 立体
2	连接道路等级	LJDLDJ	Char(50)	O	
3	连接道路名称	LJDLMC	Char(50)	O	

表 C.25　　**公路(面)专有属性(属性表名：G_JT_GL_A)**

序号	属性项名称	拼音简称	字段类型	约束条件	属性值域
1	道路面积	DLMJ	Double(16.2)	C	

表 C.26　　**轨道交通(线)专有属性(属性表名：G_JT_GDJT_L)**

序号	属性项名称	拼音简称	字段类型	约束条件	属性值域
1	类型	LX	Char(10)	C	地铁：01 地面下/02 地面上/03 高架 轻轨：01 轻轨线路/02 磁浮线路

表 C.27　　**城市道路(面)专有属性(属性表名：G_JT_CSDL_A)**

序号	属性项名称	拼音简称	字段类型	约束条件	属性值域
1	道路面积	DLMJ	Double(16.2)	C	

表 C.28　**城市道路(线)专有属性(属性表名：ZT_JT_CSDL_L)**

序号	属性项名称	拼音简称	字段类型	约束条件	属性值域
1	道路名称	DLMC	Char(50)	O	
2	类型	LX	Char(50)	M	
3	路面材料	LMCL	Char(10)	O	01 沥/02 水泥/03 碎石/04 石块/05 加固土/06 改善土
4	长度	CD	Double(16.2)	M	
5	平均宽度	PJKD	Double(16.2)	M	
6	是否单行	SFDX	Char(10)	M	01 是/02 否

表 C.29　**路段(面)专有属性(属性表名：G_JT_LD_A)**

序号	属性项名称	拼音简称	字段类型	约束条件	属性值域
1	道路名称	DLMC	Char(50)	O	
2	路段面积	LDMJ	Double(16.2)	M	

表 C.30　**路段(线)专有属性(属性表名：ZT_JT_LD_L)**

序号	属性项名称	拼音简称	字段类型	约束条件	属性值域
1	道路名称	DLMC	Char(50)	O	
2	类型	LX	Char(50)	M	
3	路段起点	LDQD	Char(50)	O	
4	路段终点	LDZD	Char(50)	O	
5	车道数	CDS	Int(8)	M	
6	路段宽度	LDKD	Double(16.2)	M	
7	是否高架	SFGJ	Char(10)	M	01 是/02 否
8	是否单行	SFDX	Char(10)	M	01 是/02 否

表 C.31　**路口(面)专有属性(属性表名：G_JT_LK_A)**

序号	属性项名称	拼音简称	字段类型	约束条件	属性值域
1	道路名称	DLMC	Char(255)	O	

注：如该路口有多条道路交会，“道路名称”字段值应填写所有交会的道路名称，并以英文半角逗号隔开，如“青年路，北湖西路，淮海路”。

表 C. 32　　乡村道路(线)专有属性(属性表名：ZT_JT_XCDL_L)

序号	属性项名称	拼音简称	字段类型	约束条件	属性值域
1	路面材料	LMCL	Char(10)	C	01 沥/02 水泥/03 碎石/04 石块/05 加固土/06 改善土

表 C. 33　　乡村道路(面)专有属性(属性表名：G_JT_XCDL_A)

序号	属性项名称	拼音简称	字段类型	约束条件	属性值域
1	道路面积	DLMJ	Double(16.2)	C	

表 C. 34　　交通场站(点)专有属性(属性表名：G_JT_JTCZ_P)

序号	属性项名称	拼音简称	字段类型	约束条件	属性值域
1	所属高速公路	SSGSGL	Char(50)	O	
2	所属公路	SSGL	Char(50)	O	
3	停靠线路	TKXL	Char(50)	O	
4	是否换乘站点	SFHCZD	Char(10)	O	01 是/02 否

表 C. 35　　交通场站(面)专有属性(属性表名：G_JT_JTCZ_A)

序号	属性项名称	拼音简称	字段类型	约束条件	属性值域
1	线路名称	XLMC	Char(50)	M	
2	是否换乘站点	SFHCZD	Char(10)	C	轨道交通站点：01 是/02 否

表 C. 36　　交通场站(面)构件图元专有属性(属性表名：GJ_JT_JTCZ_A)

序号	属性项名称	拼音简称	字段类型	约束条件	属性值域
1	所在位置	SZWZ	Char(50)	C	轨道交通区间分层范围面：01 高架/02 地面/03 地下

注：轨道交通站点分层范围面填写示例："高架 1 层""高架 2 层""地面层""地下 1 层""地下 2 层"。

表 C.37 **桥梁与隧道(面)专有属性(属性表名：G_JT_QLSD_A)**

序号	属性项名称	拼音简称	字段类型	约束条件	属性值域
1	建筑材料	JZCL	Char(10)	O	单层桥、双层桥、并行桥：01 钢/02 砼/03 石/04 木
2	通车类型	TCLX	Char(10)	C	01 汽车/02 火车
3	限重	XZ	Char(50)	O	
4	限高	XG	Char(50)	O	
5	限宽	XK	Char(50)	O	
6	限轴重	XZZ	Char(50)	O	
7	连接道路名称	LJDLMC	Char(50)	O	车行桥填写
8	跨越地物名称	KYDWMC	Char(50)	O	
9	高程	GC	Double(16, 1)	O	
10	类型	LX	Char(10)	C	隧道：01 火车隧道/02 汽车隧道
11	所属道路	SSDL	Char(50)	O	过街天桥、明峒填写

表 C.38 **桥梁与道路(线)专有属性(属性表名：G_JT_QLSD_L)**

序号	属性项名称	拼音简称	字段类型	约束条件	属性值域
1	类型	LX	Char(10)	C	缆索桥：01 铁索桥/02 绳桥/03 缆桥/04 藤桥

表 C.39 **道路附属(线)专有属性(属性表名：G_JT_DLFS_L)**

序号	属性项名称	拼音简称	字段类型	约束条件	属性值域
1	类型	LX	Char(10)	C	道路分隔设施：01 道路隔离/02 人行分隔/03 机非分隔 护栏：01 路侧护栏/02 桥梁护栏
2	是否固定式	SFGDS	Char(10)	C	道路分隔设施：01 是/02 否

表 C.40 **道路附属(面)专有属性(属性表名：G_JT_DLFS_A)**

序号	属性项名称	拼音简称	字段类型	约束条件	属性值域
1	楼层	LC	Int(8)	C	(停车楼)
2	车位数	CWS	Int(8)	O	

续表

序号	属性项名称	拼音简称	字段类型	约束条件	属性值域
3	类型	LX	Char(10)	C	路肩：01 硬路肩/02 土路肩 停车位、停车楼：01 一般/02 钢架式/03 砖混式
4	位置	WZ	Char(10)	O	停车位、停车楼：01 路旁/02 院落内

表 C.41　　**道路附属(点)专有属性(属性表名：G_JT_DLFS_P)**

序号	属性项名称	拼音简称	字段类型	约束条件	属性值域
1	类型	LX	Char(10)	C	高速公路出入口：01 入口/02 出口 路桩：01 拦车柱/02 警示柱/03 升降式拦车柱 道路标志牌：01 路标(指示牌)/02 门式路标
2	里程数	LCS	Char(50)	O	
3	编号	BH	Char(50)	O	
4	标牌内容	BPNR	Char(255)	C	
5	标牌角度	BPJD	Char(50)	O	
6	杆顶高程	GDGC	Double(16, 1)	O	
7	高程	GC	Double(16, 1)	O	
8	高度	GD	Double(16, 1)	O	
9	是否固定式	SFGDS	Char(10)	C	路桩：01 是/02 否
10	角度	JD	Char(50)	O	
11	类别	LB	Char(10)	C	电子眼(监控设施)、交通测速器：01 市级/02 区级/03 小区单位级 信号灯：01 车道/02 人行道/03 实测交通信号灯 道路标志牌：01 交通指示标志/02 交通警告标志/03 交通禁令标志/04 公益类导向牌/05 交通指路标志/06 旅游区标志/07/其他标志 自行车租赁点、存车支架：01 有顶/02 无顶

表 C. 42　　水运(线)专有属性(属性表名：G_JT_SY_L)

序号	属性项名称	拼音简称	字段类型	约束条件	属性值域
1	类别	LB	Char(10)	C	渡口：01 汽车/02 火车/03 行人

表 C. 43　　水运(面)专有属性(属性表名：G_JT_SY_A)

序号	属性项名称	拼音简称	字段类型	约束条件	属性值域
1	类型	LX	Char(10)	C	01 顺岸码头/02 堤坝码头
2	状态	ZT	Char(10)	C	01 利用/02 废弃/03 建设中
3	所属水域	SSSY	Char(50)	O	

表 C. 44　　空运(面)专有属性(属性表名：G_JT_KY_A)

序号	属性项名称	拼音简称	字段类型	约束条件	属性值域
1	用途	YT	Char(10)	C	机场：01 军用/02 民用/03 军民混用
2	状态	ZT	Char(10)	C	机场：01 营运中/02 已废弃/03 建设中

表 C. 45　　其他交通(线)专有属性(属性表名：G_JT_QT_L)

序号	属性项名称	拼音简称	字段类型	约束条件	属性值域
1	用途	YT	Char(10)	C	01 货运/02 客运/03 混合
2	跨度	KD	Double(4，1)	O	

表 C. 46　　道路标识区域(面)专有属性(属性表名：G_JT_DLBZBX_A)

序号	属性项名称	拼音简称	字段类型	约束条件	属性值域
1	类型	LX	Char(10)	C	01 简化网状线/02 白色导流线/03 黄色导流线/04 机动车道/05 非机动车道/06 人行道/07 待转区、等待区/08 可变导向车道/09 公交专用道

表 C.47 道路标线(线)专有属性(属性表名：G_JT_DLBZBX_L)

序号	属性项名称	拼音简称	字段类型	约束条件	属性值域
1	类型	LX	Char(10)	C	01 白色虚线 609015/02 白色虚线 204015/03 白色虚线 050515/04 白色虚线 202015/05 白色虚线 101015/06 白色虚线 101040/07 白色虚线 406015/08 白色实线 15/09 白色实线 40/10 白色导向线 A/11 白色导向线 B/12 纵向减速标线(左)/13 纵向减速标线(右)/14 横向减速标线/15 黄色虚线 406015/16 黄色虚线 202015/17 黄色虚线 101015/18 黄色虚线 404020/19 黄色虚线 609015/20 黄色虚线 204015/21 黄色实线 15/22 黄色实线 15 公交专用/23 黄色虚线 404015(公交专用)/24 黄色实线 40/25 潮汐车道标线/26 路边式停靠站标线/27 人行横道线/28 停止线

表 C.48 道路标志(点)专有属性(属性表名：G_JT_DLBZBX_P)

序号	属性项名称	拼音简称	字段类型	约束条件	属性值域
1	类型	LX	Char(10)	C	01 直行箭头/02 左转箭头/03 右转箭头/04 掉头箭头 A/05 掉头箭头 B/06 直行左转箭头/07 直行右转箭头/08 左转右转箭头/09 直行左转右转箭头/10 直行掉头箭头/11 左转掉头箭头/12 右转掉头箭头/13 左弯或向左合流箭头/14 右弯或向右合流箭头/15 直行左转或掉头箭头/16 直行右转或掉头箭头/17 左转右转或掉头箭头/18 禁止掉头箭头 A/19 禁止掉头箭头 B/20 减速慢行标志 A/21 减速慢行标志 B/22 减速让行标志/23 实测非机动车道标志/24 路面文字

3. 管线数据库结构

表 C.49 **管线标识(点)专有属性(属性表名：G_GX_GXBS_P)**

序号	属性项名称	拼音简称	字段类型	约束条件	属性值域
1	标识类型	BSLX	Char(10)	C	其他管线指示桩：01 给水/02 排水/03 燃气/04 通信/05 热力/06 工业/07 综合

表 C.50 **管线特征点、管线附属物点(点)专有属性**
(属性表名：G_GX_JSG_P、G_GX_PSG_P、G_GX_RQG_P 等)

序号	属性项名称	拼音简称	字段类型	约束条件	属性值域
1	物探点号	WTDH	Char(50)	O	
2	点符号代码	DFHDM	Char(50)	O	
3	是否接边点	SFJBD	Char(4)	O	
4	接边点点号	JBDDH	Char(50)	O	
5	X 坐标	XZB	Double(16.3)	O	
6	Y 坐标	YZB	Double(16.3)	O	
7	地面高程	DMGC	Double(16.2)	O	
8	管线点高程	GXDGC	Double(16.2)	O	
9	特征	TZ	Char(50)	O	
10	附属物	FSW	Char(50)	O	
11	井底深	JDS	Double(16.2)	O	
12	井盖形状	JGXZ	Char(50)	O	
13	井盖材质	JGCZ	Char(50)	O	
14	井盖尺寸	JGCC	Char(50)	O	
15	普查年代	PCND	Long	O	
16	更新年代	GXND	Long	O	
17	道路名称	DLMC	Char(50)	O	
18	所在位置	SZWZ	Char(10)	C	01 地下/02 地面/03 地上地下共用
19	权属单位	QSDW	Char(100)	O	
20	建设年代	JSND	Long	O	

续表

序号	属性项名称	拼音简称	字段类型	约束条件	属性值域
21	更新类型	GXLX	Char(50)	O	
22	子类型	ZLX	Char(50)	O	
23	区划名称	QHMC	Char(50)	O	
24	探测单位	TCDW	Char(100)	O	
25	初探时间	CTSJ	Char(50)	O	
26	复探时间	FTSJ	Char(50)	O	
27	探测日期	TCRQ	Date	O	
28	状态	ZT	Char(50)	O	
29	标准编码	BZBM	Char(50)	O	
30	符号旋转角度	FHXZJD	Double(16.2)	O	
31	偏心井位	PXJW	Double(16.2)	O	

表 C.51 **管段(线)专有属性(属性表名：G_GX_JSGD_L、G_GX_PSGD_L、G_GX_RQGD_L 等)**

序号	属性项名称	拼音简称	字段类型	约束条件	属性值域
1	管线段号	GXDH	Char(50)	O	
2	起点点号	QDDH	Char(50)	O	
3	起点高程	QDGC	Double(16.2)	O	
4	起点埋深	QDMS	Double(16.2)	O	
5	终点点号	ZDDH	Char(50)	O	
6	终点高程	ZDGC	Double(16.2)	O	
7	终点埋深	ZDMS	Double(16.2)	O	
8	材质	CZ	Char(50)	O	
9	保护材料	BHCL	Char(50)	O	
10	埋设方式	MSFS	Char(10)	C	01 直埋/02 沟道/03 管块/04 管埋/05 非开挖/06 架空/07 槽盒
11	断面尺寸	DMCC	Char(50)	O	
12	电压值	DYZ	Char(50)	O	
13	建设年代	JSND	Long	O	

续表

序号	属性项名称	拼音简称	字段类型	约束条件	属性值域
14	权属单位	QSDW	Char(100)	O	
15	线型	XX	Char(50)	O	
16	压力	YL	Char(50)	O	
17	普查年代	PC	Long	O	
18	更新年代	GX	Long	O	
19	道路名称	DLMC	Char(50)	O	
20	所在位置	SZWZ	Char(10)	C	01 地下/02 地面(无管堤)/03 架空/04 地面上有管堤
21	更新类型	GXLX	Char(50)	O	
22	子类型	ZLX	Char(50)	O	
23	区划名称	QHMC	Char(50)	O	
24	探测单位	TCDW	Char(100)	O	
25	初探时间	CTSJ	Char(50)	O	
26	复探时间	FTSJ	Char(50)	O	
27	探测日期	TCRQ	Date	O	
28	状态	ZT	Char(50)	O	
29	显示等级	XSDJ	Char(50)	O	
30	标准编码	BZBM	Char(50)	O	

表 C.52　**管线独立井(点)专有属性(属性表名：G_GX_JSDLJ_P、G_GX_PSDLJ_P、G_GX_RQDLJ_P 等)**

序号	属性项名称	拼音简称	字段类型	约束条件	属性值域
1	物探点号	WTDH	Char(50)	O	
2	点符号代码	DFHDM	Char(50)	O	
3	X 坐标	XZB	Double(16.2)	O	
4	Y 坐标	YZB	Double(16.2)	O	
5	H 高程	HGC	Double(16.2)	O	
6	附属物	FSW	Char(50)	O	
7	井底深	JDS	Double(16.2)	O	

续表

序号	属性项名称	拼音简称	字段类型	约束条件	属性值域
8	井盖形状	JGXZ	Char(50)	O	
9	井盖尺寸	JGCC	Char(50)	O	
10	井盖材质	JGCZ	Char(50)	O	
11	普查年代	PCND	Long	O	
12	更新年代	GXND	Long	O	
13	道路名称	DLMC	Char(50)	O	
14	所在位置	SZWZ	Char(10)	C	01 地下/02 地面/03 地上地下共用
15	建设年代	JSND	Date	O	
16	更新类型	GXLX	Char(50)	O	
17	子类型	ZLX	Char(50)	O	
18	区划名称	QHMC	Char(50)	O	
19	探测单位	TCDW	Char(100)	O	
20	初探时间	CTSJ	Char(50)	O	
21	复探时间	FTSJ	Char(50)	O	
22	探测日期	TCRQ	Date	O	
23	块名	KM	Char(50)	O	
24	所在层	SZC	Char(50)	O	
25	状态	ZT	Char(50)	O	

表 C. 53　　**管沟、沟道(面)专有属性(属性表名：G_GX_JSGG_A、G_GX_PSGG_A、G_GX_RQGG_A 等)**

序号	属性项名称	拼音简称	字段类型	约束条件	属性值域
1	线段编号	XDBH	Char(50)	O	
2	管线类型	GXLX	Char(50)	O	
3	道路名称	DLMC	Char(50)	O	
4	属性	SX	Char(50)	O	
5	井底深度	JDSD	Double(16.2)	O	
6	状态	ZT	Char(50)	O	
7	普查年代	PCND	Long	O	

续表

序号	属性项名称	拼音简称	字段类型	约束条件	属性值域
8	更新年代	GXND	Long	O	
9	图层名	TCM	Char(20)	O	
10	更新类型	GXLX	Char(50)	O	
11	子类型	ZLX	Char(50)	O	
12	区划名称	QHMC	Char(50)	O	
13	探测单位	TCDW	Char(100)	O	
14	初探时间	CTSJ	Char(50)	O	
15	复探时间	FTSJ	Char(50)	O	
16	探测日期	TCRQ	Date	O	

4. 水系数据库结构

表 C.54 **流域专有属性(属性表名：G_SX_LY_A)**

序号	属性项名称	拼音简称	字段类型	约束条件	属性值域
1	流域代码	LYDM	Char(20)	O	

表 C.55 **河流(线)专有属性(属性表名：G_SX_HL_L)**

序号	属性项名称	拼音简称	字段类型	约束条件	属性值域
1	水利行业编码	SLHYBM	Char(20)	O	
2	水利行业河流级别	SLHYHLJB	Char(20)	O	
3	类型	LX	Char(10)	C	一般河流：01 常年河/02 时令河 地下河段出入口：01 地下河段出口/02 地下河段入口
4	类别	LB	Char(10)	C	河流：01 淡/02 咸/03 盐/04 苦 干涸河：01 沙/02 砾
5	时令月份	SLYF	Char(10)	O	时令河：1-12
6	常水位	CSW	Double(16, 2)	O	
7	高水位	GSW	Double(16, 2)	O	

续表

序号	属性项名称	拼音简称	字段类型	约束条件	属性值域
8	通航性质	THXZ	Char(10)	C	河流：01 通航/02 不通航
9	汇入河流名称	HRHLMC	Char(10)	C	

注：“水利行业编码”参考国情的水利行业代码和水利行业级别填写；时令河流填写“时令月份”；河口填写“汇入河流名称”。

表 C. 56　　**湖(面)专有属性(属性表名：G_SX_HP_A)**

序号	属性项名称	拼音简称	字段类型	约束条件	属性值域
1	水利行业编码	SLHYBM	Char(20)	O	
2	类别	LB	Char(10)	C	湖泊：01 淡/02 咸/03 盐/04 苦 池塘：01 鱼/02 塘/03 虾/04 甲鱼/05 扇贝/06 螃蟹 干涸湖：01 沙/02 砾
3	时令月份	SLYF	Char(10)	O	时令湖：1-12
4	类型	LX	Char(10)	C	湖泊：01 常年湖/02 时令湖
5	常水位	CSW	Double(16，2)	O	
6	高水位	GSW	Double(16，2)	O	

注：“水利行业编码”参考国情的水利行业代码和水利行业级别填写。

表 C. 57　　**水库及设施(面)专有属性(属性表名：G_SX_SK_A)**

序号	属性项名称	拼音简称	字段类型	约束条件	属性值域
1	水利行业编码	SLHYBM	Char(20)	O	
2	类别	LB	Char(10)	C	水库：01 蓄水/02 发电/03 蓄水和发电
3	库容量	KRL	Double(16，1)	O	
4	管辖单位	GXDW	Char(100)	O	
5	状态	ZT	Char(10)	C	01 已建成/02 建筑中

表 C. 58　　**水库及设施(线)专有属性(属性表名：G_SX_SK_L)**

序号	属性项名称	拼音简称	字段类型	约束条件	属性值域
1	类别	LB	Char(10)	C	01 泄洪洞/02 引水孔/03 取水孔/04 灌溉孔/05 排沙洞

表 C.59 **沟渠及设施(面)专有属性(属性表名：G_SX_GQ_A)**

序号	属性项名称	拼音简称	字段类型	约束条件	属性值域
1	类别	LB	Char(10)	C	运河：01 淡/02 咸/03 盐/04 苦
2	类型	LX	Char(10)	C	输水渡槽：01 水槽/02 水管
3	通航性质	THXZ	Char(10)	C	运河：01 通航/02 不通航

表 C.60 **沟渠及设施(线)专有属性(属性表名：G_SX_GQ_L)**

序号	属性项名称	拼音简称	字段类型	约束条件	属性值域
1	类型	LX	Char(10)	C	沟渠：01 一般沟渠/02 暗渠 沟堑：01 已加固/02 未加固
2	宽度	KD	Double(16，1)	O	
3	比高	BG	Double(16，1)	O	
4	状态	ZT	Char(10)	O	坎儿井：01 在用/02 废弃

表 C.61 **泉、井、池(点)专有属性(属性表名：G_SX_QT_P)**

序号	属性项名称	拼音简称	字段类型	约束条件	属性值域
1	类别	LB	Char(10)	C	泉：01 矿/02 温/03 喷/04 间/05 毒/06 地热/07 无 井：01 咸/02 苦/03 毒/04 流/05 温/07 机/08 干/09 枯
2	高程	GC	Double(16，1)	O	
3	类型	LX	Char(10)	C	井：01 水井、机井/02 地热井
4	图示角度	TSJD	Double(4，1)	C	

表 C.62 **泉、井、池(面)专有属性(属性表名：G_SX_QT_A)**

序号	属性项名称	拼音简称	字段类型	约束条件	属性值域
1	类别	LB	Char(10)	C	01 净/02 污/03 地热/04 洗煤/05 废液/06 不明
2	类型	LX	Char(10)	O	01 有盖/02 无盖
3	位置	WZ	Char(10)	O	01 高于地面/02 低于地面

表 C. 63　　　　**瀑布、跌水专有属性(属性表名：G_SX_QT_L)**

序号	属性项名称	拼音简称	字段类型	约束条件	属性值域
1	类别	LB	Char(10)	C	01 瀑布/02 跌水
2	比高	BG	Double(16，1)	O	

表 C. 64　　　　**水利及附属设施(线)专有属性(属性表名：G_SX_SL_L)**

序号	属性项名称	拼音简称	字段类型	约束条件	属性值域
1	类型	LX	Char(10)	C	加固岸、未加固岸、堤：01 斜坡式/02 陡坎式 防波堤、制水坝：01 斜坡式/02 直立式/03 石垄式/04 其他型式 陡岸：01 土质有滩/02 土质无滩/03 石质有滩/04 石质无滩
2	加固形式	JGXS	Char(10)	C	加固岸：01 一般/02 有防洪墙体/03 有栅栏/04 防洪墙体上有栏杆
3	比高	BG	Double(16，1)	O	
4	级别	JB	Char(10)	C	堤：01 干堤/02 一般堤
5	坝宽	BK	Double(16，1)	O	
6	高程	GC	Double(16，1)	O	
7	坝长	BC	Double(16，1)	O	
8	建筑材料	JZCL	Char(20)	O	

表 C. 65　　　　**水利及附属设施(点)专有属性(属性表名：G_SX_SL_P)**

序号	属性项名称	拼音简称	字段类型	约束条件	属性值域
1	类别	LB	Char(10)	C	水闸：01 进水闸/02 分水闸/03 节制闸/04 排洪闸/05 拦潮闸
2	建筑结构	JZJG	Char(20)	O	
3	闸门孔数	ZMKS	Char(20)	O	
4	通航能力	THNL	Char(50)	O	
5	通行性质	TXXZ	Char(10)	C	水闸、船闸：01 能通车的/02 不能通车的/03 不能走人的

续表

序号	属性项名称	拼音简称	字段类型	约束条件	属性值域
6	图示角度	TSJD	Double(4, 1)	O	
7	高程	GC	Double(16, 1)	O	

注："通行性质"中"01 能通车的"和"02 不能通车的"都默认能走人。

表 C.66　　**海域基础地理实体(点)专有属性(属性表名：G_SX_HY_P)**

序号	属性项名称	拼音简称	字段类型	约束条件	属性值域
1	数据源	GBM	Char(50)	O	
2	河流名称	HLMC	Char(50)	C	入海河口：入海河流名称

表 C.67　　**海域基础地理实体(面)专有属性(属性表名：G_SX_HY_A)**

序号	属性项名称	拼音简称	字段类型	约束条件	属性值域
1	数据源	SJY	Char(50)	O	
2	面积	MJ	Double(16, 2)	O	
3	形态	XT	Char(10)	C	01 珊瑚/02 岩
4	类型	LX	Char(10)	C	01 单个/02 从礁

5. 用地与院落数据库结构

表 C.68　　**耕地(面)专有属性(属性表名：G_YD_GD_A)**

序号	属性项名称	拼音简称	字段类型	约束条件	属性值域
1	类别	LB	Char(10)	C	01 菱角/02 莲藕/03 茭白/04 其他
2	类型	LX	Char(10)	C	01 常年积水/02 非常年积水

表 C.69　　**园地(面)专有属性(属性表名：G_YD_YD_A)**

序号	属性项名称	拼音简称	字段类型	约束条件	属性值域
1	类别	LB	Char(50)	O	

表 C.70　**草地(面)专有属性(属性表名：G_YD_CD_A)**

序号	属性项名称	拼音简称	字段类型	约束条件	属性值域
1	类别	LB	Char(10)	C	01 芦苇/02 芒草/03 芨芨草/04 茅草/05 蒲草/06 茴草/07 席草

表 C.71　**其他用地(面)专有属性(属性表名：G_YD_QT_A)**

序号	属性项名称	拼音简称	字段类型	约束条件	属性值域
1	类型	LX	Char(10)	C	沙地：01 平沙地/02 灌丛沙堆/03 新月形沙丘/03 垄状沙丘/04 窝状沙地/05 格状沙丘/06 金字塔状沙丘 建筑工地：01 施工工地/02 拆迁工地/03 其他工地 采掘地：01 土/02 沙/03 石/04 其他

表 C.72　**城镇住宅用地(面)专有属性(属性表名：G_YD_CZZZ_A)**

序号	属性项名称	拼音简称	字段类型	约束条件	属性值域
1	建筑面积	JZMJ	Double(16, 2)	C	
2	建筑密度	JZMD	Double(16, 4)	C	
3	容积率	RJL	Double(16, 4)	C	
4	地块面积	DKMJ	Double(16, 2)	C	
5	建筑最高高度	JZZGGD	Double(16, 2)	C	
6	地址	DZ	Char(255)	C	

注：建筑面积为地上地下建筑面积之和。

表 C.73　**城镇社区服务设施用地、农村宅基地、农村社区服务设施用地专有属性(属性表名：G_YD_CZSQFW_A、G_YD_NCZJD_A、G_YD_NCSQFW_A 等)**

序号	属性项名称	拼音简称	字段类型	约束条件	属性值域
1	地址	DZ	Char(255)	O	
2	是否复合用地	SFFHYD	Char(10)	M	01 是/02 否

6. 区域与界线数据库结构

表 C. 74　　领海基线(线)专有属性(属性表名：G_QJ_LHQY_L)

序号	属性项名称	拼音简称	字段类型	约束条件	属性值域
1	权属国	QSG	Char(255)	M	

表 C. 75　　行政区域(面)专有属性(属性表名：G_QJ_XZQY_A)

序号	属性项名称	拼音简称	字段类型	约束条件	属性值域
1	行政区代码	XZQDM	Char(50)	O	
2	辖区面积	XQMJ	Double(16，2)	O	
3	常住人口	CZRK	Char(50)	O	

表 C. 76　　界桩、界碑、界标(点)专有属性(属性表名：G_QJ_JZ_P)

序号	属性项名称	拼音简称	字段类型	约束条件	属性值域
1	编号	BH	Char(50)	M	
2	属地	SD	Char(50)	O	
3	类型	LX	Char(10)	C	01 国家/02 省级/03 地市级/04 区县级/05 乡镇级/06 村级
4	材质	CZ	Char(50)	O	
5	相邻行政区域	XLXZQY	Char(50)	O	
6	设立日期	SLRQ	Date	O	
7	点之记	DZJ	Char(255)	O	

表 C. 77　　其他区域(面)专有属性(属性表名：G_QJ_QTQY_A)

序号	属性项名称	拼音简称	字段类型	约束条件	属性值域
1	行政区代码	XZQDM	Char(50)	O	
2	属地领导人	SDLDR	Char(50)	O	
3	人口数量	RKSL	Char(50)	O	
4	年度 GDP	NDGDP	Char(50)	O	
5	面积	MJ	Double(16，2)	O	

表 C. 78　　**开发区(面)专有属性(属性表名：G_QJ_KFQ_A)**

序号	属性项名称	拼音简称	字段类型	约束条件	属性值域
1	编号	BH	Char(50)	M	
2	类别	LB	Char(50)	O	
3	属地领导人	SDLDR	Char(50)	O	
4	级别	JB	Char(10)	C	01 国家级/02 省级/03 省级以下
5	人口数量	RKSL	Int(8)	O	
6	年度 GDP	NDGDP	Char(50)	O	
7	代码	DM	Char(50)	O	
8	开发园区类型	KFYNLX	Char(50)	O	
9	开发园区性质	KFYNXZ	Char(255)	O	
10	开发园区特征	KFYNTZ	Char(255)	O	
11	开发园区面积	KFYNMJ	Double(16，2)	O	

表 C. 79　　**自然保护地(面)专有属性(属性表名：G_QJ_ZRBHD_A)**

序号	属性项名称	拼音简称	字段类型	约束条件	属性值域
1	权属单位	QSDW	Char(100)	M	
2	责任人	ZRR	Char(50)	M	
3	代码	DM	Char(50)	O	
4	行政区名称	XZQMC	Char(50)	M	
5	类型	LX	Char(50)	M	
6	面积	MJ	Double(16，2)	M	
7	绿地率	LDL	Double(16，2)	O	
8	规划期限	GHQX	Char(255)	M	
9	保护区地理位置	BHQDLWZ	Char(255)	O	
10	保护区级别	BHQJB	Char(50)	O	
11	批准机关	PZJG	Char(255)	O	
12	批准时间	PZSJ	Char(50)	O	
13	保护区面积	BHQMJ	Double(16，2)	O	

表 C. 80　　**规划控制线(线)专有属性(属性表名：G_QJ_GHKZX_L)**

序号	属性项名称	拼音简称	字段类型	约束条件	属性值域
1	编号	BH	Char(50)	M	
2	类别	LB	Char(50)	O	
3	规划编制时间	GHBZSJ	Char(50)	O	
4	规划编制人员	GHBZRY	Char(50)	O	
5	行政区代码	XZQDM	Char(50)	M	
6	行政区名称	XZQMC	Char(50)	M	
7	面积	MJ	Double(16, 2)	M	
8	控制要求	KZYQ	Char(50)	O	
9	规划期限	GHQX	Char(50)	M	
10	设施名称	SSMC	Char(50)	M	
11	设施类型	SSLX	Char(50)	M	
12	属地	SD	Char(50)	O	

表 C. 81　　**规划控制线(面)专有属性(属性表名：G_QJ_GHKZX_A)**

序号	属性项名称	拼音简称	字段类型	约束条件	属性值域
1	编号	BH	Char(50)	M	
2	类型	LX	Char(10)	O	01 水源涵养/02 生物多样性维护/03 水土保持/04 防风固沙/05 其他生态功能/06 水土流失/07 土地沙化/08 石漠化/09 盐渍化/10 其他敏感性
3	权属单位	QSDW	Char(100)	O	
4	责任人	ZRR	Char(50)	O	
5	县级行政区划代码	XJXZQHDM	Char(50)	O	
6	行政区名称	XZQMC	Char(50)	M	
7	数量代码	SLDM	Char(50)	O	
8	人口数量	RKSL	Int(8)	O	
9	生态系统服务功能与保护目标	STXTFWGNYBHMB	Char(50)	O	

续表

序号	属性项名称	拼音简称	字段类型	约束条件	属性值域
10	地理位置	DLWZ	Char(255)	O	
11	区域面积	QYMJ	Double(16，2)	O	
12	生态系统与植被类型	STXTYZBLX	Char(50)	O	
13	主要人为活动类型	ZYRWHDLX	Char(50)	O	
14	生态环境问题	STHJWT	Char(255)	O	
15	管控措施	GKCS	Char(50)	O	
16	设立时间	SLSJ	Char(50)	O	
17	管控要求	GKYQ	Char(255)	O	
18	规划期限	GHQX	Char(50)	M	

表C.82　**界线与权籍(点)专有属性(属性表名：G_QJ_JXQJ_P)**

序号	属性项名称	拼音简称	字段类型	约束条件	属性值域
1	测绘单位	CHDW	Char(100)	O	
2	测绘员	CHY	Char(50)	O	
3	采集时间	CJSJ	Char(50)	O	
4	界址点号	JZDH	Char(50)	O	
5	界址点类型	JZDLX	Char(50)	O	

表C.83　**界线与权籍(线)专有属性(属性表名：G_QJ_JXQJ_L)**

序号	属性项名称	拼音简称	字段类型	约束条件	属性值域
1	测绘单位	CHDW	Char(100)	O	
2	测绘员	CHY	Char(50)	O	
3	采集时间	CJSJ	Char(50)	O	
4	界址线类型	JZXLX	Char(50)	O	
5	指界人	ZJR	Char(50)	O	

表 C. 84　　界线与权籍(面)专有属性(属性表名：G_QJ_JXQJ_A)

序号	属性项名称	拼音简称	字段类型	约束条件	属性值域
1	不动产名称	BDCMC	Char(50)	O	
2	权属	QS	Char(50)	O	
3	采集时间	CJSJ	Char(50)	O	
4	测绘单位	CHDW	Char(100)	O	
5	测绘员	CHY	Char(50)	O	
6	坐落	ZL	Char(50)	O	
7	法人代表	FRDB	Char(50)	O	
8	发证面积	FZMJ	Double(16，2)	O	
9	用途	YT	Char(50)	O	
10	四至	SZ	Char(50)	O	
11	地籍编号	DJBH	Char(50)	M	
12	用地性质	YDXZ	Char(50)	O	

表 C. 85　　城镇(乡)(面)专有属性(属性表名：G_QJ_CZTX_A)

序号	属性项名称	拼音简称	字段类型	约束条件	属性值域
1	行政区代码	XZQDM	Char(50)	M	
2	行政区名称	XZQMC	Char(50)	M	
3	规模等级	GMDJ	Char(50)	M	
4	职能定位	ZNDW	Char(50)	M	
5	人口规模	RKGM	Char(50)	M	
6	规划期限	GHQX	Char(50)	M	

表 C. 86　　产业空间布局(面)专有属性(属性表名：G_QJ_CYKJBJ_A)

序号	属性项名称	拼音简称	字段类型	约束条件	属性值域
1	行政区代码	XZQDM	Char(50)	M	
2	行政区名称	XZQMC	Char(50)	M	
3	类型	LX	Char(50)	M	
4	级别	JB	Char(50)	M	
5	定位	DW	Char(50)	O	
6	面积	MJ	Double(16，2)	O	
7	产值	CZ	Double(5，2)	O	
8	规划期限	GHQX	Char(50)	M	

表 C. 87　　国土空间规划分区(面)专有属性
(属性表名：G_QJ_STBHYBLQ_A、G_QJ_HYBHQ_A 等)

序号	属性项名称	拼音简称	字段类型	约束条件	属性值域
1	编号	BM	Char(50)	M	
2	类别	LB	Char(50)	O	
3	行政区代码	XZQDM	Char(50)	M	
4	行政区名称	XZQMC	Char(50)	M	
5	国土空间规划分区代码	GTKJGHFQDM	Char(50)	O	
6	国土空间规划分区名称	GTKJGHFQMC	Char(50)	O	
7	用地面积	YDMJ	Double(16, 2)	M	
8	规划期限	GHQX	Char(50)	M	

7. 地貌数据库结构

表 C. 88　　山峰(点)专有属性(属性表名：G_DM_SF_P)

序号	属性项名称	拼音简称	字段类型	约束条件	属性值域
1	海拔	HB	Double(16, 2)	O	

表 C. 89　　山脉(线)专有属性(属性表名：G_DM_SM_L)

序号	属性项名称	拼音简称	字段类型	约束条件	属性值域
1	平均海拔	PJHB	Double(16, 2)	O	

表 C. 90　　山系、丘陵(面)专有属性(属性表名：G_DM_SX_A、G_DM_QL_A)

序号	属性项名称	拼音简称	字段类型	约束条件	属性值域
1	平均海拔	PJHB	Double(16, 2)	O	
2	面积	MJ	Double(16, 2)	O	

表 C. 91　　其他自然地貌(点)专有属性(属性表名：G_DM_QTZRDM_P)

序号	属性项名称	拼音简称	字段类型	约束条件	属性值域
1	类别	LB	Char(20)	C	
2	深度	SD	Double(16, 2)	O	
3	类型	LX	Char(10)	C	山洞、溶洞：01 自然/02 人防/03 探洞
4	图示角度	TSJD	Double(4, 1)	O	

表 C.92 **其他自然地貌(线)专有属性(属性表名：G_DM_QTZRDM_L)**

序号	属性项名称	拼音简称	字段类型	约束条件	属性值域
1	性质	XZ	Char(10)	C	冲沟：01 有齿/02 无齿
2	类型	LX	Char(10)	C	陡崖、陡坎：01 石质/02 土质
3	比高	BG	Double(16，1)	O	

表 C.93 **岩地(线)专有属性(属性表名：G_DM_YD_L)**

序号	属性项名称	拼音简称	字段类型	约束条件	属性值域
1	类型	LX	Char(10)	C	陡石山：01 山脊线/02 坡脚线
2	高程	GC	Double(16，1)	O	

表 C.94 **地质灾害地貌(面)专有属性(属性表名：G_DM_DZZH_A)**

序号	属性项名称	拼音简称	字段类型	约束条件	属性值域
1	类别	LB	Char(20)	C	
2	深度	SD	Double(16，2)	O	

表 C.95 **人工地貌(线)专有属性(G_DM_RGDM_L)**

序号	属性项名称	拼音简称	字段类型	约束条件	属性值域
1	性质	XZ	Char(10)	C	人工陡坎：01 未加固/02 已加固
2	深度	SD	Double(16，2)	O	

表 C.96 **人工地貌(面)专有属性(G_DM_RGDM_A)**

序号	属性项名称	拼音简称	字段类型	约束条件	属性值域
1	性质	XZ	Char(10)	C	斜坡：01 未加固/02 已加固

8. 矿产数据库结构

表 C.97 **矿产(面)专有属性(属性表名：G_KC_KC_A)**

序号	属性项名称	拼音简称	字段类型	约束条件	属性值域
1	能源类型	NYLX	Char(10)	C	01 煤/02 煤成气/03 石煤/04 油页岩/05 石油/06 天然气/07 油砂/08 天然沥青/09 铀/10 钍/11 地热/12 页岩气

续表

序号	属性项名称	拼音简称	字段类型	约束条件	属性值域
2	金属类型	JSLX	Char(10)	C	01 黑色金属/02 有色金属/03 贵金属/04 稀有金属/05 稀土金属/06 稀散金属
3	非金属类型	FJSLX	Char(10)	C	01 元素类/02 矿物类/03 宝石类/04 岩石类/05 黏土类
4	水气类型	SQLX	Char(10)	C	01 地下水/02 矿泉水/03 二氧化碳气/04 硫化氢气/05 氦气/06 氡气
5	储量	CL	Double(16, 2)	O	
6	权属单位	QSDW	Char(100)	O	

9. 基础地理实体基本数据库结构

表 C.98 基础地理实体基本属性

序号	属性项名称	拼音简称	字段类型	约束条件	属性值域
1	基础地理实体分类码	DLSTFLM	Char(8)	M	
2	基础地理实体标识码	DLSTBSM	Char(34)	M	
3	基础地理实体名称	DLSTMC	Char(100)	O	
4	产生(测取)时间	CSSJ	Date	M	
5	存续时间	CXSJ	Date	M	
6	消亡时间	XWSJ	Date	O	
7	所有(管理)者	SYZ	Char(255)	O	
8	备注	BZ	Char(255)	O	

10. 基础地理实体图元基本数据库结构

表 C.99 基础地理实体图元基本属性

序号	属性项名称	拼音简称	字段类型	约束条件	属性值域
1	基础地理实体标识码	DLSTBSM	Char(34)	M	
2	图元标识码	TYBSM	Char(36)	M	
3	图元编码	TYBM	Char(11)	M	

续表

序号	属性项名称	拼音简称	字段类型	约束条件	属性值域
4	图元名称	TYMC	Char(100)	M	
5	要素名称	YSMC	Char(100)	O	
6	要素编码	YSBM	Char(8)	O	
7	测取时间	CQSJ	Date	M	
8	移除时间	YCSJ	Date	O	
9	测取人	CQR	Char(100)	M	
10	修除人	YCR	Char(100)	O	
11	备注	BZ	Char(255)	O	

附录 D　基础地理实体关系表结构设计

表 D. 1　　**基础地理实体关系表结构设计**

序号	属性项名称	拼音简称	字段类型	约束条件	属性值域
1	基础地理实体标识码	DLSTBSM	Char(34)	M	
2	父级基础地理实体集	FJDLSTJ	JSON	O	
3	子级基础地理实体集	ZJDLSTJ	JSON	O	
4	关系类型	GXLX	Char(10)	M	01 组合/02 聚合/03 单实体
5	二维图元集	EWTYJ	JSON	O	
6	三维图元集	SWTYJ	JSON	O	
7	备注	BZ	Char(255)	O	

说明：当基础地理实体为单实体时，父级基础地理实体集、子级基础地理实体集均为空；当基础地理实体为组合实体或聚合实体，且无其他图元参与当前基础地理实体的构建时，所有图元集均为空。

表 D. 2　　**JSON 类型字段结构设计**

序号	属性项	属性内容
1	父级基础地理实体集	当前基础地理实体的上一级基础地理实体集合
2	子级基础地理实体集	当前基础地理实体的下一级基础地理实体集合
3	二维图元集	除基础地理实体外，参与构建当前基础地理实体的二维图元集合
4	三维图元集	除基础地理实体外，参与构建当前基础地理实体的三维图元集合

JSON 格式示例 1：

```
{
    “实体层(表)名 1”：[“基础地理实体标识码 1”，“基础地理实体标识码 2”，……]，
    “实体层(表)名 2”：[“基础地理实体标识码 1”，“基础地理实体标识码 2”，……]，
    ……
}
```

JSON 格式示例 2：

```
{
    “图元层(表)名 1”：[“图元标识码 1”，“图元标识码 2”，……]，
    “图元层(表)名 2”：[“图元标识码 1”，“图元标识码 2”，……]，
    ……
}
```

附录 E　基础地理实体元数据库结构设计

表 E.1　　基础地理实体图元元数据库结构设计

序号	名称	字段类型	字节数	内容
1	产品名称	文本	50	1：2000 数字线划图(DLG)
2	产品生产日期	日期		*(2012-6-28)
3	产品的版本	文本	6	2012
4	产品所有权单位名称	文本	20	*(武汉市测绘研究院)
5	产品生产单位名称	文本	40	*(国家测绘局第二地形测量队)
6	产品出版单位名称	文本	20	*(武汉市测绘研究院)
7	数据格式	文本	10	dwg/mdb
8	产品范围	文本		*
9	数据面积	双精度型 数字	精确到 0.01	
10	密级	文本	8	秘密
11	所采用的大地基准	文本	20	*(武汉 2000 坐标系)
12	地图投影名称	文本	20	高斯-克吕格投影
13	中央子午线	文本	10	114 度 20 分
14	分带方式	文本	8	3 度带
15	高斯-克吕格投影带号	长整型 数字		38
16	坐标单位	文本	8	米
17	高程系统名	文本	8	正常高
18	高程基准	文本	20	*(1985 国家高程基准)
19	平面位置中误差	双精度型 数字	精确到 0.01	*(按原图理论平面位置中误差录入)
20	高程中误差	双精度型 数字	精确到 0.01	*(按原图理论高程中误差录入)
21	属性精度	双精度型 数字	精确到 0.01	*
22	逻辑一致性	文本	8	*(一致)
23	完整性	文本	8	*(完整)
24	结论总分	双精度型 数字	精确到 0.01	*(80.00)

续表

序号	名称	字段类型	字节数	内容
25	数据质量检验评价单位	文本	20	*（武汉市测绘研究院）
26	数据质量评检日期	日期		*（2012-6-28）
27	数据质量总评价	文本	8	*（合格）
28	主要数据源	文本	20	航片或 DMC 数码相片
29	数据采集方法及仪器	文本	40	航空摄影测量，JX4
30	产品更新日期	日期		2012-6-28
31	更新资料源	文本	20	竣工工程
32	更新的作业单位	文本	40	太原航空摄影有限公司
33	更新的航摄日期或卫星时态	文本	40	2012-6-28
34	更新日期	日期	40	2012-6-28
35	作业人员	文本	10	*
36	检查人员	文本	10	*
37	更新人员	文本	10	*
38	技术负责人	文本	10	*

注：* 为必填项。

表 E. 2　**实景三维模型元数据库结构设计**

序号	名称	字段类型	字节数	内容
1	产品名称	文本	50	实景三维模型
2	产品生产日期	日期	20	*（2019-6-28）
3	产品的版本	文本	6	2019
4	产品所有权单位名称	文本	20	*（武汉市测绘研究院）
5	产品生产单位名称	文本	40	*（武汉市测绘研究院）
6	产品出版单位名称	文本	20	*（武汉市测绘研究院）
7	数据格式	文本	10	osgb/obj
8	产品范围	文本	50	*
9	数据面积	双精度型 数字	精确到 0. 01	
10	数据量	文本	10	*
11	实景影像分辨率	文本	10	0. 03

续表

序号	名称	字段类型	字节数	内容
12	平均航高	文本	10	750
13	平均速度	文本	10	*
14	地面分辨率	文本	10	0. 1~0. 2
15	密级	文本	8	秘密
16	所采用的大地基准	文本	20	*(武汉 2000 坐标系)
17	地图投影名称	文本	20	高斯-克吕格投影
18	中央子午线	文本	10	114 度 20 分
19	分带方式	文本	8	3 度带
20	高斯-克吕格投影带号	长整型 数字		38
21	坐标单位	文本	8	米
22	高程系统名	文本	8	正常高
23	高程基准	文本	20	*(1985 国家高程基准)
24	像控点个数			5 个/平方千米
25	检查点个数			1 个/平方千米
26	实景三维模型平面精度			0. 1~0. 2 米
27	实景三维模型高程精度			0. 2~0. 3 米
28	西边接边状况	文本	8	*(已接、未接、自由)
29	北边接边状况	文本	8	*(已接、未接、自由)
30	东边接边状况	文本	8	*(已接、未接、自由)
31	南边接边状况	文本	8	*(已接、未接、自由)
32	平面位置中误差	双精度型 数字	精确到 0. 01	*(按原图理论平面位置中误差录入)
33	高程中误差	双精度型 数字	精确到 0. 01	*(按原图理论高程中误差录入)
34	属性精度	双精度型 数字	精确到 0. 01	*
35	逻辑一致性	文本	8	*(一致)
36	完整性	文本	8	*(完整)
37	接边质量评价	文本	8	*(合格)
38	结论总分	双精度型 数字	精确到 0. 01	*(80. 00)
39	数据质量检验评价单位	文本	20	*(武汉市测绘研究院)
40	数据质量评检日期	日期		*(2019-6-28)
41	数据质量总评价	文本	8	*(合格)

续表

序号	名称	字段类型	字节数	内容
42	主要数据源	文本	20	航片
43	数据采集方法及仪器	文本	40	无人机或有人机
44	载体平台类型			*
45	载体平台型号			*
46	倾斜数字航摄仪型号			*
47	产品更新日期	日期		2019-6-28
48	更新资料源	文本	20	竣工工程
49	更新的作业单位	文本	40	*
50	更新的航摄日期或卫星时态	文本	40	2019-6-28
51	更新日期	日期	40	2019-6-28
52	外业人员	文本	10	*
53	内业人员	文本	10	*
54	检查人员	文本	10	*
55	更新人员	文本	10	*
56	技术负责人	文本	10	*

注：* 为必填项。

表 E.3　**模型三维元数据库结构设计**

序号	名称	字段类型	字节数	内容
1	产品名称	文本	50	1：2000 模型三维
2	产品生产日期	日期		*（2019-6-28）
3	产品的版本	文本	6	2012
4	产品所有权单位名称	文本	20	*（武汉市测绘研究院）
5	产品生产单位名称	文本	40	*（武汉市测绘研究院）
6	产品出版单位名称	文本	20	*（武汉市测绘研究院）
7	数据格式	文本	10	max/jpg
8	产品范围	文本		*
9	数据面积	双精度型 数字	精确到 0.01	*
10	数据量	文本	20	*

续表

序号	名称	字段类型	字节数	内容
11	密级	文本	8	秘密
12	所采用的大地基准	文本	20	*(武汉 2000 坐标系)
13	地图投影名称	文本	20	高斯-克吕格投影
14	中央子午线	文本	10	114 度 20 分
15	分带方式	文本	8	3 度带
16	高斯-克吕格投影带号	长整型 数字		38
17	坐标单位	文本	8	米
18	高程系统名	文本	8	正常高
19	高程基准	文本	20	*(1985 国家高程基准)
20	模型三维平面精度	文本	20	*
21	模型三维高程精度	文本	20	*
22	西边接边状况	文本	8	*(已接、未接、自由)
23	北边接边状况	文本	8	*(已接、未接、自由)
24	东边接边状况	文本	8	*(已接、未接、自由)
25	南边接边状况	文本	8	*(已接、未接、自由)
26	逻辑一致性	文本	8	*(一致)
27	完整性	文本	8	*(完整)
28	接边质量评价	文本	8	*(合格)
29	结论总分	双精度型 数字	精确到 0.01	*(80.00)
30	数据质量检验评价单位	文本	20	*(武汉市测绘研究院)
31	数据质量评检日期	日期		*(2019-6-28)
32	数据质量总评价	文本	8	*(合格)
33	主要数据源	文本	20	DLG 和数码相片
34	产品更新日期	日期		2019-6-28
35	更新资料源	文本	20	竣工工程
36	更新的作业单位	文本	40	*(武汉市测绘研究院)
37	更新的航摄日期或卫星时态	文本	40	2019-6-28
38	更新日期	日期	40	2019-6-28
39	影像采集人员	文本	10	*

续表

序号	名称	字段类型	字节数	内容
40	模型制作人员	文本	10	*
41	检查人员	文本	10	*
42	更新人员	文本	10	*
43	技术负责人	文本	10	*

注：* 为必填项。